财经法治

主编　朱大旗

明德经济法学文库　13

中国人民大学法学院
RENMIN UNIVERSITY OF CHINA LAW SCHOOL

财政信托论

胡明/著

法律出版社
LAW PRESS·CHINA

中国人民大学经济法学研究中心
《明德经济法学文库》编审委员会

总　序

当代中国经济体制改革和社会主义市场经济建设催生了经济法学这一新的法律门类和法学学科。1983 年中国人民大学经济法教研室成立,成为全国早期的经济法学科点之一;1984 年起招收民法学专业经济法学方向的硕士研究生;1987 年起招收经济法学专业硕士研究生;1994 年成为全国首批经济法学博士点。

30 多年来,人大经济法学人以“求经世之道,思济民之法”的精神,致力于经济法学人才的培养和教育,注重学术修养和调查研究,以解决中国社会现实生活中的经济法治问题为方向,理论联系实际,跟踪、把握国际、国内相近学科的最新发展动态,不断开拓创新,自成一脉,在全国经济法学界具有学科前沿地位,为中国经济法学的理论建构和中国社会主义经济法治事业做出了自己应有的贡献。

人大经济法学科自 1994 年培养新中国第一位经济法学博士以来,迄今已累计培养了 200 多位经济法学博士。这些博士肩负着人大经济法学科各位老师的谆谆教诲和殷切期望,就职于国家立法、司法、行政机关、国内著名大学、科研机构和其他经济、金融等实务部门,埋头苦干,求真务实,屡创佳绩,成为相关行业领域的领军人物和中坚力量。无疑地,他们在人大经济法学科所受的科学的、前瞻的经济法理论教育、规范的专业培训和严格的学术熏陶,给予了他们茁壮成长的丰富养料和厚实基础,奠定了他们人生事业的良好起点。

据我观察而言,博士阶段的学习无疑是人的一生中最为宝贵的黄金时期。在这弹指即逝的几年里,青年博士的心灵由稚嫩到成熟,眼界由褊狭趋全面,思维由直线至多维,知识由零散臻体系,正是勃发朝阳而成其大光的关键时刻。但毋庸讳言,这一时期也是青年博士生活压力最重、学术困境最大、外界诱惑最多,因而也是最需要关爱、最需要帮助、最需要提携的时期。在市场经济蝇营逐利、浮躁盲动的大环境下,如何引导广大青年博士理性务实、潜心学术、夯实基础、厚积薄发,奠定未来宏大人生事业的坚实基础,实为我们教书育人、为人师表者不能不关注和解决的重大问题。为此,中国人民大学经济法学研究中心的全体老师在各方面条件都非常薄弱的情况下,想方设法争取各界支持,创造条件为人大经济法学专业的博士生纾难解困,提供脱颖而出的便利环境。在法律出版社的支持下,广泛筹措资金,遴选、资助每年优秀经济法学博士学位论文及青年教师的优秀著作出版。这一方面可以使优秀的博士学位论文精品得以付梓,使莘莘学子多年呕心沥血的研究成果不至于埋没;另一方面又可以给广大的在读经济法学博士研究生以激励,使他们可以比较安心地埋头学术研究,创造出更多的经济法学学术精品,同时还可以奉献给中国经济法学学科和中国经济法治事业以智识,这是一项非常值得投资的多赢的事业。我们有理由也有信心把这一工作持久不懈地开展下去。

在此,我作为中国人民大学经济法学的一名老教师,作为中国经济法学教学科研事业的初创者、参与者,谨对广大在校的、未来的人大经济法学博士研究生提出以下期盼:

希望你们好好珍惜博士阶段的学习机会和美好时光,多读书,多思考,多讨论,多写文章,夯实理论基础,提升实践能力,争取写出优秀博士论文,不断充实明德经济法学文库,把人民大学的经济法理论体系传承永续。

长江后浪推前浪,一代风流冀尔侪。诚望后生小子撷万方之优长,成一家之精微,将人大经济法学的优良传统发扬光大,为推进中国的经济法学事业暨经济法治建设添砖加瓦,贡献无垠。

是为序。

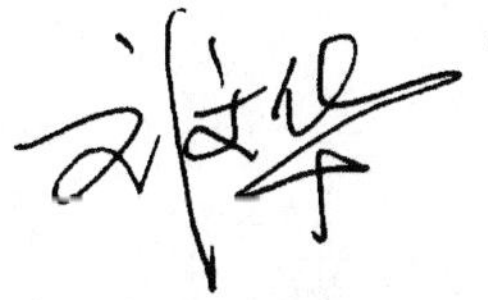*

2012年8月4日

于中国人民大学明德楼

* 中国人民大学法学院教授、博士研究生导师。

序

《财政信托论》是我的学生胡明博士的首部学术专著。这本著作是在他博士学位论文的基础上经多次修改、完善而成,全书较为全面、系统地利用信托原理,解析了财政法的基础理论与实践问题。

财政信托理论的研究,是我最早于 2005 年发表的《从国家预算的特质论我国〈预算法〉的修订目的和原则》一文中提出的论点,即认为国家预算作为公共预算,具有预算决策受托性的性质,它从法律上讲是一种法定的混合信托,人民公共需要的最大化实现是国家预算的最高利益,保障公共需要的充分实现应为预算法也是财政法的根本目的和价值追求。此后我在公开发表的若干篇文章中,对此观点予以了多次重申与初步论证。胡明在寻找、确定博士学位论文题目之时,选择将“财政信托论”作为研究选题。看到自己学生传承与升华自己的学术观点,我感到很欣慰。

财政是国家治理的基础和重要支柱。为推进国家治理的现代化,我们应将现代法治财政的思维融入国家治理实践之中,也就是要建构与国家治理相适应的现代财政法体系,而财政信托则是深化现代财政法基础理论认知的前沿性研究。总体上,现代财政法的内部存在公共经济资源(财政资金)的来源者(人民)与控制者(国家)相分离的结构。如果将人民与国家之间的财政关系理解为信托理论上委托人与受托人的关系，那么整体构造上委托人（人民）、受托人（政府）、受益者（公民）之间体现出一种公共财政信托关系，信托受托人（政府）承担着一种为受益人利益（人民的公共福祉）最大化而忠实谨慎地处理财政信托事务的公共受托责任。财政信托理论的研究，通过对财政法律关系主体角色和身份的准确定位，将财政法打造为一种对现代社会中“人”的公共需求予以积极回应的法，人民的公共福祉能否得到最优化的增进也就成为检验现代财政法体系建构是否完善、是否良好的试金石。依托财政法的信托理论定位，可以深刻把握财政法治实践改革的目的性和方向性，并为改革的践行者提供能够理解和处理复杂财政法治问题的用力工具。

《财政信托论》一书，不仅深入细致地对财政信托理论的构成要素、思想渊源、权能结构进行了极具针对性的剖析，还立足于这些研究基础从研究范式、法律激励、制度革新等方面具体分析了我国财政法律规范应如何修订与完善的问题，并进一步明确指出了我国财政法将来发展的方向所在。全书框架完整、主线明确、逻辑谨严、论证清楚、文字精当，许多章节都体现出了作者自己的独立思考与原创性观点，颇为难得。尤其是，文中运用大量跨学科的理论文献，对财政信托理论的内部构成与外部表达进行解构、梳理与归纳，进而极其自然地呈现出现代财政法治的应然状态，这对于拓展和深化我国财政法基础理论研究，无疑具有很高的学术意义与理论价值。

本书的研究依托财政信托的理论模型，尝试打破以往财政法研究的惯性思维，将财政法研究的传统路径“从国家到公民”转换为“从公民到国家”的现代研究模式。这种换位思考作为本书的总体创新，它具体体现在“财政信托的法权能厘定”“财政信托的法范式革新”“财政信托的法激励催化”三个方面。第一，“财政信托的法权能厘定”深化了对财政信托内部结构的认知，即政府作为受托人角色而负有管理、处分公共财产的义务，人民作为受益人身份则享有公共财产利益的权利，从而归纳出公共财产所有权的内部是一种控制权能与受益权能相分离的二元模式。第二，提炼出财政信托的受益权能，意味着人民作为受益人将享有公共财产的受益权利，对此要求财政法研究应实现从权力规制范式向权利保障范式的转变。在财政法研究的权利范式下，其客观意义上应塑造与维系公共价值秩序，其主观权利上需要认可防御权与受益权的表达。第三，“财政信托的法激励催化”侧重促使作为受托人的政府更好地承担财政受托责任，这是现代预算治理的关键问题，也是绩效预算产生的理论基础。在绩效预算法治理论的顶层设计上，要求其主体的形象塑造应以复合型法律人性假设为导向，尤其要以激发利他性作为绩效预算的立法使命，并以此规范和完善不同绩效预算法律行为及其权义配置，同时夯实奖励型和惩罚型的两大法律责任体系，这是深化绩效预算改革应遵循的激励性法治道路。

总体而言，本书作为一部深化对现代财政法基础理论认知的著作，在理论探讨和制度剖析的字里行间无不透露出一种孜孜以求、刚毅坚韧的学术信仰。虽然本书在具体制度的建构方面仍有进一步的提升空间，但整体上我们已经能够深切感受到胡明在财政信托理论的系统研究方面所做的不懈努力及其徘徊和穿梭于财政法治的理想图景与现实制度实践反差之间的“深沉忧思”与“学术情怀”。

作为胡明的导师，同时作为“明德经济法学文库”的主编，我很高兴这本专著能够纳入文库出版，并乐于应邀为之作序。“明德经济法学文库”旨在出版我院经济法学博士学位论文和青年经济法学者的优秀著作，我希望并且相信胡明的这本著作能够对我国财税法学研究提供十分有益的参考，并引发广大财税法学人更加深入地对现代财税法治进行思考。我更热忱地期盼胡明能够以本书的出版为契机，在财税法领域继续深耕、努力，推出更多更好的优秀研究成果。

2017 年 9 月 28 日

Contents

目录

导　论

一、研究缘起

“纵观数千祼史乘，横览五大部洲，国家之嬗兴嬗亡于其间者何限，其得失之林，虽殽杂纠纷，不可系指，而筦其机者，未始不以财政。”①诚如任公之言，无论是古代奴隶制国家还是封建制国家，抑或现代资本主义法治国与社会主义法治国，财政皆是一个关乎国家存续兴亡的重大问题。因此，对于堪称庶政之母的财政问题，如何从法学的角度去探究和揭示其本质，研究财政法在富民、安邦、强国方面所发挥的关键作用，无疑具有重要的理论与实践意义。在形形色色、纷繁复杂的财政法研究中，为什么要选择研究财政信托问题，最初步的回答是，财政信托把我们带到一种回归政治哲学与理论模型上的想象与思考。财政法理论基础的研究在很大程度上源自政治哲学领域的思维与智慧的指导，只有充分立基于这些政治哲学与理论模型之上，才能加深对财政法理论基础的认知，才能深刻把握当代财政法研究与改革的目的性、方向性。这些政治哲学与理论模型是让实践者能够理解和处理复杂财政问题的工具。

诚如梅特兰先生之言，英国人的信托观念作为在

---

① 梁启超：《论国民宜亟求财政常识》，载《饮冰室合集·文集之二十一》，中华书局1936年版，第10页。

法理学领域的特别成就，它被称为一个可以与人类想象力相媲美的制度，自滥觞于英国以来，因其富含的道德性和灵活性，得到了多样化形态的发展，在私法领域与公法领域中都发挥着无可替代的作用。① 正因信托制度在应用上极富弹性，任何人皆可藉信托协议以动产、不动产以及其他权利，为自己或他人之利益成立信托。只要符合法定要件，信托之目的、范围、运作等均可依各自意愿而订立。因此，信托对英美政治社会经济发展具有重大影响，堪称为盎格鲁—撒克逊人的守护天使。② 如果将人类需求划分为政治需求、经济需求、社会需求3种，那么在政治需求上信托能为政治权力之来源提供合理性证成，在经济需求上信托能为财产的高效使用、运转、管理等提供工具和技术之保障，在社会需求上信托是一项与社会公平正义相吻合的理想制度。③

再观财政法这一法律现象，它既体现为执政的施政纲领，又反映出经济治理的理财方针，亦映射出社会财富的分配方式。财政法作为政治、经济、社会的综合载体，被视为政治体系、经济体系和社会体系的媒介环，能起到统合上述三维体系的作用。④ 政治体系一方面通过财政法这一渠道来供给经济体系

---

① 英国著名法律史学家梅特兰(F. A. Maidand)明确指出："如果有人要问，英国人在法学领域取得的最伟大、最独特的成就是什么，那就是历经数百年发展起来的信托理念，我相信再没有比这更好的答案了。这不是因为信托体现了基本的道德原则，而是因为它的灵活性，它是一种具有极大弹性和普遍性的制度。" Sir William Goodhart QC, *Trust Law for the Twenty-first Century*, edited by A. J. Qakley, *Trends in Contemporary Trust Law*, Clareendon Press, 1996, p. 259.

② Pierre Lepaulle, *Traité théorique et pratique des trusts en droit interne*, en droit fiscal et en droit international, Paris, 1932, p. 113. 转引自[英]D. J. 海顿：《信托法》，周翼、王昊译，法律出版社2004年版，第2页。

③ 有学者认为对信托的强烈需求主要分为两个方面：一是经济的需求，投资信托、年金信托、资产流动化计划、土地信托等，都是为了能适应社会经济需求而在法技术上使用信托的例子；二是社会的需求，譬如，公益信托、为残疾人设置的特定赠与信托、慈善信托等，从财产管理的角度看，要求其具有效率性，不过我们在此追求的不仅是效率，还有如何实现正义和公正这些重要因素，而信托成为适应社会正义和公正的理想制度。参见[日]能见善久：《现代信托法》，赵廉慧译，中国法制出版社2011年版，第1～4页。

④ 在我国当前全面深化改革的形势下，财政法在政治、经济、社会方面的维系作用尤为明显。2013年11月通过的《中共中央关于全面深化改革若干重大问题的决定》中明确强调："财政是国家治理的基础和重要支柱，科学的财税体制是优化资源配置、维护市场统一、促进社会公平、实现国家长治久安的制度保障。"2014年7月通过《深化财税体制改革总体方案》中再次重申："财政制度安排……深刻影响着经济、政治、文化、社会、生态文明、国防等领域，财税体制在国家治理中始终发挥着基础性、制度性、保障性作用。"

发挥作用所需的公共服务,另一方面依赖于财政法这一途径向社会体系提供公共服务以保证政治体系的运转。[①] 申言之,财政法是一个与政治、经济、社会都相关联的综合有机体:经济体系是政治体系的财政来源,以保障社会体系和政治体系的良好运转;经济体系通过获得政治体系的服务,才能保证更好的市场竞争规则和经济交易秩序,反过来又为政治体系提供源源不断的财政资源;社会体系依赖于政治体系的服务,才能得到社会成员的广泛认同和全力支持,才能为政治体系的运行奠定更为坚实的合法性基础。[②]

因此,信托法制度深谙政治、经济、社会3个体系的功能,财政法制度串联着政治、经济、社会三维体系的运行,基于信托法与财政法二者之间显现出的强烈对应,那么信托制度的强大功能能否应用于财政法领域呢?对于这一问题的解答,在一些学者的研究中,已尝试运用信托理论来解释和架构预算法,这种分析已初见端倪,至少财政法在外观上所彰显的信托特质也为一些学者所认同。[③] 然而,已有的研究仍是单薄和有限的,财政法在实质理性上究竟是如何与信托理论相融通的,在形式理性上到底是如何与信托制度相匹配的,或者说信托理论的思想是否能为财政法的构建提供一种逻辑法则呢?再抑或财政法如何才能借鉴信托法的理论与实践而得到进一步发展与完善呢?如何对上述问题予以进一步思考,成为财政信托问题研究的缘起。

二、研究现状

财政信托是从信托视野来分析财政法的理论基础,或者说它是用信托原理来解读财政法的理论架构,进而推动财政法研究的发展和完善。由于财政

---

① 参见[日]神野直彦:《财政学——财政现象的实体化分析》,彭曦等译,南京大学出版社2012年版,第23~24页。

② 其实,以布坎南和图洛克为首的一批宪政经济学家,早有这种认知,他们"将财政作为公共部门经济,集中研究社会的公共需要及满足这一需要的公共物品问题,分析了决定公共物品的生产和分配过程以及生产和提供公共物品的机器——国家的组织和机构。通过投票论、政治联盟论、官僚主义论和制度选择论等,布坎南等人运用经济分析的方法研究了政治制度的运行。其中,财政问题始终居于研究的中心。"陈共编著:《财政学》(第6版),中国人民大学出版社2009年版,第8~9页。

③ 参见朱大旗:《从国家预算的特质论我国〈预算法〉的修订目的和原则》,载《中国法学》2005年第1期;朱大旗:《科学发展与我国〈预算法〉修订应予特别关注的五大问题》,载《政治与法律》2011年第9期。

信托问题研究的前沿性,关于财政信托问题的直接性研究相对贫乏,但亦略有一些间接研究,主要可以划分为以下两个方面:一方面,关涉财政法理论根基问题的研究,对此至少可以延展至政治、经济、社会三个方面的思考;另一方面,有关信托理论具体适用问题的研究,信托理论的适用远不止民商私法领域,它在公法领域的适用同样广泛。以下将具体从这两个方面来概括财政信托问题的研究现状。

第一,财政法研究作为一个与政治、经济、社会皆紧密关联的法律现象,它的研究向度依次呈现三条路径:一是立足于"政",以夯实财政法研究的权威性和纲领性为目的,由宪政与民主所衍生出的合宪性、法定性、民主性、合法性、问责性等视域下的财政法研究;二是立基于"财",以财政资源本身为基础,以弥补市场失效为边界,以经济性、效率性、技术性为导向,贯穿财政资源获取、管理、支用三个过程的财政法研究;三是以社会公平正义为价值核心,如何实现聚财、管财、用财的有度、有序、有节,如何实现初次分配和再次分配的正义性(如初次分配所强调的量能课税原则、再次分配所注重的公共服务均等化),成为财政法研究的重心。在这三条研究道路上,现有的研究成果是丰硕的、准确的、有益的,能够针对某一财政事项较为清晰地指出财政法律完善的应然或实然方向,同时能较为全面地展示现有财政法研究的整理步伐和脉络。

第二,信托理论除了应用于民商领域,在其他领域也是广泛适用的,简单归纳信托理论的适用现状:古典共和主义蕴含着政治信托理论,即共和主义的立场是将单个和整体的人民视为委托人(trustor),国家作为受托人(trustee)存在,人民与国家之间是一种法律上的信托(legal trust)关系。[①] 环境保护领域中创立的公共信托理论(Public Trust Doctrine, PTD),在学理上溯源于罗马法,后在美国司法判例中得到认同而形成自然资源保护理论,[②]即脆弱的自然资源是通过公共信托方式管理的,政府作为受托人负有维护自然资源特定用途的义务,而公众作为受益人享有信托受益的请求权,并有权向政府(受托

① 参见[澳]菲利普·佩蒂特:《共和主义:一种关于自由与政府的理论》,刘训练译,江苏人民出版社2012年版,第10页。

② See Joseph L. Sax, "The Public Trust Doctrine in Natural Resources Law: Effective Judicial Intervention", *Michigan Law Review* 68, p. 475.

人）提起公共信托诉讼。国有资产领域中有学者提出建立国有资产信托，将国有资产作为信托财产，来实现受托人对国有资产的专业化管理和运用，从而达到国有资产形态转换方向正确、转换目的有效以及转换过程增值的三者统一。[①] 社会保障领域的一些学者也提出应该采用信托的方式来管理和营运社会保障基金。[②] 总体而言，信托作为一项适应能力较强的灵活制度，自其诞生的那刻起，总是处在不断扩张和衍变的过程中，它的具体适用从来没有领域上的禁忌，信托原理也在众多领域受到越来越多的关注与青睐。

综上所述，总体上财政信托问题的研究现状既是破碎的也是匮乏的，但是它的研究土壤却是肥沃的、广阔的。从研究思维的发散性而言，财政信托问题至少吻合了上述4个理论面向：首先，财政信托以财政法的分配正义价值为基础；其次，财政信托从政治国家的宪政构想和设计出发；再次，财政信托离不开公共财政资源的所有权厘定问题；最后，财政信托关联到信托理论如何应用到财政法领域的问题。总之，业有的成果为财政信托问题的研究奠定了坚实的理论基础。

三、研究创新

财政信托问题的研究在批判性地选择和承继现有研究的基础之上，尝试打破财政法研究的传统窠臼，突破以往财政法研究的惯性思维。申言之，财政法作为一种以调整宗旨或价值目标而非以调整对象为划分标准的法律部门和法律科学，[③]它不仅是处于现代社会中的法，而且是以现代社会为目的的法，

---

① 参见刘丹冰：《论国有资产信托及法律调整》，载《中国法学》2002年第5期；席月民：《国有资产信托法研究》，中国法制出版社2008年版，第108页。

② 参见董保华等：《社会保障的法学观》，北京大学出版社2005年版，第199～217页；彭丽萍：《社会保障基金信托法律问题研究》，法律出版社2013年版，第87～176页。

③ 徐孟洲教授认为："由于以往对经济法的定位，主要立足于调整对象的划分标准，单纯从调整对象视角强制证成其独立的部门法地位的传统思路，无法找到经济法应用的特定对象而备受其他法学部门的诘问，也制约着其功能的发挥。"徐孟洲：《经济法理论对法学基础理论的几点创新》，载《法学论坛》2008年第3期。史际春教授提出了重构法律部门划分理论的基本思路，"抛弃囿于法律调整手段的特性而对复杂社会关系作'基本'定性，从而区分基本法律部门和综合法律部门的思路，改按社会活动的领域和法律调整的宗旨来划分法律部门"。史际春：《经济法的地位问题与传统法律部门划分理论批判》，载张世明、刘亚丛、王济东主编：《经济法基础文献会要》，法律出版社2012年版，第338页。

更是对现代社会中“人”的公共需求予以积极回应的法。①

基于此,财政信托的研究将以社会中的“人”作为出发点和落脚点,从某种程度上讲,它是对财政法研究的传统路径——“从国家到公民”所进行的逆向思考,依托财政信托的模型将研究思维转换为“从公民到国家”的研究模式,这是财政信托研究中所要探讨的财政法研究的新范式。主流的财政法学因固守“从国家到公民”的研究思维久已,甚至形成了对这种思维方式的安全感与依赖感。但是在致力于实现财政法价值目标的过程中,在当下公民利益需求不断分化的背景下,这种表象上的稳定并不能掩盖国家与公民矛盾双方不断冲突与对抗的事实,当两者之间冲突不断激化并超过了“从国家到公民”这种模式所能调节的阀值时,也就意味着财政法理论应向更深、更广的范围内变化与演进。财政信托所要做的正是这种换位思考,将通过建设性地运用人类所有才能和能力来实现公共福利的目标,②将运用财政信托原理来对财政法进行缜密的理论逻辑构造和细腻的基本制度设计,最终使财政法的理论和制度系统形成一种“规范上保持闭合,认知上保持开放”③的体系,这就是财政信托问题研究中最大的理论创新。

四、研究难点

财政法是一个以问题为导向的法律子系统,它突破了传统部门法的森严壁垒,融合了关联学科的理论资源,借鉴了不同门类的研究方法,是一门开放性和综合性较强的新型法律学科。④ 正因如此,如果直接从一个立体性的视角去全面考究财政法的理论基础,无疑是极其困难的。无论是在财政权力的

---

① 诺内特与塞尔兹尼克提出“回应型法”的模式,他认为“好的法律应该提供的不只是程序正义。它应该既强有力又公平;应该有助于界定公众利益并致力于达到实体正义”。参见[美]诺内特、塞尔兹尼克:《转变中的法律与社会:迈向回应型法》,张志铭译,中国政法大学出版社1994年版,第82页。

② 参见[美]E.博登海默:《法理学:法律哲学与法律方法》,邓正来译,中国政法大学出版社2004年版,第328~329页。

③ 参见[德]卢曼:《社会的法律》,郑伊倩译,人民出版社2009年版,第38页。

④ 参见刘剑文、熊伟:《财政税收法》(第6版),法律出版社2014年版,第1~5页;刘剑文:《作为综合性法律学科的财税法学——一门新兴法律学科的进化与变迁》,载《暨南学报》2013年第5期。

种类方面,[①]还是从财政事项的具体构成,[②]抑或是一些学者所提的公共财产权方面,[③]财政法的组成要素是复杂多样、纵横交错的。本书选择以财政信托作为研究的起点,将这些纷繁复杂的要素融入财政信托的研究框架之中,期冀对财政法理论基础形成一种新型认知,从而指导、引领财政法理论与制度的研究、创新。

如何将原本缘起于英美法系中与普通法相并行的衡平法下制度——信托引入到财政法基础理论的分析,如何将信托制度所具有的实践理性融入到财政信托问题的研究过程中,如何挖掘出财政信托的思想渊源和内部结构,以深化对财政法理论逻辑的认知,从而促进财政法研究的发展与完善,这个任务的完成至少需要克服4个难点。

第一,财政法作为现代意义上体系化的新兴学科,它横跨多个法学领域内的部门法学,它所要建构的是一项通过规范和调整财政法律关系而得以实现财政基本职能[④]的系统工程。这项系统工程的研究,不仅是一种知识体系或

① 在财政权力的理论上,既有国家角度下代议制机关的财政立法权、预算审批权、预算监督权等,各级政府及其各部门、各单位所享有的预算决策权、执行权和监督权等;又有纳税人角度下的咨询要求权(right to be informed, assisted and heard)、争诉权(right of appeal)、缴纳正确税额之纳税权利(right to pay no more than the correct of tax)、确实性之权利(right to certainty)、隐私之权利以及机密与秘密保持之权利(confidentiality and secrecy)等。具体请参见经济合作与发展组织为其成员国制定的《纳税人宣言》范本。

② 对于财政事项的具体构成,例如,英国《议会法》(1911年)第1条在对"上议院的财政法案权"(Powers of House of Lords as to Money Bills)的规定中,其中第2款有关财政法案的解释则非常复杂:"财政法案属于公法案,是平民院议长认为含有处理下列所有或部分事项之法案,即赋税之征收、废除、豁免、调整和管理;为偿债而征税或靠统一基金或议会拨款支付其他各种财政开支,或对此开支之变更或撤销;有关供给;公共资金的拨款、收讫、保管、签发或账目审计;公债之发行、担保或偿还;与上述各项关联之其他事项。"

③ 有学者从公共财产的角度(公共财政被定位为政府通过财政行为将私人财产转化而成的公共财产),提出公共财产权的概念,认为公共财政权是政府就公共性特质取得、用益和处分财产的权力,包括对私人财产征税、处罚、国有化等非对价给付,征收土地房屋、收费、发行公债等对价性给付,以及支配这些财产的权力。参见刘剑文、王桦宇:《公共财产权的概念及其法治逻辑》,载《中国社会科学》2014年第8期。

④ 财政的基本功能一般有3项:其一,配置功能,即提供公共产品,其二,分配职能,即调节收入和财富的分配状态;其三,稳定职能,即实现充分就业、防止通货膨胀和保障经济适度增长。参见[美]理查德·A. 马斯格雷夫、佩吉·B. 马斯格雷夫:《财政理论与实践》(第5版),邓子基、邓力平译校,中国财政经济出版社2003年版,第3~15页。

者固定财政(法)秩序的分析,而且是一个财政(法)动态运行过程和结果的研究;[①]既要对财政法进行纵向维度的考察——研究财政法的产生、发展及其规律,具体分析财政法律制度成长的价值基础、变化轨迹、进化方向等;又要对财政法进行横向跨度的比较——分析不同财政制度的共性、特征及其相互关系,仔细琢磨财政法律制度的构成要素、逻辑结构、核心内容等。因此,如何立足于一个宏观视域,全面归纳整个财政法律法规群的表现层次、运转次序以及实施效力,[②]以合理地揭示财政法的基础原理,这是研究的难点之一。

第二,信托源于英美固有之衡平法理,信托行为的法律构造及效力,不仅与大陆法系的传统私法(民法)原理有所差异,更是与大陆法系的传统公法(宪法)理论差距甚大。因此,财政法的信托构造及效力,需要与私法体系、公法体系进行妥当调和,才能克服英美法系与大陆法系之扞格,并解决法治文化之隔阂,这是财政信托理论研究的难点所在。

第三,即使克服上述两个研究难点,在财政信托理论进行了合理证成之后,信托制度或原理又如何能适用到具体的财政法律规范上来,即如何针对财政法律制度之立法目的,去架设跨越信托法理与财政法理之桥梁,将信托制度有效运用于财政法领域,并提供合理的解释,实现两者间的有机结合,这亦为研究之难点。

第四,财政信托研究应兼顾协调好两大性质:一是技术性、裁量性;二是规则性、程序性。从形式上看,财政信托是技术性的、裁量性的;但从实质上看,财政信托是规则性的、程序性的。财政信托的技术性与裁量性要求讲弹性、讲调适、讲能动;而财政信托的规则性与程序性则要求讲秩序、讲责任、讲执行。对于这个矛盾的统一体,应将财政信托本身看作一个动态调适的过程而非绝对的静态和机械装置,如何在财政信托问题的研究中适当调和财政法技术性与规则性之间的矛盾,这也是本部分研究的难点所在。

五、研究方法

财政信托问题的研究将运用唯物主义辩证法论证和推导相关命题,总体

---

① 参见[美]罗斯科·庞德:《法律史解释》,邓正来译,中国法制出版社2002年版,第225页。

② 财政法被包罗在不同的法律部门之中。如何清晰界分财政法以及对其进行体系化,不同的考察视角和法律部门的错综复杂又加剧了这一困难。

上将在综合运用规范分析方法、价值分析方法、社会学方法、归纳和演绎方法、历史分析方法、比较分析方法、语义分析方法等研究方法的基础上，借鉴法学、政治哲学、财政学、社会学、经济学等各学科的最新研究成果，将批判性地选择有关财政信托问题研究的基础要素，并对这些复杂要素予以合理地解构、理性地整合和精细地再造，深化对财政信托问题的研究，以实现财政法理论研究的突破。

第一，规范分析的研究方法。规范分析重点将从价值实证、社会实证和规范实证三重维度来分析财政信托问题。价值实证既寻求财政法律规范的形式合法性与实质合理性，又将整体性地关注其价值内涵；社会实证主要倾向于考察财政法的动态展开过程，其目的在于追寻特定时空下财政法运行的实效性；规范实证作为一种技术性的分析途径，致力于寻求财政信托规则的表层含义与隐含之意，并依托于对财政法理论的认知基础，不遗余力挖掘、整理以及提炼财政信托的概念、规则以及原则。

第二，价值分析的研究方法。价值分析将从价值认知和价值评价两个维度予以展开：价值认知是以财政信托所含的价值属性为对象，在于揭示财政信托问题中的价值内涵，探寻政治信托关系、财政信托关系以及财产权关系中所秉承的价值尺度和利益标准等；价值评价是以人民的福祉作为基准点，按照财政信托的理论架构对现行财政法研究的价值取向进行甄别与评价，再提出财政法研究范式转型的路径和方法。

第三，社会学的研究方法。财政法从来不是一个孤立的存在，它作为一种社会的产物，是为了维护并巩固其财政分配秩序和财政分配正义而制定的，也只有充分了解产生财政法的社会背景，才能真正了解财政法的意义和作用。财政信托作为一种综合性的交叉理论，它更应从动态的社会整体出发研究财政信托的结构、功能、产生、发展规律等。如何发挥社会学的研究方法在历史性和综合性方面的独特优势，将是财政信托研究中应注重的方法技巧。

第四，演绎与归纳的研究方法。既欲研究财政信托问题，其研究方法必然离不开演绎方法和归纳方法。演绎法以基本理论为宗，归纳法以制度事实为本。运用演绎之研究，先行设定财政信托的法规范要素，即以法要素中的概念、规则、原则，再行推理财政信托的具体问题；采用归纳之研究，首先摸索财政信托的思想渊源，并考证财政信托思想，再行推理财政信托的其他理论。演绎之研究，集中在财政信托的法要素和法权能方面；归纳之研究，体现在财政信托的法思源和法范式方面。“究之研究之二法，各有所长，亦各有所短……倘偏执一端以求之，非据墟之贻诮，即空想之徒劳。”[①]故欲研究财政信托，当综合演绎和归纳二法，随其所宜而适用之，斯可矣。

第五，经济学的研究方法。财政学与经济学密切相连。财政法的进步与完善都紧密相关于经济学的相关理论，可以说财政法的许多研究都是在经济学原理的指导下产生的。财政信托理论的研究需要适当借鉴经济学的研究方法。

六、研究路径

财政信托问题的研究路径主要是解释性的、历史性的、经验性的以及批判性的。说它是解释性的，是因为财政信托研究离不开对财政制度事实与财政法律价值的深入挖掘和充分阐释。说它是历史性的，是因为财政信托原理起源于中西方都长期存在的政治信托思想，而如何在浩瀚的历史文献中寻找出政治信托思想的遗迹，这是财政信托研究的关键。说它是经验性的，是因为财政信托必须根植于当下财政法研究的经验，必须借助一些现有研究的经验基础才可能予以更深一步的推导。说它是批判性的，是因为财政信托思想将带来对现行财政法研究的重新审视，势必将引起现行财政法研究范式的部分改变。上述财政信托研究路径中的不同面向，不是彼此割裂、相互分离的，而是互相影响、彼此呼应的，立足于这样一种多方位、多层次的研究路径，我们可以获得对财政信托问题更为准确的认知。

对于具体落实财政信托研究的理论路径，研究过程将沿着3个不同抽象程度的层次予以展开：在最低层次上，在经典文献中寻找有关财政信托研究的理论素材和思想来源，并从财政信托的思维出发，理解和解构他们的观点；在中间层次上，侧重于财政信托理论与概念模式的构建，对财政信托这个模型的外观与内涵进行全面的分析；在最高层次上，将利用财政信托的思维模式，重新检视现有财政法的理论研究，针对研究中的缺陷与不足，提出关于财政信托研究的新型范式或新型框架。通过落实财政信托研究路径的3个层次，以期能对财政信托的理论基础形成一个较为客观的认识与结论，从而为财政法的继续研究提供一些可供借鉴的方法与建议。

---

① 熊元楷、熊元襄编：《财政学》，上海人民出版社2013年版，第4页。

第一章　财政信托的法要素释义

美国学者艾伦·沃森(Alan Watson)在详考西方法律制度的演化之时,曾这样思辩道:法律理性思维之构建必须超越具体问题的合理性,才可能在形式上最大限度地接近法律制度的内在性;而具体法律规则和法律原则之形成又是被有意识地嵌入极富逻辑系统性的法学思维模式,只有从预设的特定逻辑演绎方式出发,才可能得出对具体问题的准确判断。[①] 对于财政信托思维之理性构建,同样首先必须超越财政法和信托法中具体问题的合理性,从品性特征的角度来准确把握二者之间存在的理论契合性与交融性,以求最大限度地摸清财政法和信托法的内在性要素;其次从预先设定的财政信托演绎逻辑出发,将信托法的基本原理有机嫁接到财政法的框架构成中,以求得出对财政信托的基础要素(概念、规则、原则)的准确表达,从而厘定出财政信托有机体的外在构成要素,这是财政信托逻辑体系建构之前提,也是财政信托理论研究的立足点与出发点。

---

① 参见[美]艾伦·沃森:《民法法系的形成及演变》,李静冰等译,中国政法大学出版社1992年版,第29页。

第一节 财政信托概念的初步阐释

概念作为对事物基础属性的综合表述,是认知事物的渠道和理论研究之先导。倘若首先未能达成一个专业性的严格概念,我们将难以形成一个清晰与理性的法律思考,无法将这些法律思考转化为精准的法律语言,也就无法将这些法律思考进行准确的传递。[①] 一个相对完整的概念表达,应该包括定义、观念、范畴的三方面研究:定义是对本质属性的简要描绘(是什么),观念是对思想见解的合理辨识(为什么),范畴是对多维属性的逻辑解构(怎么样)。因此,对事物概念的解读,不应只是从现象和事实上进行考量,还应兼顾"是什么""为什么""怎么样"的三重表达。对于财政信托的概念,它在构词上由"财政"和"信托"两个词汇组成:在外观层面,财政信托的概念也就必须充分实现"财政"和"信托"含义的相互交融,才可能汇集成财政信托的丰富内涵;在实质层面,财政信托的概念还必须脱胎于财政法律实践运行的经验总结,再依照信托制度的设计原理,才能最终得出符合信托逻辑的标准化概念。

一、财政法的概念

财政现象产生在筹集、使用、管理[②]公共经济资源所发生的社会关系之中,[③]

---

① 参见[美]E. 博登海默:《法理学:法律哲学与法律方法》,邓正来译,中国政法大学出版社1998年版,第504页。

② 财政的主要内容也正体现为筹集、使用、管理3个方面,具体而言:"其一,如何取得公共活动上所必需的收入;其二,如何有效的支出;其三,如何调整财政的收支,使财政趋于平衡;如何运用收支的手段,以达成财政平衡,以达成财政平衡、经济平衡、政治平衡及社会平衡,获致总体经济的各种目标。"参见李金桐:《财政学》(增订版),台北,五南图书出版股份有限公司2005年版,第3页。

③ 财政是指国家(或政府)的一个经济部门,即财政部门,它是国家(或政府)的一个综合性部门,通过它的收支活动筹集和提供经费和资金,保证实现国家(或政府)的一个综合性部门,通过它的收支活动筹集和提供经费和资金,保证实现国家(或政府)的职能。参见陈共编著:《财政学》(第6版),中国人民大学出版社2009年版,第25页。

现代财政是属于公共部门的经济活动。[①] 财政法作为一门从法学的角度研究财政关系的科学,它的目的在于规范财政行为并调整由此产生的财政关系。在现代市场经济的基础之上,如何促进和满足社会公共需要、尊重和保障个人权利实现成为现代财政法的核心目的。[②] 依次归纳现代财政法的概念:[③]它是建立在市场经济基础上,以尊重和保障个人权利实现、促进和满足社会公共需要为目的,调整公共经济资源的筹集、使用、管理过程中所发生的社会关系的法律规范之总称。按照现代财政法的概念,审视其内在特质:其一,在道德性上,现代财政法倾向于一种利他之法。[④] 这种利他性蕴藏于现代财政的正义性和公共性之中。其二,在法律性上,相对于私人理财而言,现代财政法是一种以公权力为支持、为达成公共性,所形成的公共理财之法。针对这二重特质,以下将予以具体解析。

(一)利他之法

利他与正义紧密相连,亚里士多德言道,正义概念之核心即在于实现每个人应得部分的给付,正义呼吁的是一种社会美德,是一种克制利己,是一种利

---

① 财政问题的研究"涉及的是政府收支活动,这个议题通常被称为财政学(public finance)。这个词有点命名不当,因为根本问题不是资金问题(也就是说,并不是说钱的问题);相反,关键问题是实践资源的利用问题。因此,有些作者更愿意称为公共部门经济学(public sector economics),或简称为公共经济学(public economics)。"参见[美]哈维·S. 罗森、特德·盖亚:《财政学》(第8版),郭庆旺、赵志耘译,中国人民大学出版社2009年版,第4页。

② "传统财政法是以国家需要、政府中心为视点的权力法,或称权力关系法(牺牲法)……而现代财政法是以公共需要、以市场为中心(个人中心)的权利法,或称公法上的'债权债务法'(契约法)。"参见朱大旗:《从财政法(学)的演进论其独立性》,载《法学家》2006年第5期。

③ 有学者认为:"现代财政法是建立在民主宪政基础上、以增进全面福利和社会发展为目的、调整财政关系的法律规范的总称。"参见刘剑文、熊伟:《财政税收法》(第6版),法律出版社2014年版,第9页。也有学者认为,"财政法,是调整在国家为了满足公共欲望,实现国家职能而取得、使用和管理资财的过程中所发生的社会关系的法律规范的总称。"参见张守文:《财税法学》(第4版),中国人民大学出版社2014年版,第17页。

④ 除了财政法的利他性,当然也不能排除财政法的利己性,利己是一种天生本性,它也应该得到承认与尊重。但是为遏制极端利己主义,应弘扬利他倾向,这也是法律存在的目的:"法律的目的是平衡个人利益与社会利益,实现利己主义与利他主义的组合,从而建立起个人与社会的伙伴关系。"(张文显:《二十世纪西方法哲学思潮研究》,法律出版社1996年版,第128页)财政法恰恰就是这样一种法律,更多地鼓励和颂扬利他性,下文将予以具体解释。

他之善。[①] 进言之,在正义本身的描述上,它强烈指向一种利他主义、利他原则,超越利己性成就利他性是正义之法之所以存在的基础条件,[②]反之,正义之法即可被视为一种利他之法。

不仅如此,正义作为一种最高位阶的法理念,[③]也是财政法建构的最高法理念,财政法的最终价值在于实现财政活动的正义性。[④] 财政活动要求实现公共经济资源的优化配置,使财政分配符合公共性的要求,公共性则正是财政正义性实现的必要条件或手段。申言之,在财政法的范畴内,“公共性的洪流,在好的和坏的意义上,已经变得势不可挡”。[⑤] 而这种公共性,“无论真伪,在任何以共同利益为主旨的立法选择上,正义显然是必须满足的必要条件”。[⑥] 分配正义核心要义之表达,就在于如何全面公正地考虑和照顾各个不同利益阶层的需求,使所有人类所拥有的资源——自由、尊严、财产等要素都

---

① 参见[美]E. 博登海默:《法理学:法律哲学与法律方法》,邓正来译,中国政法大学出版社1998年版,第277~278页。

② 有学者认为有两种最为主要的正义理论:一是“互利的正义”,正义是我们为那种限制理性利己的人们的东西起的名字,他们同意必须付出最小的代价以实现与他人的合作;二是“作为公正的正义”,它是这样一种状态,人们可以接受的不仅是他们意识到不能合理地期望获得更多,而是更强烈地意识到他们不能合理地要求更多。参见[英]布莱恩·巴里:《正义诸理论》,孙晓春、曹海军译,吉林人民出版社2004年版,第3~9页。从上述两种正义理论的内容来看,超越利己性实现利他性乃是正义暗含的因素,这种利他性是正义理论必须考虑的内容。

③ “在政治研究中,关于新法的制定或关于既存法的性质,同样的思想存在着多种多样的表述。我们谈到平等的正义、公平分配、正当需求、道德义务、社会伦理;或者我们呼唤公共福利、公共秩序、普遍道德、社会必需品等等。而所有这些措辞都具有相同的含义。它们表征着这一点,即,法的内容必须是正义的。”[德]施塔姆勒:《正义法的理论》,夏彦才译,商务印书馆2012年版,第24页。

④ 有学者认为,分配正义是引领收入分配与财税法制创新的共同价值与目标(参见刘剑文:《强国之道——财税法治的破与立》,社会科学文献出版社2013年版,第53页);也有学者认为,财政法乃是作为财富分割离奇的典型分配法,要实现分配结构的优化,就必须加强财政法的调整(参见张守文:《分配结构的财税法调整》,载《中国法学》2011年第5期);更有学者提出,财政法的价值就存在于关注财政分配本身正义与财政分配过程正义的问题,以及国家对财政对象的占有、使用、分配以及国家对于国民收入的初次分配和再分配过程的正义问题。参见任际:《财政法的正义价值判断与选择》,载《法学》2011年第4期。

⑤ [德]弗里德里希·卡尔·冯·莫泽尔:《公共性》,载詹姆斯·施密特编:《启蒙运动与现代性:18世纪与20世纪的对话》,徐向东、卢华萍译,上海人民出版社2005年版,第117页。

⑥ [英]哈特:《法律的概念》,许家馨、李冠宜译,法律出版社2006年版,第159页。

能进行一个合乎每个人利益的平等性分配。① 概言之，财政活动正义性之表达离不开财政的公共性，而这种公共性恰恰又是财政活动正义性的核心范畴②。如果说财政分配的公共性是具有一种外在的、作为手段的有益之善，那么财政分配的正义性是财政法本身所应承载与拥有的独立、内在的道德品性。进言之，财政的公共性作为一种技术工具应有贡献或有用于分配正义终极目标的实现，财政活动只有产生正义性的效果，才能说明财政法作为一种实现公共性的工具或手段是有用的、有效的。

当然，到底什么才是财政分配正义性的全貌，这将是一个不易解开的系统性难题。就描述性的角度而言，这个正义性难题的初步解答应是这样的——需要形成一个统一规范的财政分配制度体系，实现一种世代相继、公平有效、富有生产力、极具生命力的社会合作体系，③即实现利己主义与利他主义的和谐共存。④ 至此，在现代公共财政的背景下，财政法既是一种正义之法，也是一种合作之法，在更深层次上它更是一种利他之法。

（二）理财之法

财政法作为一个专门化的法律领域，它在与社会实践紧密结合的过程具有多项功能，但是在此重点关注财政法的理财功能。财政法作用于公共部门

---

① See John Rawls, *A Theory of Justice*, The Belknap Press of Harvard University Press, 1971, p. 303.

② 从公共权利的全部质料之中进行抽象，那么我就剩下公共性这一形式；这种可能性是每一项权利要求中都包含着的，因为没有它就不会有正义（正义是只能被想象为可以公开宣告的），因而也就不会有权利，权利仅是由正义所授予的。参见［德］康德：《历史理性批判文集》，何兆武译，商务印书馆 1990 年版，第 139 页。

③ 参见［美］约翰·罗尔斯：《作为公平的正义——正义新论》，姚大志译，中国社会科学出版社 2011 年版，第 64 页。

④ "社会合作的概念不仅仅是将可协调起来的各种社会活动有效组织起来，并用公共认可的规则来指导这种活动，以达到某种整体的目的。社会合作永远是为了互惠互利，而这意味着它包含两个元素：第一个元素是一种共享的公平合作条款的概念，即可以合乎理性地期待每一个参与者都能接受这些条款，假如大家都能同样接受的话。公平合作条款准确地表达了一种相互性和互惠性的理念：所有参与合作的人都必须以某种适宜的方式来共享利益，或分担负担。……另一种元素与'合理的'相对应，它指每一个参与者的合理利益，这正是作为个体的参与者所努力发展的。如果说，参与者有关其自身合理利益的观念一般总是各不相同的话，那么，公平合作条款的概念则是他们所共同分享的。社会合作的统一性依赖于每个个人一致认同社会合作的公平条款的概念。"［美］约翰·罗尔斯：《政治自由主义》（增订版），万俊人译，译林出版社 2011 年版，第 278 页。

的经济活动中,其目的在于规范管理公共部门的钱财或物财。[①] 故研究财政关系的法律规范之总称,可俗称一种公共理财之法。理财论[②]的观点虽在一些当代学者的研究中鲜有提及,但它并非一种新兴的财政思想,而是对中国优秀财政思想文化的传承和发扬。理财的观念,一般用于私人领域,俗称私人理财。而政府理财,虽不是新鲜事物,但却较少为世人所知。从两者的共性来看,政府理财与私人理财皆是满足其主体生存欲望的行为,都需按照经济和效率的原则,务求以最少的成本,获得最大的效果。从两者的区别分析:政府理财具有长久性,私人理财则具有期限性。国家之生命与个人[③]之寿命性质悬殊,国家存续一般无涯,政府理财不能因短期之需而采用竭泽而渔的获取方法。但个人生存总是有期,因此私人理财一般仅需供其此生享用即可。并且,政府理财应以收支平衡为准则,除有特殊目的的蓄积,一般不宜以蓄积为目的。而私人理财则主要以收入超过支出为原则,通过勤劳以致富,重在积蓄资产,以其用作生命的不时之需或更高层级的生活享受。[④] 除此种种,皆说明财政就是一种理财之道。因此,财政法又可被视作为规范理财行为以及调整相应理财关系的法律规范的总称。财政法学则是一种治国理财的法律科学,其要旨在于强国、富民。

古代没有"财政"这一术语,[⑤]同其最相近的是理财。中国古代虽无财政

① 参见李金桐:《财政学》(增订版),台北,五南图书出版股份有限公司2005年版,第3页。

② 例如,刘剑文教授认为,"理财治国"与民主、法治、权力制约的核心价值一脉相承,其落实具有重大的社会意义,不仅有助于推进我国的法治建设,还促进了社会资源配置的优化和基本公共服务体系的均衡化[参见刘剑文、侯卓:《"理财治国"理念之展开——另一种国家治理模式的探索》,载《财税法论丛》(第13卷),法律出版社2013年版,第31页];理财治国观简言之就是"理财即治国"思想,管理好国家的"钱袋子"无疑就是治理国家的重要内容,国家机关要树立理财治国理念,自觉地将理财活动纳入法律框架之下。参见刘剑文、侯卓:《财税法在国家治理现代化中的担当》,载《法学》2014年第2期。

③ 对每一个个人来说,"个人"和"公民"之间没有差别。只是"个人"是作为一个私有财产拥有者的意义出现,而公民作为要求保护财产秩序的稳定性,也就是保护私有财产的语境出现。参见[德]哈贝马斯:《公共领域的结构转型》,曹卫东等译,学林出版社1999年版,第96页。

④ 参见何廉、李锐:《财政学》,商务印书馆2011年版,第9~11页。

⑤ "财政"一词,源于13~15世纪时拉丁文Finis,意指结算支付期限,16世纪演化为法文的Finances,开始有公共收入的含义,17世纪以后专指国家的理财,19世纪扩大为一切公共团体的理财。1882年清朝政府首次在《财政奏折》中使用"财政"一词。在此之前,我国长期使用"国计"一词表示财政的含义。

法或财政学之专书,但涉及理财之道的典籍,则保存颇丰。最早见于《易经·系辞下》:"理财正辞·禁民为非曰义。"中国学术之发达,以周秦为最盛,故理财学说之昌明,亦推此时。《周礼》作为刊载了儒家治国思想的经典,记录了丰富的国家理财制度。"一部《周礼》,理财居其半……"①例如,《周礼·天官冢宰》提出:"以九赋敛财贿","以九式均节财用",以求做到九种财政收入和九种财政支出相对应。② 除此之外,孔子提出:"政之急者,莫大乎使民富且寿也。""省力役、薄赋敛,则民富矣。敦礼教,远罪疾,则民寿矣。"③孟子对于理财言道:"易其田畴,薄其税敛,民可使富也;食之以时,用之以礼,财不可胜用也。"④荀况则认为:"足国之道,节用裕民,而善藏其余。节用以礼,裕民以政。"⑤道家则主张:"天之道,损有余而补不足。""民之饥,以其上税之多,是以饥。"⑥

汉晋至隋唐,"理财"一词虽未流行,然理财之说,依然兴旺。根据《资治通鉴》的总结,其中提到唐代宰相刘晏的理财思想,"晏又以为户口滋多,则赋税自广,故其理财常以爱民为先"。⑦ 再至宋代,苏辙曰:"夫今世之患莫急于无财而已。财者,为国之命而万事之本,国之所以存亡,事之所以成败,常必由之。"⑧王安石也语云:"盖因天下之力,以生天下之财,取天下之财,以供天下之费,自古治世,未尝以不足为天下之公患也,患在治财无其道耳。"⑨并在取财和用财方面提出了以义理财的思想,又云:"盖聚天下之人,不可以无财,理天下之财,不可以无义。夫以义理天下之财,则转输之劳逸,不可以不均,用度

① 王安石:《答曾公立书》,载《临川文集·第七十三卷》,中华书局1959年版,第773页。

② 参见陈光焱:《中国历代财经改革研究》,中国财政经济出版社2007年版,第26页。

③ 《孔子家语·贤君》。

④ 《孟子·尽心上》。

⑤ 《荀子·富国》。

⑥ 《老子·第75章》。

⑦ 司马光:《资治通鉴·卷第二百二十六·唐纪四十二·德宗建中元年》,中华书局1956年版,第7285页。

⑧ 苏辙:《上皇帝书》,载《栾城集·卷之二十一》,上海古籍出版社1987年版,第462~463页。

⑨ 王安石:《上仁宗皇帝言事书》,载《临川先生文集·第三十九卷》,中华书局1959年版,第417页。

之多寡,不可以不通,货贿之有无,不可以不制,而轻重敛散之权,不可以无术。”①

降及明代,明代礼部左侍郎刘定之指出:“不观《禹贡》,不知理财为圣君之急务。不读《周官》,不知理财为圣相之首事。”②同时,他把理财分为“理国之财”与“理民之财”,反对不以“理民之财”为先决的“理国之财”,而“理民之财”之先决又在于“生民之财”,他将“生民之财”视为富国的“上策”,将“徒知理民之财而不知生民之财”称为富国的“中策”,而“徒知理国之财而不知理民之财”乃是“下策”,最后发展到“卖官鬻爵”则犹如“割股肱之肉救心腹之疾”更是被视为“无策”的表现。③

时至今日,学者马骏则大声疾呼道:“理财之事,大矣!治国即理财。只要改变国家取钱、分钱和用钱的方式,国家的活动方式就会相应地转变过来。”④刘剑文教授更是从保护私权和规制公权的视角明确提出,财政法乃是公共财产法,它作为一种治理公众之财的法律,意欲通过控制政府的公共财产权和规范政府的财政收支行为,从而达到保护纳税人基本权利的最终目的。⑤

当前,理财已不再是一种学理探讨,逐渐体现在法治财政的建设进程。2005年5月17日财政部为了贯彻国务院《全面推进依法行政实施纲要》中关于如何有效推进依法理财和全面建设法治财政的要求,有针对性地发布了《财政部门全面推进依法行政依法理财实施意见》,意见对全面推进依法理财的目标、规划、要求等进行明确要求,显示出我国对理财思想的逐渐重视。时隔6年之后,2011年8月24日财政部同样为了贯彻落实国务院《关于加强法治政府建设的意见》,再次发布了财政部《关于加快推进财政部门依法行政依

---

① 王安石:《乞制置三司条例》,载《临川先生文集·第七十卷》,中华书局1959年版,第745页。

② 刘定之:《刘文安公策略·户科·历朝财赋法制得失》。转引自叶世昌:《古代中国经济思想史》,复旦大学出版社2003年版,第338页。[(刘定之(1410~1469年),字主静,号保斋、呆斋,江西永新人。宣宗宣德十年(1435年)举人,英宗正统元年(1436年)探花。成化二年(1466年)入直文渊阁,四年升礼部左侍郎。谥“文安”。著作有《刘文安公全集》]

③ 刘定之:《刘文安公策略·户科·历朝财粟积济得失》。转引自叶世昌:《古代中国经济思想史》,复旦大学出版社2003年版,第338~339页。

④ 马骏:《治国与理财:公共预算与国家建设》,三联书店2011年版,序言,第2页。

⑤ 参见刘剑文、王桦宇:《公共财产权的概念及其法治逻辑》,载《中国社会科学》2014年第8期。

法理财的意见》，其中对加快推进依法理财的重要性和紧迫性、总体思路和目标，以及对进一步提高依法理财的能力等进行了具体规定。在这种背景之下，重提治国理财观，回归传统理财观念，也是对财政法的一种新的理论认知，由此财政法才能在现代国家治理中发挥越来越关键的作用。

二、信托法的概念

"信托是源自英国法[①]的一种为他人利益管理财产的制度，是委托人、受托人与受益人间所存在的一种以财产权为中心的法律关系。"[②]信托制度设计巧妙且富有弹性，既是一项制度、一个原则亦是一种理念，其应用领域十分广泛，[③]正因信托制度所兼具的多方功能，"一个令人完全满意的信托定义到目前为止还没有被成功的作出"。[④] 虽然对信托的定义并非不可能但也实属不易，一些现有的信托定义不是过于冗长就是太过简短，大多因存在缺陷而受到

---

① 对于信托法到底是英国本土创设的制度，还是移植外来法制的产物，学界尚有争议。但主张外来移植说的学者们也未能拿出充分的论据，因此本书仍采取英国本土创设的见解。对于信托法来源的争议可参见 Avini, "The Origins of the Modern English Trust Revisited", *Tul. L. Rev.* 1139, 1996; Gaudiosi ,"The Influence of the Islamic Law of WAQF on the Development of the Trust in England: the Case of Merton College", *U. Pa. L.* , *Rev.* 1231, 1988. 转引自谢哲胜：《信托法》，台北，元照出版有限公司 2009 年版，第 5 页。

② 谢哲胜：《信托法》，台北，元照出版有限公司 2009 年版，第 5 页。

③ 如同梅特兰所表明的，信托使财产可以为致力于各种目的所形成的各色团体的利益持有。在宗教领域，它被用来帮助促进良心自由的实现，帮助因不信奉英国国教而为英国所不容的团体能够享有财产，并且用它来维持他们的宗教信仰。在政治领域，它在 18 世纪和 19 世纪早期通过建立受益团体来实施诸如那些照明、铺路、排污以及造路的义务，从而弥补市政服务的不足。在商业领域，它被用来建立参加特定事务之人的组织，诸如伦敦劳埃德船籍社（Lloyds）以及证券交易所，以赋予这些组织巨大的权力约束从事此种贸易之人。在协会领域中，它加速了各种各样的俱乐部和协会的成长。在文学领域，它使如伦敦图书馆这样的机构得以创设；并且令法律史学人铭记在心的是塞尔登协会也在信托制下开展它的工作。这些信托团体的数量和种类，以及它们自 16 世纪以来在英国国家生活中所起到的重大作用，使我们有理由相信它们是信托概念的最为显著的应用。See W. S. Holdsworth, *Sources and Literature of English Law*, Clarendon Press, 1925, pp. 200 – 202.

④ Andrew Iwobi, *Essential Trusts*, 3rd ed. , Cavendish Publishing Limited, 武汉大学出版社 2004 年影印版，第 2 页。

批评。[1] 于是，有学者提出，根本不值得花费时间与精力去考虑是批评现存的信托定义还是构思一个新的信托定义，只需对信托的各项要素进行准确且适当的理解与阐述，给予显得比较有开导与启发意义的描述，这将更为容易。[2] 提炼信托法的构成要素：其一，在道德性上，信托法属于利他之法。无论信托制度的起源，还是信托应用的扩大，信托始终是利他的。其二，在法律性上，信托法属于理财之法。信托法作为理财制度的一种，是规范以信托财产为中心的信托关系以及基于这种关系而产生的权利和义务的法律。[3] 以下将针对这两个基础要素进行适当解析。

（一）利他之法

在道德品行上，信托的品性体现为“得人之信，受人之托，忠人之事”，即信托关系基于当事人之间的一种信任而存在，当事人一方承载着这种信任，而另一方依赖于这种信任。[4] 申言之，这种信托关系在性质上是委托人和受托人之间高度信赖的财产关系，表现的是对道义上美德的可信性，或者说是对可能性预期的信念，这种信性或信念是对他人有益的预测，并能证明这种对他人的预测是正当的，因此可被称为“利他的信任”。[5] 依照这种利他的信任，信托本身即是信任的载体又是利他实现的工具，信托法散发出的利他性贯穿于信托关系产生、成立、运行的整个过程，既表现于信托关系成立之时所依赖的信任，也存在于受托人的具体受托行为之中，同时又体现在对受益人权益进行保障的过程。

一方面，从信托产生的基础来看，按照英美法学者对信托法的理论解读，

---

① “普通法中的定义常常被批评缺乏准确性和确定性，但实际上，这恰好是普通法及其由司法判决推动的发展模式所具有的优点。普通法的定义并不是被个案所消解的东西，那么定义无他，就是法官意见。”[美]约翰·奇普曼·格雷：《法律的性质与渊源》，马驰译，中国政法大学出版社2011年版，第5～6页。

② See Richard Rdwards & Nigel Stockwell, *Trust and Equity*, 5th ed., Pearson Education Limited, 2002, p.7.

③ 参见[日]中野正俊、张军建：《信托法》，中国方正出版社2004年版，第5页。

④ See Shindler & Hodkinson, *Law of Trusts*, CCH Editions Limited, 1984, p.2.

⑤ 参见[美]简·曼斯布里奇：《利他信任》，载[美]马克·E.沃伦编：《民主与信任》，吴辉译，华夏出版社2004年版，第270～271页。

信托法产生的思想基础为一种良心观(idea of good conscience),①呈现出的是一种良心上的义务,一方当事人必须本于自我良心而为他人之利益,或管理、持有、处分这种原本属于他人之财产,并自愿接受信托法律之拘束。② 因此,利他性是信托法的人性之维,信托法以利他作为出发点,以道德律作为自己行为的要求,并以信托所涵载的最高价值——良心与正义作为自己的最高行为导引。信托法的受托人作为受益人利益的承载者,意味着受托人应在事实条件与法律条件可能的范围内求取受益人利益的最大限度实现,这种利于受益人的行为准则是信托法利他性的最佳折射。

另一方面,从信托存在的目的来看,信托制度得以确立和存在的根本目的是实现衡平意义上的"正义与良心",③这是一种归属于正义范畴的良心,一种保障利他性的良心。衡平法通过对受益人的合理救济所要保障的正是信托法的利他性之维。信托关系中受益人也只有基于利他性之维下所展现的仰赖他人的信用、被寄予的信赖以及应遵循的诚信义务,才能向大法官法院提出诉讼请求,在大法官看来,当受托人违反了他的诚信义务、辜负他人的信赖以及破坏了相互的信任之时,受托人将因瓦解了这种利他性基础而被认为违背了衡平法下的良心观。④ 对于衡平法的良心基础以及弹性特征,丹宁勋爵在著作中曾这样生动地写道,衡平法体现出一个人的良心,这个良心的主人即是大法官,大法官良心观的延展程度直接决定着衡平法良心的宽窄,即使拥有一个衡量的尺寸标准,那也就是"大法官的脚"。⑤ 有时,可能是大法官的脚行走得太久,衡平法的良心观被延展得太远,以至于在近代,律师们开始忽略衡平法上提供救济所依赖的基础——良心本身,而将注意力过于集中在有关操作方面的具体救济规制之上。⑥ 但是,究其起源与发展,衡平法下的信托是一种"正

---

① 参见[英]F. W. 梅特兰:《国家、信托与法人》,樊安译,北京大学出版社2008年版,编者导读,第17页。

② 参见[英]靳克斯编:《英国法》,张季忻译,中国政法大学出版社2007年版,第287页。

③ 参见何宝玉:《信托法原理与判例》,中国法制出版社2013年版,第1页。

④ 参见[德]海因·克茨:《信托——典型的英美法系制度》,邓建中译,载《比较法研究》2009年第4期。

⑤ 参见[英]丹宁勋爵:《法律的界碑》,刘庸安、张弘译,法律出版社1999年版,第63~64页。

⑥ 参见[英]F. H. 劳森、B. 拉登:《财产法》,施天涛、梅慎实、孔祥俊译,中国大百科全书出版社1998年版,第52页。

义与良心”的制度。

（二）理财之法

在英美等国，信托已是一项成熟的理财制度，具有传统法制所无法提供的功能。与契约法和代理法相比，信托法在妥善规范当事人和第三人的权利义务关系上能提供更具效率的典型契约条款；与物权法相比，信托财产的独立性原则使受托人的自有财产与信托财产得到分离，构建了信托财产免受受托人的债权人追索的防火墙；与公司法相比，信托制度的发展弹性也能为当事人提供多种关于法律实体制度的选择，这些独特功能都在表明信托正扮演着理财方面的重要角色。① 信托在理财方面所具有的功能，也是最容易辨别出来的信托的第一功能，以下将予以具体分析。

一方面，相对于委托人自身占有、使用、处分财产，将信托财产交付与受托人去经营、打理，信托更具有能力转换、形态转换、数量转换、时间转换等方面的优势，使其在实务中被广泛应用：②一是能力转换。在形式所迫、专业欠缺、经验不足的情势下，委托人无法对自身财产进行优质管理之时，通过信托将财产托付给更具专业技巧能力的受托人，可以弥补委托人自身能力之不足，从而实现了委托人与受托人之间的能力转换。二是形态转换。信托是一个为了受益人利益而存在的理财工具，它有助于实现委托人财产形态上的转换。例如，通过设立土地信托，将受益权进行让渡，从外观形式来看，虽然被信托的土地本身由受托人所有，但被信托土地的实质性权利却以受益权的方式得到流通。换言之，信托已将土地财产转换成受益权。三是数量转换。信托作为一种受托平台，能通过积少成多的方法，实现单一个体平常难以享受到的专业理财服务。例如，如果将不特定多数人的信托财产集合为一个可以统一经营的集体财产，虽然在形式上受托人是唯一的权利人，但是实质性权利可以赋予众多的受益人个体。同时，信托通过这种数量上的转换，能普遍提高信托财产的运作效率。四是时间转换。一般而言，只要经营得当，信托机构将永久存在，通过设立以年老、病变或死亡等为起因而进行给付的信托，有助于维持公民晚年的生活保障，如养老基金信托。即便是委托人离世后，信托依然存在，受益人同

① 参见谢哲胜：《财产法专题研究》（三），中国人民大学出版社2004年版，第164~176页。

② 此部分的相关分析参照了其他学者的研究。参见［日］三菱日联信托银行编著：《信托法务与实务》（第5版），张军建译，中国财政经济出版社2010年版，第7页。

样能继续享有信托利益,让死者安息。

另一方面,相较于代理而言,信托与代理虽然都是委托他人管理或处分自己的财产,但这二者在功能上具有一定程度的相似性。例如,据梅特兰先生的考究,无论是代理法还是信托法皆缘起于早期的用益原则,①并且二者皆负有某种程度的信赖义务(fiduciary duty/fiduciary obligation),②即代理人或受托人不得随意把代理或受托之责随意转委托,更不得为了自身利益而与受托人利益相冲突,未经许可不得取利,并应妥善保存账簿。③ 但是在具体法律形态的表达上,二者的区别是明显的:一是设立的目的。信托制度之设立是受托人为了受益人利益而管理与处分信托财产。代理制度之设立是为了被代理人利益,它依据法律明确规定或被代理人授权而设立。二是财产的转移。信托应将财产移转至受托人的名下成为信托财产,这是信托的成立条件;而代理无须将财产进行转移,被代理人依然占有该财产。三是权限的大小。在信托关系中,除了受到信托目的和相关法律的限制之外,受托人对信托财产的管理与处分具有较大的自由裁量权,并且排除了委托人与受益人的干涉。而在代理关系中,代理人必须在授权的范围内行使权限,其行为遭到被代理人的严格限制。四是法效的归属。信托制度的受托人虽为受益人的利益而履行忠实与谨慎义务,但其本身并不代表受益人或委托人,受托人以其自身的独立名义进行信托事项之处理,其行为也不对受益人形成约束。代理制度的代理人则代表被代理人行使权限,通常以被代理人之名义而与第三人达成合同契约关系,代理人的行为对被代理人形成约束。④

三、财政信托概念

对象决定思考,法律问题的思考皆取决于法律本身的性质与功能,⑤前述分析已对财政法和信托法各自的性质和功能进行了一定程度的解析——无论

---

① G. H. L. Fridman, *The Law on Agency*, Butterworths, 1983, p.20. 转引自徐海燕:《英美代理法研究》,法律出版社2000年版,第27页。

② See Alastair Hudson, *Principles of Equity and Trusts*, 3rd ed., Cavendish Publishing Limited, 1999, p.30.

③ See Philip H. Pettit, *Equity and the Law of Trusts*, 5th ed., Butterworths, 1984, p.24.

④ Ibid.

⑤ 参见[德]齐佩利乌斯:《法学方法论》,金振豹译,法律出版社2009年版,第1页。

是财政法还是信托法都拥有利他之内在品性和理财之外在功能。二者在品性与功能上的对称，使本无关联的二者可在一定视野下得到融合与贯通，这是财政信托理论之所以能被建构的基础。

按照上述对财政（法）概念的剖析，财政行为是一种围绕公共经济资源所进行的筹划、汇集、支用、管理等利他性的公共理财行为，那么再融合信托（法）的内涵表达，如果将财政行为定位为一种更好地满足人民公共需求的利他行为，那么财政法可被视为通过信托的方式对公共经济资源进行运筹为内容的理财关系，即由法律直接规定的受托人如何获取公共经济资源，如何对其占有的公共经济资源进行管理或处分，如何使受益人获得和享受公共经济资源所带来的利益或福利。①

对于财政信托概念进行具体解析，财政信托即委托人（人民）基于对政府（受托人）的信任而转让部分私有财产形成公共财政资源（信托财产），受托人（指政府、政府各部门、各单位）基于信托协议（包括宪法、财政基本法、预算法以及由代表委托人的立法机关所批准的预算案）管理、处分这些公共财政资源（信托财产），最终目的是使受益人（广大人民群众）的社会公共需要（信托利益）得到最优化的满足。②

申言之，根据财政信托的理论逻辑，财政信托委托人（人民）设定财政信托之目的在于满足受益人（人民）的社会公共需求，在这个财政信托的法律关系中，公共财政资源（信托财产）的来源者与受益者皆为人民。因此，财政法可视为一种法定的自益信托与公益信托相混合的规范法律机制，财政法的内在目的或任务即在于通过一系列类似信托原理的制度设计，来调整各财政法

---

① 有学者通过对各种信托的不同基本特征进行考量，提出了在逻辑学上虽不够规范，但在内容上具有概括性的定义，认为信托是一种财产关系，其中包括：(1)以由委托人将由其提供的财产转移给由其选任的受托人占有、管理或处分并使由此所得利益由受益人享受或者被运用于委托人的其他特定目的为内容的财产关系；(2)以由委托人自任受托人并对由其提供的财产自行占有、管理或处分并使由此所得利益由受益人享受或者被运用于其他特定目的为内容的财产关系；(3)以由有关国家机关的行为确定或者由法律直接规定的受托人对处于其占有之下的有关财产进行管理或处分并使由此所得利益或者使该项财产本身由受益人享受或获得为内容的财产关系。参见张淳：《信托法哲学初论》，法律出版社2014年版，第23页。

② 参见朱大旗：《从国家预算的特质论我国〈预算法〉的修订目的和原则》，载《中国法学》2005年第1期。

律关系主体间的基本权益关系，最终致力于信托利益即社会公共利益的最大化。①

第二节 财政信托规则的要件解析

无论是法理上对法律规则②的一般探讨③还是对法律规则的具体运用，法学界可谓是众说纷纭、争议颇多。财政信托作为一种借助信托法理对财政关系进行的特定解读，财政信托规则的内在构成要件更是复杂多维的。为了对财政信托规则的构成要件进行一个较为全面、完整、立体的展示，在适当联结财政法律关系核心要素的基础上(财政信托规则只有通过财政信托关系的规范建构才能实现对财政关系的调整)，将财政信托规则的动态逻辑结构解剖为“情景—主体—行为—责任”的四大要件：适用情景是正确理解的先导，主体资格是意思表示的基础，行为条件是效果达成的关键，责任模式是规范运行的保障。以下将围绕“情景—主体—行为—责任”这一逻辑框架，对财政信托规则的具体构成予以清晰描述。

一、财政信托的适用情景

财政信托规则的适用情景描述的是整个财政信托体系中所有法律规则的共同适用前提，这些适用前提无论是处于显现表达还是隐性运用的状况，均是在财政信托规则的推理和解释过程中必须考虑的。如果对财政信托规则的适用情景予以清晰的描述，那么在以后的具体运用中也就无须予以不断重复地解释，这将有助于避免一些财政信托规则阐述得过于烦琐和过度臃肿。以下

---

① 参见汤、朱大旗：《预算法的修订应“实现公共需要最大化”为目的》，载《当代社科视野》2010年第5期。

② 有学者认为，“法律规则是在各种不同的历史背景下通过一系列零碎的、暂时的决定形成的，这些决定又是妥协的产物，带着社会权威对观点或利益冲突所作裁判的印记”。[法]雅克·盖斯旦、吉勒·古博：《法国民法总论》，陈鹏等译，法律出版社2004年版，第33页。

③ 法律规则的经典理论认为其在逻辑结构上包括假定、处理、制裁三要件或可简化为假定、处理两大要件，后来学界将其又发展为假定条件、行为模式、法律后果三部分。

分析将针对财政信托体系建构和运用过程中最为常见的情景(财政权和财产权)①予以具体解析。

(一)财政权规则

财政权通常会直接体现为一种单向性或非对称性的"权力","权力关系的非对称在于掌权者对权力对象的行为实施较大的控制,而不是相反。但影响的相互性——社会关系本身的定义准则——从来没有被破坏过"。② 同于此理,对财政权内涵的挖掘和剖析也应是双向的。源于财政本身是一个非常复杂的领域,它既极为关乎政治与国计,又密切联系社会与民生,在不同的思维模式下,将得出不同结果的思考。③ 所以应同时从国家和国民的双重视域出发,才能更为准确地把握财政权的内在构成。申言之,从法律关系主体的角度来看,存在国家与国民相对应的概念,由于一切权力源于人民,④且属于人民、为了人民,财政权既可以指为了国家的运转而对财政资源的合法使用和分配,分解为财政命令、财政许可、财政强制、财政处罚等权力事项,又可以视作为了人民的利益而对财政资源科学治理与营运,将其划分为纳税人权利、公民预算权利、监督权利、诉讼权利等权利事项。前者立足于国家权力的视角,后者着眼于国民权利的视角,那么财政权总体上是由一系列权力与权利的逻辑要素共同构成的法权体系,⑤包括国家财政权和国民财政权两大结构。对于

---

① 德国学者耶利内克在论证中提出,"以国家统治权力为基础的财产性请求权,这种请求权构成了一种特殊的权力关系的内容。国家的征税权既有权力法的属性也有财产法的属性,仅将它归入这两个类型中的一种是不可能的"。([德]格奥格·耶利内克:《主观公法权利体系》,曾韬、赵天书译,中国政法大学出版社2012年版,第55页)因此,这在一定程度上也揭示出,对于财政信托规则的适用情景,离不开以权力属性为核心的财政权规则和以财产属性为核心的财产权规则。

② [美]丹尼斯·朗:《权力论》,陆震纶、郑明哲译,中国社会科学出版社2001年版,第10页。

③ 其实财政法的复杂性,在很大程度上源于财政基本职能的多样性,财政主要需要承担优化资源配置、公平收入分配、促进经济稳定的基本职能。参见[美]理查德·A.马斯格雷夫、佩吉·B.马斯格雷夫:《财政理论与实践》(第5版),邓子基、邓力平译校,中国财政经济出版社2003年版,第6页。

④ 人民被认为是一个统一体或集合体,人民的统一体是由对被认为是国家的人民的那些人有效力的法律秩序所调整的那些人,即这一秩序的属人效力范围。参见[奥]凯尔森:《法与国家的一般理论》,沈宗灵译,中国大百科全书出版社1996年版,第260页。

⑤ 参见程亚萍:《财政权的宪政逻辑》,载《社会主义研究》2010年第2期。

财政信托规则,这两大结构都是其必须考虑的适用情景。

1. 财政权力

对于国家财政权而言,财政权的行使,既是职权又是职责,或者说,财政权是其必须依法行使且不可放弃的。[①] 正因国家与财政的密切联系,有学者从宪法学的观点提出,财政作为国家统治的工具,宪法之国体可称为“财政国”,再从财政收入与财政支出两个方面细考之,财政国家可分解为租税国和给付国的两股力量。[②] 一般而言,国家权力主体享有财政权是一种当然的认知,财政权作为维系财政法律秩序的行动工具,它是国家依法而治的形式性表达,是一种基于法律实证主义的强调,扮演着一个价值中立的角色,一般剥离了财政公平、分配正义、保障人权等价值因素,但它为国家能介入和获取公民私有财产权提供了合法性保障,也即为国家机构能够正常运转提供了不可或缺的经费或财源。概言之,财政作用的权力性,它是财政法能够存在的一种“尊严”,[③]一种普遍意义上的法律尊严。

2. 财政权利

对于国民财政权,在财政收支的过程中,由于国家与国民之间的张弛关系,[④]国民在财政权体系的地位不容忽视。由于财政权的使用与国民利益或意愿休戚相关,国民应当拥有向政府提出作为或不作为一定财政行为的资格。国民财政权所倡导的精神为:整个财政法的理念、精神、原则、宗旨、制度、规范,以及实践等,应从国家本位的财政法中适当解放出来,突出以民为本、以人为本的财政法理念,通过以国民为基础的权力或权利设计,来确保财政收支的正当性与合理性。按照财政信托的原理,财政权利的提炼意味着财政权源自人民的信任与托付,这是财政权产生的合法源泉和原始权威。进言之,这种受托意义上的财政权,是全体国民意志和人民一致同意的产物,也是宪法中人民

---

① 参见张守文:《财税法学》(第4版),中国人民大学出版社2014年版,第34页。

② 参见葛克昌:《国家学与国家法:社会国、租税国与法治国理念》,台北,月旦出版社1996年版,第141页。

③ 康德在论证国家拥有的权力之时,提出国家权力都是一种“尊严”,也就是“国家尊严”。参见陈新民:《德国公法学基础理论》(增订新版·上卷),法律出版社2010年版,第5页。

④ “故政府之权限,与人民之进化成反比例,此日张则彼日缩,而其缩之,乃正所以张之也。何也?政府依人民之富以为富,依人民之强以为强,依人民之利以为利,依人民之权以为权,彼文明国政府,对于其本国人民之权,虽日有让步,然与野蛮国之政府比较,其尊严荣光,则过之万万也。”梁启超:《论政府与人民之权限》,载《饮冰室合集·文集之十》,中华书局1936年版,第3页。

主权原则的具体落实。[①] 因此,财政权利体现出公民自身对可能遭受的权益侵害而进行的一种防范和控制,也即防止自身的私有财产权不受非法侵犯,除非这种侵犯是来自人民自身的一致同意——至少对财政权的内涵与外延予以了形式上的认可。

(二)财产权规则

从财产权的规则上来解读财政法,这是财政法学界较少关注的场景,但是却广泛存在于行政法的探讨之中。以下将以行政法上常见的公产理论[②]为基础,对财政信托另一个重要的适用情景予以说明。

第一,公产理论的诞生。公产理论最早缘于法国学者蒲鲁东于1833年发表的著作《公产论》中提出的观点,他认为在政治共同体所拥有的全部财产中,有一部分是带有公共性质的财产,目的是方便普通公民的使用,这种财产作为非生产性的财产,应受到特殊规则的保护。后来蒲鲁东的观点被广为流传和认可,时至19世纪末期,法国理论界和司法界普遍认为,有必要将行政主体的财产在法律适用规则上进行二元划分:一种适用私法规则,另一种则不适用。后来,公产理论的适用范围经历了一个发展的过程,起初单指自然性质的公众使用财产,后来扩展到一般性质的公众使用财产,再到后来不同的公产对所适用的规则和使用的目的都产生了较大差异,公产理论变得极为复杂。[③]现今,法国的公产理论已成为立法者常用的概念,许多法律法规都对公产这一概念进行了认可。[④]

第二,财政财产的理论归属。正因公物理论的复杂性,公物的具体划分也是多类型的。根据我国台湾地区学者的讨论,吴庚认为,公物是指基于一种公

① 费希特提出,"提供保护的机体只是由各个属于个人的部分组成的。所有的人都包含在这个机体中,但每个人只是一个部分。不过,就他们包含在这个机体中而言,他们组成一个旨在保护每个人的权利的国家权力,并且构成真正的最高权力拥有者。每个人都作出贡献,所有,只有在这种行动中,他们才属于最高权力拥有者。即使在一个自由国家,即在一个设立民选监察院的国家,纳税也是行使最高权力。每个人所占有的一切东西,都属于整个应当受到保护的东西"。[德]费希特:《自然法权基础》,谢地坤、程志民译,商务印书馆2004年版,第207页。

② 行政法上,公产理论又可称为公物理论,但二者实际上存一定区别:称公产者强调的是物的所有权归属,称公物者偏重于物本身的使用价值。参见[德]汉斯·J.沃尔夫、奥托·巴霍夫、罗尔夫·施托贝尔:《行政法》(第2卷),高家伟译,商务印书馆2002年版,第455页。

③ 参见王名扬:《法国行政法》,北京大学出版社2007年版,第238页。

④ 参见侯宇:《行政法视野里的公物利用研究》,清华大学出版社2012年版,第18页。

共目的而被直接使用并受行政主体支配的有体物或无体物，而财政财产因其被间接使用而被排除在公物的范畴之内。[①] 当然对这种理论划分也略有些分歧（公物有最广义、广义以及狭义 3 种具体划分），翁岳生认为应按照最广义的公物范围划分，主要包括财政财产、行政财产和公共用财产，[②]即在这种最为广义的理论划分中，财政财产被归入了公物的范围。但是按照我国台湾地区法学界的通说，财政财产不同于公物，一般不被归入公物的范围，只是在财政财产的概念表达上，具有公共属性，可被归入财产的认知范围。

第三，对于财政财产的具体内涵，学者们提出不同程度的认知。德国行政法学者认为，财政财产"即不是通过其使用而是通过其本身的财产价值或者收益用于公共行政的财产，主要包括用于公共目的或者经营目的之外的动产、参与工商企业经营的财产以及既非用于日常的财政管理也非用于控制企业管理的资产债权"。[③] 我国台湾地区学者翁岳生先生认为，财政财产即为收入财产，俗称财源，具体是指归属于行政主体所用的金钱、物资以及相关收益，它堪称行政正常运作所需的血液，在规则上可适用"国有财产法"的相关条款，在使用上行政主体不得擅自处分。[④] 因此，财政财产区别于行政财产的标志就是它虽然也是为了公共目的但是属于间接使用，而行政财产则是为了公共目的而被直接使用。进言之，财政财产的间接使用是指它不是通过其本身的财产价值而是依靠物的交易价值或者收益能力所达成的，[⑤]例如，行政主体所持

---

① "公物系指直接供公的目的使用之物，并处于国家或其他行政主体所得支配者而言。是故成为公物须具备两项条件：一系直接供公的目的使用：若非直接使用者如存放于国外之外汇、投资于营利事业之公股等，称为财政财产非此所称之公物；二系处于国家或其他行政主体支配之下：公物固不以有体物为限，无体物亦得成为公物。"吴庚：《行政法之理论与实用》（增订八版），中国人民大学出版社 2005 年版，第 135 页。

② "财政财产系作为行政主体的财产；行政财产系对内供公务员使用；而公共用财产系对外供人民使用。"关于最广义公物、广义公物、狭义公物范围的具体讨论，请参见翁岳生主编：《行政法》（上册），中国法制出版社 2002 年版，第 462 ~463 页。

③ ［德］汉斯·J. 沃尔夫、奥托·巴霍夫、罗尔夫·施托贝尔：《行政法》（第 2 卷），高家伟译，商务印书馆 2002 年版，第 458 页。

④ 参见翁岳生主编：《行政法》（上册），中国法制出版社 2002 年版，第 462 页。

⑤ 参见陈敏：《行政法总论》，台北，新学林出版有限公司 2011 年版，第 1019 页。

有的公司股票,不能直接为公共目的而被使用,为财政财产,而非公物。①

第四,财政财产的适用规则。在归类财政财产的适用规则之前,首先略述下公物的适用规则:法国将公物的规范完全列入公法范畴;②德国、瑞士以及我国台湾地区则进行了区分,公物主要受到民法的规范,不属于公法的调整范围;但是公物的设定、废止、使用目的的确定仍受公法的规制。③ 对于财政财产的适用规则,以德国为例,同于对公物的调整,财政财产也主要受私法规范,而非公法的规范范围。也就是说,财政财产的处分、转让皆受私法的调整,产生相关争议也受普通法院所管辖。④

第五,我国公共财产概念的提出。通过上述对公物理论的简单探讨可知,其中的财政财产规则与我国当前财政法研究中一些学者所提出的公共财产权概念紧密相连。刘剑文教授在他的许多著作与论文中都提到了公共财产法的概念,他将公共财产法(财政法)视为对现代公共财政的法学解读,提出财政法所调整的对象本质上是一个公共财产法下的问题,⑤财政法的研究可适当摒弃财政权的权力属性,强调"权利"作为公共财产权的逻辑基点。⑥ 他认为,静态层面上的财政法是为了保护公共财产不受非法侵犯,动态层面上的财政法是为了调整和规范公共财产,这种动态主要表现为公共财产的取得、管理以

---

① 根据我国台湾地区"国有财产法"第4条第1款第3项的规定,国营事业为公司组织者,仅其股份为事业用财产。唯国营事业之股票非以其物体直接供公共目的之使用,应非行政财产,亦非公物。

② 在法国,由于"属于公产范围内的财产种类繁多,性质不同。公产制度的公法规则不能不加区别适用于一切公产,每项公产享受公产制度保护的程度,根据各项公产本身的性质和法律的规定而不同……公产受特别保护的程度不是铁板一块,而是具有不同的等级。有的完全适用特殊的规则,有的只是部分适用特殊的规则。法国学者狄骥认为,没有一个完全一致的公产制度,只有一个等级不同的梯形结构的公产制度,就是表示公产制度具有相对性质。"王名杨:《法国行政法》,北京大学出版社2007年版,第238~239页。

③ 参见吴庚:《行政法之理论与实用》(增订八版),中国人民大学出版社2005年版,第135页。

④ 参见[德]汉斯·J.沃尔夫、奥托·巴霍夫、罗尔夫·施托贝尔:《行政法》(第2卷),高家伟译,商务印书馆2002年版,第458页。

⑤ 参见刘剑文:《强国之道——财税法治的破与立》,社会科学文献出版社2013年版,第33页。

⑥ 参见刘剑文、王桦宇:《公共财产权的概念及其法治逻辑》,载《中国社会科学》2014年第8期。

及处分方面。[1] 但是在具体的适用规则上，财政法的调整对象即公共财产关系主要受公法规则的规范，只是在一定范围内，可以借用私人财产法的规则（如政府采购），[2]因此我国公共财产的适用规则迥异于其他国家财政财产的适用规则。

二、财政信托的主体资格

主体资格条件是法律规则的当然组成部分。按照信托规则的主体要件，与信托具有直接利害关系者或权利义务关系者，主要包括信托的委托人、受托人、受益人，以及信托监察人4个主体。以下将从上述4个主体出发，对财政信托规则的主体资格进行具体探讨。

（一）财政信托的委托人

在信托关系中，委托人系指根据信托协议提供财产而设立信托之人。只要是为了同一目的，在具体人数上委托人没有限制。委托人在信托设立的阶段，委托人是必须存在的，因此在信托目的设立的那一时刻点上，委托人的作用无比重要。在财政信托中，委托人也即根据财政信托协议让渡部分自己私有财产的每一个公民，每一个公民承担这种移转自己私有财产的义务是财政信托关系产生的基础。根据我国《宪法》的基本规定（《宪法》第2条、第3条），国家的一切权力属于人民，人民代表大会（以下简称人大）是人民行使权力的载体，人大作为代表选民意志、承担信赖义务以及肩负人民责任的代议制主体，它在财政信托中也处于一种委托人的地位。尤其各级预算都由本级人大审查和批准，人大负责决定是否与受托人政府签订财政信托协议，人大作为委托人的地位也由此体现。

（二）财政信托的受托人

受托人是整个信托关系最为核心并且是始终不可或缺的要素，在信托设立之时虽然委托人也属必要，但是信托关系一旦成立，之后即使没有了委托人，信托也不会因此而变更或消灭。所谓受托人，是指根据信托目的的要求及

---

① "征税、收费、分享资产收益，属于公共财产的取得。财政资金的预算、国库集中支付、国有资产经营、政府会计，属于公共财产的管理。财政投资、拨款、贷款和采购，属于公共财产的处分。"刘剑文、熊伟：《财政税收法》（第6版），法律出版社2014年版，第5页。

② 参见刘剑文、熊伟：《财政税收法》（第6版），法律出版社2014年版，第5页。

信托行为所确定的方法，为实现信托协议项下之财产的管理或处分以及其他信托目的而必须承担实施必要行为之义务者。[①] 也就是说，受托人基于委托人的高度信任而被委托处理信托事务，在处理信托事务之际，行使着对信托财产的一种排他性的管理、处分等权利，相应地，受托人在职责上承担着必须不辜负委托人信任和完成其身为管理人的义务或任务。在财政信托上，可成为财政法律上具有资格或称为拥有适格能力的受托人，是法律条文中指的各级政府、各部门、各单位，以及公务员。[②]

（三）财政信托的受益人

在信托原理上，“所谓受益人系指委托人欲使其享有信托利益者或其权利的继受人而言”。[③] 也就是说，受益人是一种受益权者，他（她）可有权依照信托协议对信托财产及其管理、使用、处分等利益的全部或一部分而享有受益权。对于财政信托而言，它具有自益信托与公益信托相混合的性质，而公益信托是为了不特定多数人的利益，因此财政信托的受益人也就是委托人自身。具体而言，除了纳税人本身，还系指一般意义上的人民或称社会大众。由于社会大众具有不确定性，所以财政信托的受益人在信托设立之时，并非已经确定或可以确定甚至已经存在，无论受益人本身是否具有民事权利能力，是否已被剥夺政治权利，抑或是否为自然产生的自然人，包括自然人、未成年人、被剥夺政治权利终身的犯罪人、法律拟制产生的法人等皆可享受由财政信托关系所产生的信托利益。

（四）财政信托的监察人

信托关系中监察人的设立目的是行使保全受益权的权限，从而保证受益人的利益。也就是说，信托监察人得以使用自己的名义，乃是受益权以及信托利益的管理权人或监督权人，其权限的性质也仅限管理权和监督权，监察人一

---

① 参见［日］三菱日联信托银行编著：《信托法务与实务》，张建军译，中国财政经济出版社2010年版，第63页。

② 有学者认为公务员具有双重角色特征，即“作为一名被附加了一定责任的公民（首先是作为普通公民，其次是作为愿意为所有人利益而工作的特定公民之一），公务员只要在公共代理机构范围内活动，这种信托关系就一直存在”。［美］特里·L. 库珀：《行政伦理学：实现行政责任的途径》（第5版），张秀琴译，中国人民大学出版社2010年版，第58页。

③ 参见［日］四宫和夫：《信托法》（新版），有斐阁1994年版，第307页。转引自王志诚：《信托法》（增订三版），台北，五南图书出版股份有限公司2006年版，第137页。

般也不是为了行使管理、监督权限而期待获取相关利益或为自己牟利。在民事信托上，信托监察人之所以设置，是因为受益人不特定、尚未存在或其他为保护受益人之利益而认为有必要之时，才因此而设置信托监察人。① 在财政信托中，概因财政信托的受益人不特定甚至尚未存在，为了保护受益人的利益，也应该设立监察人。在我国目前的法律规定中，具有财政监督权力的主体比较广泛，主要包括各级人大及其常委会、相对于下级政府而言的上级政府、各级财政部门、县级以上审计部门、政府各部门、公民、法人或者其他组织等（参见我国《预算法》第 83～91 条），那么到底哪些主体可成为财政信托的监察人，可予以深入探讨。本书暂且认为，只要其具备监察或监督的独立地位并具有相应的专业能力，皆可成为信托的监察人。

三、财政信托的行为条件

行为条件是法律规则的重要构成要件之一，它是规则主体所实施的能引发特定法律效果的必备要素。信托的行为条件包括两个要件：一是主观上的信托意思表示，即必须存在委托人明确的信托意思表示；二是客观上的信托财产转移，即要求私有财产占有的移转。财政信托作为一种法定信托，它的行为条件成立同样应具备这两个要件：在主观要件上，财政信托应由委托人意思表示设立；在客观要件上，财政信托的委托人应向受托人转移财产归属。从动态角度归类财政行为的类型，包括财政资金的取得行为、财政资金的管理行为以及财政资金的支出行为，那么委托人向受托人转移财产的归属发生在财政资金的取得过程中，委托人的意思表示发生在财政资金的管理过程中，财政资金的支出行为属于受托人的受托行为。正因财政信托的主观意思表示要件和客观财产转移要件是分开达成的，以下将对这两个要件予以具体分析。

（一）客观要件

财政信托的客观财产转移要件是由每一个委托人（公民）亲自参与的。在财政收入的取得过程，当受托人（税务部门、收费单位以及相关部门等）依法获取（如征税、收费、获得国有资产收益、处罚、征收、发行国债或彩票等）委

① 参见王志诚：《信托法》（增订三版），台北，五南图书出版股份有限公司 2006 年版，第 207～209 页。

托人（如称纳税人、缴费人、征收行为的相对人等）私有财产权的行为之时，[①]既包括非对价性的给付行为（如征税、处罚、国有化），也包括对价性的给付行为（如征收、收费、发行公债），即客观上财产转移条件宣告成立。

（二）主观要件

信托的主观要件又称信托行为成立的原因行为，它以意思表示为之，这种意思表示存在于委托人和受托人之间。财政信托属于法定契约信托的原因行为，双方的意思表示一致发生在财政预算过程，具体是公民通过选举自己的委托人（所称议员或人大代表）而表达的。当受托人（各级政府、各部门、各单位）编制的草案被代议制机关审议和批准后，即达成了意思表示，所通过的预算案中的具体项目与内容也就是受托人必须致力于实现的信托目标。

四、财政信托的责任模式

责任模式同样发生在财政信托规则的内部，指的就是当财政信托规则的其他构成要件都准备就绪之时，财政行为主体应当作出的法律姿态或应当给予的法律回应，它不仅是传统意义上法律规则中主体作出符合或不符合行为要件的行为之时所应当承担的法律结果，[②]而且包括经济法责任制意义上为最大限度地防止法律规则中主体角色懈怠、错位或越位而应当予以明确定位的角色责任（积极责任）。[③] 财政信托规则中被附加的法律姿态与法律回应均集中在受托人身上，那么财政信托规则的责任重心主要体现为受托人的责任模式设计，受托人的责任分析也就是财政信托的责任模式所关注的焦点。

（一）积极责任

现代信托法形成了以受托人为中心的控制机制，确立了受托人的两条行为标准即忠实义务（loyalty）和谨慎义务（prudence）。这是规范信托受托人行

---

① 按性质划分，我国的财政收入主要包括3类：公共权力收入、公共产权收入、国家信用收入。公共权力收入，含税收收入（直接税、间接税）和非税收入（含政府性基金、罚没收入、捐赠收入、国有化收入、征收收入）；公共产权收入，含国有资产收益（经营性国有资产收益、非经营性国有资产收益、资源性国有资产收益）、政府性收费（规费、受益费）、特许权收入（频道、航道等特许经营收入和彩票收入、专卖收入）；国家信用收入，含公债与赊借。

② 参见张文显主编：《法理学》（第3版），高等教育出版社、北京大学出版社2011年版，第117页。

③ 参见史际春、邓峰：《经济法总论》（第2版），法律出版社2008年版，第200页。

为的基本准则，二者也共同构成了财政信托最具特色的义务规则体系。对于财政信托的忠实义务，它要求财政信托的受托人必须抑制自己处于自身利益或第三人利益与受益人相冲突的地位。其一，财政信托的受托人（各单位、各部门）不得在受托行为中为自己谋取私利而损害了受益人的利益；其二，财政信托的受托人必须致力于服务受益人信托利益的最大化，这种要求既是对受托人提出的信托法律义务，也是一种政治道德义务。对于财政信托的谨慎义务，它要求财政信托的受托人作为忠实义务人在处理财政信托事务之时必须尽心尽力，应竭尽自己所拥有能力进行专业判断，这样才符合谨慎义务的要求。

（二）消极责任

信托法对受托人的控制，除了设立积极性的行为准则，还需依靠一些消极性的措施来实现对受托人有违信托目的行为的及时制裁。如果财政信托的受托人辜负其应承担的谨慎管理义务，他必须对已造成的财政信托财产损害承担一种财政赔偿责任，由于谨慎管理义务是一种较高形式的义务，这种财政赔偿责任应是补偿性的，而非惩罚性的；如果财政信托的受托人违反了忠实管理的义务，受托人不仅要承担赔偿财政信托财产损失的财政赔偿责任（鉴于忠实管理义务是一种较低形式的义务，因此这种财政赔偿责任应是一种补偿性和惩罚性相融合的经济责任），还应受到相应的行政处分甚至是承担刑事责任。

第三节　财政信托原则的整体定位

"法律是一个有意识服务于法律价值与法律理念的现实"，①而不是单纯由形式化的系谱规则所构成的规则集合体，法律的正确性强烈指向能体现群体性政治道德要求的法律原则，法律的完整性离不开道德正确性原则的广泛参与。② 法律理念或法律原则是法律制度建构的最高依据，直接牵引着法律规范本身的合理化表达。如何去对财政信托的构建原则进行科学归纳，需要深入到财政法和信托法的主旨、任务、目标、定位等直接关系二者之所以能够立足的基础要素。鉴于财政信托的庞大体系，以下将从既是实证的又是规范

① ［德］古斯塔夫·拉德布鲁赫：《法哲学》，王朴译，法律出版社 2013 年版，第 34 页。

② See Michael Moore, "Legal Principles Revisited", *Iowa Law Review* 82, 1997, p. 869.

的财政法本质中得出财政信托原则的判断,这种诠释包括两个层面:一是财政信托的外部原则;二是财政信托的内部原则。两者都是财政信托的诠释所应当认真对待的法律思维。前者是关于财政信托建构的原则,它是从分析法学思维的角度,对财政信托的立法技术或语言表述提出要求;后者是财政信托运行的原则,它是内在于财政信托运转过程的政治道德要求,这些要求也是关乎财政法能否立足的重大问题。财政信托的外部原则通过服务于其内部原则,显示出外部原则在整个财政信托关系的基体性作用,而财政信托的内部原则可视为在这基体之上进行的具体适用。为有效构建财政信托的基本体系,两重原则都不可或缺。

一、财政信托的外部原则

财政信托的外部原则是一项为财政信托规则的成立和制定而提供的一个基础准则,也是一项静态的制定法要求。下文提出的财政信托法定原则和财政信托的明确原则,均是从财政信托制度产生的角度提出的形式标准,这既是财政信托关系成立的基础,也是财政信托关系运行的保障。在财政法领域,保障人民自身拥有财政立法的"同意权"①是最为重要的财政法治原则:一是通过制定普遍性的财政法律规则;二是通过控制具体性财政事项的审查批准过程,也正是通过这两种形式的"同意权",最终才保证了财政信托关系的成立与实现。在外在表现形式上,这种"同意权"可解构为财政信托行为的法定原则和财政信托要素的明确原则,这是财政信托关系得以顺利运行的前提保障。

(一)法定原则

财政信托作为一种法定信托,相比于一般信托具有信托关系成立的法定性、信托财产和信托利益的法定性、信托目的和受托人职责的法定性,以及信托存续的法定性等特征。② 换言之,财政信托的法定原则贯穿于财政信托关系运行的整个过程,法定的财政信托行为既应包括财政信托的设立行为、变更行为以及终止行为(如预算审批行为、预算调整行为),也应包含财政信托的

① 这种"同意权"已经体现在世界各国的宪法或宪法性文件中,如英国《大宪章》(1215 年)第 12 条、第 14 条;美国《宪法》(1787 年)第 1 条第 7 款至第 10 款和美国《宪法修正案》第 16 条;法国《人权宣言》第 14 条。

② 参见周小明:《信托制度:法理与实务》,中国法制出版社 2012 年版,第 340~341 页。

委托人移转信托财产的行为[①]（如纳税行为、缴费行为），亦应包含受托人对信托财产的管理或处分行为（如预算执行行为、政府采购行为），甚至包括了受托人内部上下级之间受托权力再分配行为（如上级政府对下级政府的监督行为、同级政府之中拨款单位对用款单位的拨款行为）。

上述所有这些财政信托行为都应载明于具体的信托协议之中，都应能在宪法、宪法性文件、财政性法律（如具体税种法、税收征管法、预算法）以及由委托人（立法机关）审查批准的预算案之中等寻找到详细的信托协议条款或明确的信托协议依据。这些协议条款或明确依据，既不是由委托人只予以单方面的意思表示就能形成，也不是由受托人只进行单方面的结果承诺就能生效，它应该是委托人与受托人之间共同合意而形成，[②]而合意的手段则体现为财政民主主义，既包括由委托人代表（议会代表）参与的间接民主，也包括由委托人自身参与的直接民主，只有通过合意后再写入具体信托协议之中，方能符合财政信托法定主义的要求。而受托人在行使财政受托权力的过程中，也只有遵循信托协议中的具体规定才符合法定主义的基本要求，如严格按照信托协议之中载明的财政收入的来源、财政支出的投向进行财政收支。简言之，财政信托行为的法定主义贯穿于财政权力运行的整个过程，这样才能充分体

---

① 这里引申出的一个有意思的问题：因为按照英美法系中对信托成立的规定，信托关系成立需符合意思表示和财政转移的两个要件，信托关系才宣告成立。那么对于财政信托，它又何时成立呢？到底是签订财政信托协议之时间还是转移财政信托财产之刹那？在大陆法系中，有学者认为当委托人与受托人签订信托协议，则意味着委托人与受托人之间债权债务关系的产生，委托人负有移转信托财产的义务，委托人负有接受信托财产并为受益人利益管理处分的义务，此仅构成民法之下的契约行为（原因行为），而只有待委托人与受托人之间完成信托财产完全转移之刹那，才完成信托的成立。（参见方嘉麟：《信托法之理论与实务》，中国政法大学出版社 2004 年版，第 247 页）本书认为，信托行为属于民法债权行为中的要物行为，也即缺乏物之交付的债权行为根本不产生效力（参见郑玉波：《民法概要》，台北，东大图书股份有限公司 1989 年版，第 57 页）。财政信托行为也即属于要物行为。

② 这里同样引申出一个问题：竞选人的单方承诺行为是否构成某种信托关系呢？竞选人的单方承诺，主要是指竞选人在竞选过程中对选民作出财政方面的承诺，这种承诺不仅是对竞选者的私人信赖，而且体现了对选民的应尽责任，一旦竞选人因此承诺而获得人们的选票进而竞选成功，则意味着当选者必须为实现这个承诺而殚精竭虑。如果执政者未能尽到这种责任，致使竞选承诺未能得到兑现的话，执政者将因此受到选民的批评，支持率将大为降低，在极端情况下甚至将接受议会的不信任的弹劾，如果弹劾成功，执政者将被迫下台。本书认为，按照财政信托的法定原则，如果竞选人的单方承诺最终未能写入执政者的具体信托协议之中，也就不是一种财政信托关系的成立。

现法定主义的要求。

(二)明确原则

在财政信托法律关系中,为了督促受托人能在法定的范围内忠实和谨慎地行使受托权力,防止其出现僭权、滥权、误权等行为,那么对于财政信托目的的设定应当尽可能明确,不应过于笼统、含混、模糊,避免因为理解上的歧义而导致执行上的错位。当然,财政信托目的之"明确"并非绝对,有时候基于立法技术之考量(防止过于烦琐、复杂),对财政信托目的之设定采用了一些抽象的、不确定的表达,如"在必要时""自然灾害等突发事件""重大投资项目""重点支出""保障和改善民生"等立法表达,并不违反财政信托目的的明确原则。只要这些表达不要太过抽象或空洞,根据立法宗旨和法律解释可以明白其实质含义即可。具体而言有以下几点。

在财政收入的过程中,财政信托目的的明确体现为课税要件明确原则,课税要件即成立征税纳税关系的必备性要素,如税收主体、税收客体、计征依据、具体税率等,这些要素都应当是明确具体的,不能对受托人进行一般性、空白性的委托,使其在确定委托人(此时即为纳税人)的权利义务时具有很大的自由裁量空间,这有悖于课税要件明确的原则。

在财政支出的过程中,财政信托目的的明确体现在对政府收支进行分类的细化程度上,政府收支的分类科目只要具体到类、款、项、目 4 个层面,才能称得上是符合明确原则的要求。如果委托人(代议制机构)在审议和批准受托人(政府)编制的预算草案过程中,由于预算编制的分类比较粗糙、未能细化,导致委托人代表无法读懂,即使预算草案得到通过而成为财政信托的基本协议,这种情况下的财政信托目的也是有悖于财政信托目的明确之要求的。

二、财政信托的内部原则

财政信托的内部原则是一项从动态控制的视角,对财政信托的实际运行过程提出的要求。按照财政法的立法宗旨,结合信托法的功能优势,非营利性和绩效原则应是财政信托运行的基本原则。如果说在外观形式上,信托关系的有效运转必须依附于保障财政信托合法性的法定原则和明确原则,那么在运行方向上则必须依靠财政信托非营利性和绩效原则的准确导引。非营利性着眼于财政信托的制度品格和利益归属,是整个财政信托结果的品质要求;绩效原则体现出财政信托的运行水平和效益标准,是整个财政信托运行的价值追求。

(一)非营利性

对于非营利性,现代财政制度的存在本身是以公共利益的最大化而非以政府自身取利为目的,财政资金即使进入了投资领域并赚得了投资利润,政府作为投资者不能将所获的利润作为私用,这就是公共财政刚性要求的体现。在财政信托中,财政信托的非营利性是指国家这个受托人无论作为经济管理者或经济活动者都不能为自己谋取特别利益或者说获取私人利益(这种私利应扩大解释为所有与自己相关的利益,如部门利益、单位利益)。①

1.财政信托非营利性的产生之因

非营利性是财政信托运行的基本原则之一,这也是财政信托不同于商业信托的重要特征。因为财政信托立足于市场经济的基础,受托人(政府)只能致力于实现受益人(如社会公众)的公共需求、致力于服务受益人(如市场主体)的公共需要,以弥补市场可能出现的失灵,维护市场机制的有序运转,其行为动机不能以取得相应报偿或私益为目的。纵使在一些相对特殊的情况下,财政信托受托人的管理活动将附带产生一定数量的利润额,这些利润也只能满足财政信托受益人的公共需要,其行为准则仍是禁止为自己取利。财政信托的非营利性之所以如此重要,在一定程度上是出于我国现实国情的考虑。②

---

① 营利性的法律意义在于,企业的出资者或股东依法可以分配企业的利润和清算后的剩余财产,因此所谓企业、公司的营利性,是针对其举办者或出资者、股东依法能否从该组织取利而言的,与企业、公司本身是否盈利无关。同时,如果出资者或股东依章程或依法将其从企业或缺的利润用于社会或公益目的,而非私用,则该企业一般而言仍是非营利性的(参见史际春:《论营利性》,载《法学家》2013 年第 3 期);"一个完全依赖贩卖财货与服务('商业'活动)来产生收益的组织,将只会制造可获利的产品、利用生产过程来最小化生产成本、把产品提供给那些愿意支付比产品边际成本还要高的顾客;除非从其他资源能产生足够的利益,否则它们不会把任何东西拱手让人。这些就是营利部门的特征。"(Burton A. Weisbrod:《非营利产业》,江明修审订,台北,智胜文化事业有限公司 2003 年版,第 48 页)

② 对于非营利性的问题,有学者针对我国现代财政制度的现状进行了分析:"政企不分、全面介入竞争性领域,曾经是我国传统财税体制运行格局的一种常态。随着财税体制改革的进程,特别是在将公共财政制度作为目标标识引入改革视野之后,政企分开、逐步减少对于竞争性领域的介入,已经日益成为现行财税体制运行格局的新景象。然而,也许是传统体制惯性的作用使然,或许是既得利益格局驱动的因素所致,不容否认的一个基本事实是,在我国现行财税体制的运行中,尤其是在非一般公共预算领域,仍然存在有违'非营利性'的种种现象。这表明,在朝着非营利性迈进的现代财政制度建设道路上,我们仍面临着相当繁重的任务。"高培勇:《论国家治理现代化框架下的财政基础理论建设》,载《中国社会科学》2014 年第 12 期。

第一,拥有受托权力的受托者(政府各部门、各单位),如果允许其追逐营利,待其进入竞争性领域后,将导致权钱交易现象的大量滋生,势必扰乱甚至破坏市场的正常运转。因此如果放任财政信托受托者对市场营利性的追逐,很可能将打破政府与市场之间的分工法则,那么受托人本应致力财政信托利益最大化实现的行为,很可能将迷失于不断追逐市场利润的活动中,最终使整个受托行为偏离信托目的所指向的社会公共领域。例如,财政信托的受托人总是会偏爱于投资能获取更多利润的项目,而对于一些利润率相对较低的社会公共领域,势必成为被受托人所遗弃的角落。

第二,如果放开财政信托的受托人能在市场竞争中获取利润,那么将造成对不同市场主体的差别性待遇。例如,财政信托受托人总是偏爱由受托人自身所投资或控股的企业或项目,势必将在财政信托财产的处理上过分偏向这些企业或项目,它们因此在市场竞争中所获得的优越地位也即意味着对其他企业与项目的不平等对待,这种厚此薄彼势必造成市场竞争的不公与无序,最终将阻碍市场经济的发展与进步。①

第三,我国目前许多非营利组织的资金一部分来源政府的财政补助,②另一部分来源非营利组织的使用者付费(user fees),“也就是向那些使用与非营利组织使命相关,且可以售出的产生之民众收费,例如,大学可以收取学费、医院可以收取医疗费、博物馆及动物园则收取门票。然而,使用者付费乃是一把‘双面刃’:该收益协助解决财务上的困难,但也在无意间排除了一些本来在组织的社会目标中,应当享有这些服务的人。提高学费、医疗费与门票费用,不可避免地把某些顾客排除于市场之外”。③解决这些困境的一个可行方法就是通过财产补助来尽量降低收费标准或者是对特殊人群进行差别取价(discriminate in price),也就是对那些“应得”这项服务的人群收取较低的价格甚至是免费。但是如果这些受财政补助的非营利性组织,被允许从所得的收益中获取私利,那么这些非营利性组织无疑将倾向于提高收费标准以使自身

---

① 参见高培勇:《论国家治理现代化框架下的财政基础理论建设》,载《中国社会科学》2014年第12期。

② 不同于我国,国外的“一个‘纯正’(pure)的非营利组织或许被认为是完全依赖第三种收益来源的捐赠(donations)、捐助(contributions)、赠与(gifts)与补助(grants)”。Burton A. Weisbrod:《非营利产业》,江明修审订,台北,智胜文化事业有限公司2003年版,第18页。

③ 同上书,第43~44页。

福利最大化，这样势必违背财政受益的普遍性要求，这种过度不公的情形不符合财政信托存在的本质目的。

2. 财政信托非营利性的基本要求

财政信托的受托人应秉承和体现一种利他本性，对财政信托财产管理与处分的活动都要致力于满足受益人所需要的社会公共服务。① 具言之：一方面，财政信托受托人——政府作为市场的管理主体，不能直接从事市场活动和追逐市场营利，它追求的是公共目标，而非私人目标，其职责只能是为了市场的正常运转而提供必要保障，即使在活动过程中产生了一定数额的收益，也是归属于受益人的信托利益，应禁止受托人在此中取利。② 另一方面，政府作为市场的活动主体，除了获得依照法定信托协议中所预先约定的岗位报酬外，同样不能将经营所得的市场利润用于私人投资经营或消费的私益目的。以我国的国有资本作为例证分析，我国的国有资本来自国资委、国有企事业单位等具体国有主体的出资，所出资的企业中除了一些政策性企业、公益性组织等不能从事以营利为目的的投资经营活动外，其他国有资本皆可像私人资本一样追求和获取市场利润。③ 只是这种以国有资本以基础所获取的市场利润不能以一种企业福利的名义分发给劳动者或管理者，也不能惠及作为国有主体的股东或出资者，这些企业所获取的利润要么用于扩大企业的再生产规模以创造更多就业机会，要么将所获取的国有资本收益上缴国库成为财政信托财产，总之这些利润的最终目的只能服务于受益人信托利益的最大化目的，这就是财政信托非营利性的基本要求。

（二）绩效原则

建立一个对公众负责的受托政府，首先需要强化对各种财政受托过程的控制性，确保信托资金（公共资金）不能用于受托人的私人目的（财政信托的非营利性）。但是仅达到信托资金使用的非营利性仍然是不够的，一个负责的受托政府还必须是一个能够有绩效地使用信托资金满足受益人需求的受托

---

① 正如一些学者之言，受托人的这种利他性，其实是在现代市场竞争中扮演着一种“社会人”角色，这是与民法体现和追求的“经济人”理念相迥异的。参见蒋悟真：《传承与超越：经济法主体理论研究——以若干经济法律为视角》，载《法商研究》2007 年第 4 期。

② 参见徐孟洲等：《财税法律制度改革与完善》，法律出版社 2009 年版，第 17 ~ 18 页。

③ 参见史际春：《论营利性》，载《法学家》2013 年第 3 期。

体。[①] 财政信托绩效原则是一种以结果为导向的运行原则,它致力于实现财政信托财产的高效管理和精明使用。在财政信托下,如果受托人承担的任务或项目处于一种浪费与低效的状况,那么无疑会打击委托人对受托人(政府)的信心,势必助长受托人消极怠工的心理,降低受益人所能享受的公共服务水平。于是,提倡财政信托绩效原则的主要原因是要考察受托人在进行财政管理时是否能遵守信托目的与实现信托目标,是否能将有限的受托资源最优地使用在满足受益人的公共需求之上。

"绩效"既是经济学的分析范畴——它关注投入与产出的关系;也是管理学的研究范畴——它注重目标的组织与协调。对于前者,注重受托过程的产出主要具有3个特征:一是以产出指标作为确定具体信托目标的基础,即将产出指标落实到预算编制过程;二是对各受托部门或受托单位的预算拨款以特定产出的成本费用为基础;三是各受托部门或单位负责人在信托资金的限额(这种信托资金源于财政拨款)内可以自由地分配财力。[②] 对于后者,根据上述3个特征,将管理和运作受托资金的权力适当下放给更具体的受托单位或部门,在一定程度上赋予财政受托的执行部门为实现受托目标而拥有支出信托资金的自由,将受托资金的再分配与受托资金的使用效果联系起来,将对受托过程的控制转变为对受托结果的控制,将对受托主体的外部控制转变为受托人的自我管理,从而使受托人在行使财政受托自由裁量权之时,时刻谨记自己承担的受托责任,[③]实践表明这也有助于提升财政信托的绩效。[④]

(三)小结

德国的法社会学家马克斯·韦伯曾提出对经济行为合理性的二重分析:一种是形式上的合理,另一种是实质上的合理。前者侧重于运用所有可能的技术性手段来指明一种事实,并通过一种合乎事实理性的方式将其恰当地描

---

① 参见肖鹏:《美国政府预算制度》,经济科学出版社2014年版,第232页。

② 同上书,第240页。

③ 参见陈治:《迈向实质意义的预算法定》,载《政法论坛》2014年第2期。

④ 例如,一些经合组织成员国通过实施对运营支出的整批拨款制度,即赋予执行部门一定程度的自主权,自行决定其部门内的资源分配,可以把在某些支出项目上的节省额使用到其他支出项目上,使这些部门产生了节约开支的动力,最终提高了服务实现和支出控制的绩效。参见[美]B.J.理德、约翰·W.斯韦恩:《公共财政管理》,朱萍、蒋洪等译,中国财政经济出版社2001年版,第191页。

述出来;后者立足于通向伦理的、道德的、公平的等价值基础,来尽量接近一种合乎价值理性的标准判断和原则判断。[①] 借鉴马克斯·韦伯的逻辑描述,财政信托可视为一种以财政信托财产的经营与管理为内容的经济行为,那么对财政信托建构原则的分析——非营利性和绩效原则,这二者之间的关系正如上述形式上合理和实质上合理的二元划分。进言之,如果在合法性的范畴下对财政信托的非营利性和绩效原则予以分析,这种财政信托的非营利性是一种传统的性质,而财政信托的绩效原则则是一种合理的性质。[②] 对于这种类比性的归类,在财政学的发展过程中,耶希特也曾"运用韦伯在《经济与社会》中所论述的传统支配与合理支配两种支配类型的观点,对传统财政和合理财政这样的财政类型论进行了论述"。[③] 概言之,财政信托的非营利性和绩效原则之间是一种形式合理与实质合理的对应关系。

第四节　小　　结

"财政信托的法要素释义"包括财政信托概念、财政信托规则、财政信托原则三大部分。财政法和信托法之间存在较强的理论交融性,二者皆为利他之法和理财之法,这是财政信托概念形成的前提,此概念的提出意味着财政法在理论架构上趋向于一种信托理论的建构模型。财政信托,是指人民(委托人)基于对政府(受托人)的信任,签订双方一致同意的财政信托协议(如宪法、预算法、预算案),委托人按照法定方式转让部分私有财产集合成财政信托财产(公共经济资源),受托人(政府、各部门、各单位)按照财政信托协议负有忠实和谨慎管理、处分财政信托财产的义务。财政信托的目的是使受益人(广大人民群众)的社会公共需求得到最优化的满足。

---

① 参见[德]马克斯·韦伯:《经济与社会》(上卷),林荣远译,商务印书馆1997年版,第106~107页。

② 马克斯·韦伯将合法统治分为3种纯粹的类型,其合法性的适用可能首先具有下列性质:(1)合理的性质:建立在相信统治者的章程所规定的制度和指令权利的合法性之上,他们是合法授命进行统治的(合法型的统治);(2)传统的性质:建立在一般的相信历来适用的传统的神圣性和由传统授命实施权威的统治者的合法性之上(传统型的统治);(3)魅力的性质……参见[德]马克斯·韦伯:《经济与社会》(上卷),林荣远译,商务印书馆1997年版,第241页。

③ [日]神野直彦:《财政学——财政现象的实体化分析》,彭曦等译,南京大学出版社2012年版,第46页。

财政信托规则作为财政信托理论形成的规范基础，在逻辑解析上包括“适用情景”“主体资格”“行为条件”“责任模式”四大要件：适用情景上应重点体味财政权和财产权的两项情景，主体资格上应认真确认委托人、受托人、受益人以及监察人，行为条件上应仔细考究财政信托成立的主观与客观要件，责任模式上应同步构建财政信托的积极和消极责任。财政信托原则应区分财政信托的建构原则和财政信托的运行原则：财政信托建构应遵循法定原则和明确原则，财政信托运行应符合非营利性和绩效原则。总体上，“财政信托的法要素释义”是为了打消对财政信托的陌生感，这是财政信托问题研究的出发点。

第二章　财政信托的法思源解析

前文对财政信托的构成元素进行了基本分析，关于财政法为何能被称为公法体系上的特别信托法，①首先需要知道它的思想渊源，应从公法理论上的国家视角，深入挖掘国家与人民之间的关系，②从法理上对国家信托关系予以解释，架设跨越国家与人民之间的信托桥梁，从而合理证成政治信托学说的正当性，本章的主旨之一即在于此。但应当注意的是，"人类生活在两个世界之中——内心世界和外部世界。前者是

① 参见朱大旗：《从财政法（学）的演进论其独立性》，载《法学家》2006年第5期。

② 法国公法学者狄骥认为，国家理论和原则的力量来自两个基本的观念。第一个观念就是国家主权学说，它认为国家主权的原初主体就是作为一个人格享有者的国家；第二个观念则是个人权利学说，它认为个人享有一种与国家主权相抗衡的不可让渡、不可侵犯的天赋权利。我们被告知，国家的人格独立于组成国家的个人。因此，国家的意志自然高于组成国家的个人的意志，因为集体人格必然高于个体人格。国家相对于个人的这种优越性就构成了我们所称的公共权力或主权。国家是组织而成的。它建立了一个政府来代表自己。政府是作为国家意志的代表来行为的。因此，政府以国家的名义来行使主权，它的这种权利不能被剥夺。因此，国家是组织成一个政府并且位于一定的领土范围之内的民族。作为有组织的民族的国家是享有主权的主体，这种公共权力使国家有权行使一种主观性的权利，国家正是根据这种权利来控制它的成员。它的命令就是行使这种权利的表现。参见［法］莱昂·狄骥：《公法的变迁·法律与国家》，郑戈、冷静译，辽海出版社、春风文艺出版社1999年版，第8～9页。

观念、希望和想象的天地,而后者则是无情的、无法躲避的现实"。[①]本章论证的思路正是从这两种世界出发,将政治权威的来源形塑成一种信托关系,纯粹只是一种内心想象的理论诉求,而非对外部图景的真实描绘,它是将信托视为一种思考政治国家起源的方式,它表达的是财政信托源于一种信托关系的理想和追求。

第一节　政治信托学说的解析

政治信托学说是关于国家起源的一种解释,这种学说与社会契约理论紧密联系在一起。自16世纪以来,社会契约理论成为在全世界都影响深远的一种国家观念,这种国家观念对于近现代国家政府和法律制度的形成与发展都产生了重大影响。[②] 虽然历史学(包括人类学)已经清楚地告知我们根本就不存在这样的社会契约,[③]但是这种备受攻击[④]且长盛不衰[⑤]的理论依然启迪着

---

① [美]理查德·派普斯:《财产论》,蒋琳琦译,经济科学出版社2003年版,第1页。

② 约翰·麦克里兰曾这样评价:"自激进宗教改革的时代,以至18世纪下半叶,社会契约的理念主导政治思想。这并不是说所有重要的政治理论都是社会契约论,而是说,凡是政治理论,如果本身不是社会契约论,则若非必须将社会契约说纳入考虑,就必须对之加以抨击。"[英]约翰·麦克里兰:《西方政治思想史》,彭淮栋译,海南出版社2003年版,第202页。

③ 例如,奥斯丁明确提出,基本社会契约的假设,不仅是个虚构,而且是个毫无现实可能性的虚构。我们将会提出,国家的建立或独立政治社会的形成,从来不是,也不能是以一个所谓的准确意义上的原始契约,或者类似这种原始契约的什么东西作为基础的,从来没有,也不能是伴随着一个所谓的原始契约,或者类似的东西。参见[英]奥斯丁:《法理学的范围》,刘星译,中国法制出版社2002年版,第346~347页。

④ 例如,施特劳斯认为,自17世纪以来西方现代"自然权利"或"天赋权利"说及其带来的"历史观念"的兴起,导致了西方古典的"自然正义"或"自然法"(Natural Law)的衰亡。确切地说,施特劳斯认为,西方现代性及其"历史观念"的发展最终导致"彻底的历史主义",即彻底的虚无主义,亦即根本否认世界上还有可能存在任何"好坏""对错""善恶""是非"的标准,同时这种"历史观念"导致似乎人间再没有任何永恒之事,因为一切都转瞬即逝,一切都当下消解。这种"历史观念"因此无情地冲刷着人心原有的深度、厚度和浓度,导致人类生活日益平面化、稀释化和空洞化。这就是施特劳斯所谓的"西方文明的危机"和"现代性的危机"。参见[美]列奥·施特劳斯:《自然权利与历史》,彭刚译,三联书店2003年版,导言,第11~12页。

⑤ 社会契约理论在饱受攻击的过程中,也取得不断的发展与进步,从马基雅维利、霍布斯、洛克等提出古典主义的契约论以来,尔后经卢梭、康德、黑格尔、马克思等历代政治思想家的补充、调整和完善,契约国家理论一直居于西方政治哲学的正统地位,当代罗尔斯、诺齐克、布坎南等提出的新契约论,在西方政治哲学领域也同样产生了很大的影响。

人类的想象与创造,激励着人们去寻找更为“准确”的国家起源思想。下文的研究同样将以社会契约理论的经典论著为基础,从信托的视角出发来重温这些关于国家起源学说的研究,这些研究也是财政信托理论来源的基础性分析。

一、国家形成的信任基础

对国家起源的研究,霍布斯的学说是经典中的领军者。① 以下就从他的著作《利维坦》中遴选相关内容予以解读。他认为早在国家产生之前,每个人皆存在运用自我力量和根据自我意愿来保全自我之天性,正是这种天性催生出人类的两条理性法则(又称“自然律”):第一条理性法则,即“谋求和平、信守和平”;第二条理性法则,即“竭尽全力、保全自我”。② 于是乎,大家为了避免“永远处在战争状态之中”,将期待和寻求建立一种能抵御外来侵略和制止相互侵害的共同权力,人人也都愿意签订一种服从于一个整体的协议。③ 这种协议的产生,依赖于人与人之间的相互信任和共同信约,具言之:每一个人都通过订立相互之间的信约方式,把自己天生具有的力量与权利共同托付给一个值得大家信赖的集体,通过这个集体的意志表达来代表大家共同的人格,即一个统一的人格意志,而这个统一人格的信赖基础源于每一个人相互签订的信约。每一个独立个体皆将自己期盼的公共和平或公共安全之愿望托付于它,这个集体将根据大家的共同愿望融合成一个公共的意志(判断)或集体的意志(判断),每一个人都会服从和承认这个公共意志(判断)或集体意志(判断)。④ 那么这样一个代表大家共同意愿和进行整体判断的统一人格即被我们称为国家,这就是霍布斯所描绘的伟大利维坦(Leviathan)的诞生,也即国

① 诺伯托·博比奥(Norberto Bobbio)认为,是“霍布斯创立、阐述、提炼了自然状态、自然法、个人权利、社会契约等自然法中最为精致的成分”。(Norberto Bobbio, *Thomas Hobbes and the Nature Law Tradition*, trans. by Daniela Gobetti, The University of Chicago Press, 1978, p. 171)但是国家起源学说是由古希腊的智者提出,“国家起源于人们相互间的契约,起源于社会契约,这一观点就是伊壁鸠鲁最先提出来的。”马克思、恩格斯:《马克思恩格斯全集》(第3卷),人民出版社1965年版,第147页。

② 参见[英]霍布斯:《利维坦》,黎思复、黎廷弼译,商务印书馆1985年版,第98页。

③ 同上书,第132页。

④ 同上书,第131页。

家起源学说。[①] 因此,国家产生的初衷就是人与人之间相互订立信约,它形成的基础也是依靠每一个人对这个信约的尊重与信赖,它维系的基础同样离不开每一个人对这个信约的遵守与服从,甚至可以说一个国家存在的本质就隐藏于这个信约之中。[②] 这也正如费希特在演绎自然法权关系之时所指出的,人与人之间法权关系得以存在和成立的可能性均离不开"相互忠诚和相互信任"[③]的条件。倘若一同生活的人们失去了相互之间的忠诚与信任,甚至是产生猜忌与怀疑之时,人们所期盼的公共安全和法权关系都将变得不可能。

通过分析霍布斯的国家起源学说,不难得知利维坦的诞生以信约和信任为基础,这种信任,"它产生于一个行为规范、正直和合作的群体的期待(这种行为规范、正直和合作,与霍布斯认为的自然状态相近,即一种正义、公道、谦谨、慈爱,以及己所欲、施于人的状态),其行为基础则是该群体其他成员接受的规范"。[④] 因此,国家既不是命令而来,也不是机械制造产生,它源自每一个人心理深处的运动,源于个人对自己或他人的信任依赖,[⑤]依靠信任这种动力

---

① 恩格斯分析氏族社会的末期指出:"这个社会陷入了不可解决的自我矛盾,分裂为不可调和的对立面而又无力摆脱这些对立面。而为了使这些对立面,这些经济利益互相冲突的阶级,不致在无谓的斗争中把自己和社会消灭,就需要有一种表面上凌驾于社会之上的力量,这种力量应当缓和冲突,把冲突保持在'秩序'的范围以内;这种从社会中产生但又自居于社会之上并且日益同社会相异化的力量,就是国家。"[德]恩格斯:《家庭、私有制和国家的起源》,载《马克思恩格斯选集》(第4卷),人民出版社1995年版,第170页。

② 美国学者安东尼·奥罗姆对信任是国家产生、形成以及运行的基础,同样进行了准确的解读,"实质上正是信任感,才是社会和政治机构得以持续和持久地建设和运作的基础。只要有信任存在的地方,或信任能被建立起来的地方,制度和权威才有实施的基础。"[美]安东尼·奥罗姆:《政治社会学导论》(第4版),张华青等译,上海世纪出版集团2006年版,第3页。

③ [德]费希特:《自然法权基础》,谢地坤、程志民译,商务印书馆2004年版,第143页。

④ Francis Fukuyama, *Trust: The Social Virtues and the Creation of Prosperity*, Simon & Schuster US, 1995, p.26.

⑤ 当然也有学者认为,信任不是社会交互行为的原因,而是为社会交互行为的结果。参见[美]查尔斯·蒂利:《信任与统治》,胡位钧译,世纪出版集团、上海人民出版社2010年版,第29页。

源的强大驱动，[①]最终才产生对每一个人有利的国家。[②] 国家的成立，将使合理信赖对方的每一个人都得到一种公共保障，[③]确保每一个人能通过相互信赖而得到自身所期待的合理利益。[④]

"夫信者，人君之大宝也。国保于民，民保于信；非信无以使民，非民无以守国。"[⑤]纵览不同时代思想家的政治思想：在西方，从古希腊柏拉图的"哲学王治国"、亚里士多德的"理想城邦"，到中世纪阿奎纳的"三大神学美德"，再到近代霍布斯的"利维坦"、康帕内拉的"太阳城"、卢梭的"社会契约"等；在中国，从春秋时期孔子的"克己复礼"、孟子的"仁政王道"、墨子的"兼爱非攻"，到康有为的"大同社会"、孙中山的"三民主义"等。[⑥] 这些政治智慧莫不建立在人与人相互信任与支持的人性基础之上，这种信任既是政治共同体建

---

① 对于这种信任依赖，法国学者佩雷菲特认为，它信任包括4个广度：一是自信，不依赖他人；二是他信，必须信赖他人；三是普遍的信任，相信每个人皆有能力解开束缚、解决困惑、促进繁荣以及改善命运；四是信任上帝。参见［法］阿兰·佩雷菲特：《信任社会》，邱海婴译，商务印书馆2005年版，第552～553页。

② 对此关于信任所产生的便利，法国学者佩雷菲特对比性地提出："疑忌社会是畏首畏尾、'赢输不共'的社会：这种社会的共同生活是一种'零和博弈'，甚至'负和博弈'('你赢，我就输')；这种社会易搞阶级斗争，适宜国内国际的艰困形势，倾向社会忌妒和自我封闭，盛行侵犯他人权利的相互监视。而信任社会是一种扩张的、'共赢'社会('你赢，我也赢')。这是一种团结互动、共同计划、开放、交换和交流的社会。当然，任何社会也不会百分之百的信任或猜疑。正如阴从来不会是百分之百的阴，而阳从来不会是百分之百的阳一样。阳中总包含部分的阴，阴中总包含些许阳。起决定作用的是占主导地位的因素。"(［法］阿兰·佩雷菲特：《信任社会》，邱海婴译，商务印书馆2005年版，前言，第5～6页)

③ 哈丁说："在两种意义上，信任长期与政府联系在一起。信任的结果是保障公众的共同利益，甚至使很少的公众也会得到保障，因此这得以流传，如果没有这一点，大多数人的利益难于充分保障。" Russell Hardin, "*Trust in Government*" *in Trust and Governance*, edited by Valerie Braithwaite and Margaret Levi, New York: Russell Sage Foundation, 1998, p.9.

④ 诚如边沁之言，"遵守诺言就会获得利益，避免损害，其好处会大大超过对如此多的惩罚所造成的损害的补偿"。"为什么必须服从，那是因为服从可能造成的损害小于反抗可能造成的损害。"［英］边沁：《政府片论》，沈叔平等译，商务印书馆1995年版，第154～155页。

⑤ 司马光：《资治通鉴》(卷二)，中华书局出版社1956年版，第48页。

⑥ 对于中西方传统政治思想中的信任要素研究，一些西方学者仅按照部分论据就得出了偏颇论断，认为"中国人彼此间典型的不信任已为所有观察者所证实，同清教诸教派中对信徒的诚实品质的信赖成为鲜明的对照"，甚至武断提出"儒教中习以为常的不正直的官方独裁以及死要面子的独特造成的后果是尔虞我诈，是普遍的不信任"。［德］马克斯·韦伯：《儒教与道教》，王容芬译，商务印书馆1995年版，第284页、第289页。

构的基础,又是其健康存续的根本。[①] 也就是说,在政治国家领域,令人信服和遵守的政治秩序绝非类同于弱肉强食的丛林法则,它不能仅依靠暴力强制得到维系;而必须以社会成员的自愿合作与普遍信任为基础,[②]“社会契约由信任组成,信任把社会连系在一起”,[③]这也与大多数社会成员的社会主流价值观具有很大程度的契合性。概言之,信任是政治国家存在和维系的根本,“民主政治体制的有效运转同样基于信任”,[④]人类永恒追求的公共善也深深地融入了信任的因子。

二、洛克的政治信托学说

国家起源学说的另一位重要学者洛克,在继承霍布斯学说的基础之上,发展和提出了新的自然法理论,[⑤]这是西方政治哲学中的经典。以下就对他的《政府论》相关篇章予以品读。在《政府论》第二篇之中,“trust”是一个频繁出

---

① 信托是政治国家产生和存续的重要基础,对政治信任的研究也是一个古老的话题,但是“这一古老的主题,在过去,特别是在宗教内战结束之后的岁月里,一度起相当重要的作用,却在当代的政治理论中几近消失殆尽了”。[德]尼古拉斯·卢曼:《信任:一个社会复杂性的简化机制》,瞿铁鹏、李强译,上海人民出版社2005年版,第71页。

② 上官酒瑞:《现代社会的政治信任逻辑》,世纪出版集团、上海人民出版社2012年版,第5~6页。

③ [美]格瑞特·汤姆森:《洛克》,袁银传、蔡红艳译,中华书局2014年版,第116页。

④ [美]弗朗西斯·福山:《信任:社会美德与创造经济繁荣》,郭华译,广西师范大学出版社2016年版,第339页。

⑤ 洛克的自然法理论主要包括3个核心:“第一,知识先于信念。自然法是与生俱来的道德法则,人类只有独立地运用两种天赋的能力,即感觉经验与理性,才可能获得关于自然法或道德法则的真知,才可能不为外来权威或传统习俗的观念所主宰或蒙蔽。第二,善恶基于法则。任何公共法令或政治权力的正当性都只能来自于自然法这一永恒的善恶尺度,我们服从它,也就是服从于某种自然的正当性。第三,权利源于自然法。基于自然法,每个人都能反思到人人生而平等自由,而坚守理性与良知道德的生活,是我们每个人与生俱来的义务,也是人之为人的正确行为方式和实现人性之最高可能性的唯一途径,这同时也意味着,我们每个人基于作为人自身的事实,都有权利要求良心的自由不被妨碍、干预或剥夺。因此,任何公共法令或政治权力首先必得确保与捍卫每个人基于自然法或理性来生活的自由权。”[英]洛克:《自然法论文集》,李季璇译,商务印书馆2014年版,译者序言V页。

现的关键词汇,"trust"的具体含义[①](到底是"委托"还是"信托")将影响洛克的政治权力理论构成,而政治权力理论在洛克的整个政治学说中都占有举足轻重的地位,它既是洛克的社会契约理论的核心,也是洛克的自然状态学说、自然权利学说以及财产学说的产物,又是他的国家政府学说的起点和他的革命学说的前提。因此,有鉴于政治权力理论中"trust"的重要性,下文的分析将援用其他资料予以考证。

英国著名法律史学家梅特兰曾考证,坐在衡平法院高堂之上的法官们都是创设信托的高手。[②] 而曾经出任英国大法官的沙夫茨伯里伯爵,与洛克私交甚好,伯爵甚至向其助手洛克征询过有关人民有什么正当理由抵抗政府方面的意见,洛克抛出了一种特有的政治信托思想,即认为人民与政府之间可视为一种信托关系,政府行使的一切权力皆来自人民的托付与信任,"洛克的理论虽然借用了英国传统的信托制度,其实更多的是从实际经验当中得出来的政治结论"。[③]

英国学者彼得·拉斯莱特更是认为,在洛克《政府论》(下篇)中,"'契约'一词在他的书中出现了还不到十次,它甚至很难被运用于政治现象"。[④] 反观"信托"却出现得极为频繁,使用次数远超契约或合同。洛克在运用信托一词来描述不同性质的政治权力之时,进行了一项重要的区分:一是建立共同体的合同过程;二是共同体把政治权力授予政府的进一步过程。两个过程看似类同,但实质存在很大区别。如果前一项过程能描述为"社会契约"的达成,那么后一项过程就不能用"政治契约"进行解释,在洛克的学说中后一项过程根本不是一种契约。他在后一项过程着重强调的是统治者和被统治者之

---

① 在洛克《政府论》(下篇)的汉译本中,在我国最具影响力的莫过于由商务印书馆出版、由叶启芳和瞿菊农两位老先生翻译的版本,两位老先生将英文原著中的"Trust"一词基本都翻译成了"委托"而非"信托",只有在《政府论》(下篇)第222节(译本的第135页)才将"Trust"翻译为"信托":"这些人用这样的方式来运用权力,辜负了社会当初成立时就赋予的信托,他们在社会中应具有哪种权力,是不断断定的;并且谁都可以看出,凡是曾经试图这样做的人都不会再被人所信任。"参见[英]洛克:《政府论》(下篇),叶启芳、瞿菊农译,商务印书馆1996年版,第135页。

② 参见[英]F.W.梅特兰著:《国家、信托与法人》,樊安译,北京大学出版社2008年版,第117页。

③ 杜金岭:《〈政府论〉导读》,天津人民出版社2010年版,第15页。

④ [英]彼得·拉斯莱特:《洛克〈政府论〉导论》,冯克利译,三联书店2007年版,第145页。

间的关系不是契约关系，而是一种信托关系。①

洛克虽然没有对抽象的信托进行具体描述，但是他重点强调了一切政治权力的信托性质。在他的著作中，政治信托理论是一个广泛传播的思想：他不仅强调人民与政府之间存在信托关系，而且还强调立法机关作为一个受托人，那么立法权的行使必须以信托目的的实现作为准则，否则立法机关的受托权力将重新回归于人民手中，②除此之外，洛克甚至将大主教也看作代表国家全体基督教徒的宗教受托人。所有这些表达，洛克无非是要清楚地告知政治信托的受托人，他们的所有行动都只能服从和服务于受益人福祉的要求，尤其是对于政府这个受托人来说，它的所有活动只能限于人民的福祉。一切都诚如彼得·拉斯莱特在剖析洛克思想中所指出的："他要通过对比来证明，在这种信托中不存在契约——它是一种信托关系，仅此而已。"③

通过上述分析，基本论证出洛克的政治权力理论存在浓厚的信托思想，洛克偏爱使用信托这个词汇，好像是为了避免使用契约，他更多的是在暗示公民与政府的关系是一种信托关系，而非一种契约关系（契约一词后为卢梭所发扬光大，契约易使人联想到君主与人民、国家与公民是平等的契约者）。其实对于政治权力的信托理论也并非洛克所专有，英国学者高夫（Gough）通过考证曾提出："应用于政府权力与责任的信托观念，到了18世纪，成了议会司空见惯的现象，即所有政治权力皆为一种信托（all political power is a trust），这在现在已是如此常见，以至于很少人去考虑它。"④高夫在著作《洛克的政治哲学》中，用专章对"政治信托"（Political Trusteeship）进行了阐述，他认为早在

---

① 参见［英］彼得·拉斯莱特：《洛克〈政府论〉导论》，冯克利译，三联书店2007年版，第145～146页。

② 《政府论（下篇）》第149节明确提道："立法权只是一种受委托的权力，是为了实现某种目的而存在的，一旦发现立法机关的行为与其所受委托不符时，人民仍然享有罢免权或更换立法机关的最高权力。因为，既然这种权力是受人们的委托来实现一定的目的的，那它就要受这个目的的约束；一旦这个目的遭到明显的忽视或反对，这个委托必然被取消，权力又重新回到当初授权的人们手中，他们可以重新把它授予给他们认为最有利于自己的安全和保障的人。"［英］约翰·洛克：《政府论》，杨思派译，九州出版社2007年版，第495页。

③ ［英］彼得·拉斯莱特：《洛克〈政府论〉导论》，冯克利译，三联书店2007年版，第146～147页。

④ J. W. Gough, *John Locke's Political Philosophy*, Clarendon Press, 1950, p. 136.

13世纪早期就在用与信托相类似的观念(尽管起初不存在信托这个词)①来理解国王的统治,即国王必须按照上帝的旨意或者自然法的要求去进行政治统治和国民管理,正如国王常言:"这是神的权利;这是上帝意志,我们乃是受上帝的全权受托来完成这项使命。"②不过到了17世纪(与洛克的相同时期)政治权力信托的思想得到了一定程度的发展,源于政治信托的国王统治必须对自己的臣民负责,同理,缘于政治信托的政府治理也必须为了人民的利益,作为政治信托的受托人,政府所拥有的一切权力也只有是为了信托受益人的利益才有资格行使处理委托人私人财产的权力。③

随着信托理念在政治领域的广泛应用,④无论是资产阶级新贵领袖克伦威尔的演讲,还是审判君王查理一世的副总检察长约翰·库克(John Cooke)和主审法官布拉德肖(Bradshawe)的指控书,抑或是当时议会的立法都开始频频引用"信托"一词,政治信托理论甚至在整个理论界和实务界都获得了认可与支持。⑤

三、违背信托责任的后果

"确认自然状态向市民社会过度的标志,洛克称之为'信托'(trust)。这个法律用语表示因信托而托付的责任。国王、大臣、就连议会也只不过是信任的受托者而已……信托:在法律的严格范围之外,这个词含有最广意义上的信

---

① 信托可以简单看作英国背景下的一些相当有影响的法律思想的结晶。信托是从众多混合的法律思想中拼凑起来的。(参见[加]帕特里克·格伦:《世界法律传统》,李立红、黄英亮、姚玲译,北京大学出版社2009年版,第290~291页)不过可大致确定的是,现代意义上的信托承继于用益(use)基本无异议。参见谢哲胜:《信托之起源与发展》,载《中正大学法学集刊》2000年第3卷。

② [德]费希特:《国家学说:或关于原初国家与理性王国的关系》,潘德荣译,中国法制出版社2010年版,第127页。

③ See Joshua Getzler, "'As if': Accountability and Counterfactual Trust", *Boston University Law Review* 91, 2011, p. 976.

④ 在梅特兰的著作《国家、信托与法人》中,他也分析了俱乐部、教堂甚至地方政府机构都可以在信托这道屏障之后生存和发展的问题,他承认王室既可以被视为信托受益人也可以被视为代表其他受益人(如公众)的受托人。他认为信托法的精髓(whole point)在于无论受托人还是受益人都无须有关法人的法律作出特别规定,信托关系也不能被作为识别公众的或任何其他人的政治身份的一般性标志(general guide)。参见[英]F. W. 梅特兰著:《国家、信托与法人》,樊安译,北京大学出版社2008年版,编者导读,第21页。

⑤ 关于政治信托理论的产生和发展,具体分析请参见J. W. Gough, *John Locke's Political Philosophy*, Clarendon Press, 1950, pp. 136-171。

任。洛克认为,市民社会建立的基础正是人民与政治权力之间的相互信任关系,这种互信关系赋予政治权力强大的立法权威。"[①]大多数的信任和赞同乃是政治权威缘起和运行的基础。但是如果当政者屡次出现背信弃义的行为,使人民对政治权威产生猜忌与怀疑,在这种信任与赞同的基础遭到侵蚀之时,人民同时接受了另一个观念,即"当立法机关和君主这二者的任何一方在行动上违背他们的信托(Trust),政府便解体了"[《政府论》(下篇)第221节],"权力就复归人民,人民可以再建立新的立法和执行机关"[《政府论》(下篇)第222节],"当受托人辜负信托时,授权给他的人当然有权撤换他"[《政府论》(下篇)第240节]。[②] 这就是说,按照政治信托理论,人民拥有一种无限期留存的权力,当受托人违背人民的信托要义之时,人民也就可以去撤换他们的统治者,甚至是改造他们的政府、进行宪政改革以及革命。

对于洛克在论著中提到的权力信托思想,詹姆斯·塔利在研究洛克的信托性权力(fiduciary power)思想中更进一步提出,"立法体的权力被委托给某些人,这些人的责任就是根据宪制来进行治理。因此,共同体的权力从没有被让渡,而仅仅是被委托了。当统治者与宪制背道而驰的时候……'权力又回到当初授权的人们手中',而'人民就拥有实施行动的最高权力,并由他们自己来维持立法体,或建立一个新的形式,或在旧的形式下把立法体交给他们认为适当的新人手中'"。[③] 法国学者马里旦也同样论述道:"人民的'代理人'或代表之所以享有(真正的享有)这一权利,只是由于他们分享人民的权力。因此在实际上,即使在君主制——但并非绝对君主制——的情况下,我们也应该认为,既然君主是'众人的代理人'或人民的代表,他以这种资格所享有的权利就是人民的权力本身,人民的信托使他成了这个权利的分享者,但这个权利依旧属于人民,人民根本没有遭受剥夺而把权利转让给君主。因此我们应该认为君主是处在政治机构的顶峰(但不是高于顶峰),他是代表整体的一部分(但不是一个分开的整体)或一个被委托行使政治体的最高权威的人,他作为代理人而享有这一权威,最大限度地分享了人民自然地享有的权利。"[④]

---

① [法]阿兰·佩雷菲特:《信任社会》,邱海婴译,商务印书馆2005年版,第385~386页。

② [英]洛克:《政府论》(下篇),叶启芳、瞿菊农译,商务印书馆1996年版,第133~150页。

③ [英]詹姆斯·塔利:《论财产权:约翰·洛克和他的对手》,王涛译,商务印书馆2014年版,第213~214页。

④ [法]马里旦:《人和国家》,沈宗灵译,中国法制出版社2011年版,第30页。

为了更为生动地刻画当政者一旦辜负人民的信托或信任之时所导致的后果，下文的分析将节选英国历史上最惊心动魄的一幕——对查理一世的经典审判，通过还原这段历史的审判细节，来描述当权者违背政治信托之时所引发的恶果。

当查理一世在被告席就座，国王本人首先对坐在法官席上的人们公然提出了对法庭管辖权和合法性的质疑，查理一世抛出了一种权力信托的古老观点——王权是来自上帝的托付，是一项自古以来就具有合法性的世袭权力，对国王进行审判将是一项巨大的罪恶，这种审判不仅是挑战了权力的合法权威，而且违背了上帝的所托意志。① 在法官的回应中，进行指控的库克以及布拉德肖法官随即纠正了查理一世所抛出的上帝信托思想，向世人宣告道，国王与国民之间是一种彼此忠诚的信托关系，从国王宣誓继位的那一刻起，国王必须认真履行对国民应尽的保护义务，国民才对国王尽一种忠实服从的义务，国王一旦辜负他应尽的义务，国民也将有权对国王宣告拒绝服从。② 这段对国王与国民之间信托关系的论述，其实也就充分体现出政治信托思想已在当时的英国得到广泛流传和认可。

在对查理一世的继续审判中，检察官库克在"关于严重叛国罪及其他严重罪行的公诉词"中，更进一步地揭示了政治权利的存在基础和国王统治的合法性来源：国王所拥有的一切权力皆是由国家法律所赋予的受托性权力，这项受托性权力也只是有限行使的权力，它必须屈居于人民的信任和托付，为人民谋取更多的福利和保护人民的权利以践行国王自己曾庄重许下的誓言。③ 而查理一世"违背国民的信任与托付"，擅自集结军队挑起王国内战，对全体

---

① 查理一世的原意表达为："现在我要求知道是依据什么权力把我马不停蹄地送到这里……""记住，我是你们的国王，是法定的国王。仔细想想，你们企图审判国王，这是多么大的罪恶啊。……我的权力是上帝所托付的，这是古来的合法的世袭权力，我绝不会违背这项托付的。我也不会对新的非法权威作出回应，这违背了上帝对我的托付：所以你们要先告诉我你们的权力来源，否则我无可奉告。"（[英]杰弗里·罗伯逊：《弑君者：把查理一世送上断头台的人》，徐璇译，新星出版社2009年版，第159~160页）

② 同上书，第188页。

③ 同上书，第150页。

国民带来了深重的灾难，破坏了人民自由与幸福。[①] 申言之，对查理一世的控诉书简明扼要地阐述了政治信托的核心要义，一切政治权力均是受人民托付而形成的有限性权力，所托付行使的权力只能用来保护和维持人民的安宁，一旦当权者利用这种托付性的权力来伤害人民，那将根据政治信托的原理，当权者将被视为人民公敌并被处以最严厉的刑罚以警戒后人。[②]

综上所述，政治国家与公民社会之间隐含的信托关系表明，国家只有赢得社会大多数成员的信任与支持，才能为国家这个政治共同体的存续获得保障。[③] 如果这种信托关系频遭社会民众的怀疑和不信任，那么必将大大侵蚀国家存在的信任根基，甚至为政治信任带来合法性危机。

第二节　政治与财政的关系

通过对国家起源的信托解释，不难得知政治信托的要义为：委托者人民基于信任把社会公共事务自愿委托给受托者，源于委托者的信任和委托，受托者才拥有了执掌社会公共事务的正当性基础与合法性依据，抽去这个信任的前提条件，政治信托的基础将不复存在。“在官员方面，他们将承诺只是按照委托者的意愿交给他们的权力用来保证每个人都能平平安安地享受属于他们所

① 检察官库克的原措词是这样的，“查理·斯图亚特违背国民的信任与托付，召集军队发动讨伐议会的战争，未带来全民福利，反而带来流血和困难。他雇佣爱尔兰叛军挑起第二次内战，他的所作所为违犯了国民的自由，破坏了本王国的基本法和自由”。［英］杰弗里·罗伯逊：《弑君者：把查理一世送上断头台的人》，徐璇译，新星出版社2009年版，第140页。

② 对查理一世的最终审判结果是这样向世人庄严宣告的，“本法庭宣判查理斯图亚特，作为暴君、叛国者、杀人犯和本国善良人民之公敌，应被处以身首异处的死刑”。同上书，第189页。

③ 深受希腊文化熏陶的古罗马政治哲学家西塞罗在其遗著《论义务》中言道：“总而言之，执政者应遵循柏拉图的两点教诲：首先，他们应尽力维护公民的利益，无论所为何事，均需符合公共利益，而不是个人私利；其次，他们应当照管共和国整体利益，而不应为维护一部分人的利益而忽视或损害其他人的利益。要知道，管理国家有如信托，应该维护信托受益人的利益，而不是信托人的利益。”Cicero, *De Officiis* (*On Duties*), Cambridge University Press, 1991, pp. 33 - 34. 转引自郑戈：《公民权的身份、财产与契约维度——一种基于公共信托原理的公民权理论》，载《交大法学》2012年第1期；郑戈：《作为公民的乞丐：一种共和主义的济贫思路》，载《开放时代》2012年第9期。

有的东西，并在任何情况下都把公众的利益放在自己的利益之上。”[①]同时，尽管受托者获得了执掌社会公共事务的资格与权力，但是这种受托关系并非一劳永逸的，如果受托者屡屡辜负其应承担的忠实义务和勤勉义务，甚至背道而驰于受益人应该获得的幸福与福利之时，那么这种政治信托关系势必因受托人的背信行为而走向土崩瓦解，人民也有权重新选择可获信任的受托者。[②]这是用信托原理对国家起源的简单概括。然而这种政治信托理论又是如何应用到财政法领域，财政信托的思想又是如何表达的，仍需在下文的论述中予以清晰的阐释。

一、政治演进中的财政

从表面上看，财政问题是关于资财的取得、使用和管理的技术问题，或者是关于一堆财政表格与数字的会计问题；但从根本上看，财政问题的本质是政治，它与国家政治的状况紧密相连。在国家治理走向现代化的过程中，财政制度首先或从根本上说是一种政治和法律上的制度，然后它才是一种经济和社会上的制度。一国财政制度的基本类型主要取决于其政治和法律制度的类型，也就是说财政问题根本就不是一个纯粹的经济问题，仅将其作为一个经济问题是一种狭隘的理解。基于此，财政问题并非单纯的经济或会计问题，财政制度改革也从来不是中立的、单纯的技术革新，而是深受政治制度的影响，甚至是意识形态的争斗。

与其他类型的法律相比，财政法治与民主政治的相连性相当明显。但从政治角度出发来分析财政法几乎是一个长期被忽视的领域，直至公共选择理论的建立，才注重从民主政治的角度，研究个人如何直接或间接地参与政治过程进行财政选择，分析潜在的纳税人——受益人如何参与选择私人商品—公共商品组合，参与选择他需要为所享受公共商品予以付款的制度。[③] 政治与财政之间的紧密联系，使财政既是政治关系的重要内容，又是各种政治关系的

---

① ［法］卢梭：《论人与人之间不平等的起因和基础》，李平沤译，商务印书馆2007年版，第110页。

② 相关分析请参见［英］洛克：《政府论》（下篇），叶启芳、瞿菊农译，商务印书馆1996年版，第134页；喻中：《信托政治论》，载《太平洋学派》2010年第2期。

③ 参见［美］詹姆斯·M. 布坎南：《民主财政论》，穆怀朋译，商务印书馆2011年版，第327～328页。

重要基础。

通过探究财政决策规则的形成来阐述财政法的实质,来说明民主政治是如何影响财政法中财政权的表达与发挥,财政法律制度又是如何与基本政治制度相互契合与促进的。[①] 因此,从民主政治的维度来研究财政制度,或者分析财政制度的政治属性,从财政制度的来源、发展、完善的历史视角,从财政制度实施、运行、决策的动态视角等方面来理解财政与政治的关系,应是财政理论研究的重要组成。[②]

从财政制度的产生来看,它是人类社会发展到一定历史阶段,产生私有制、阶级以及出现国家这种政治现象之后的产物,[③]作为维系国家强制力正常运行的捐税乃是国家产生前的氏族社会完全没有的。

从财政制度的发展来看,一国的政治模式深深影响着一国的财政制度——"在中世纪,封建领主以现金和实物的形式向农奴强行征收交纳,以维持他们的统治,维持一支需要用来维护和增强其地位的军队。因此,尽可能强地拥有国家权力,尽可能多地使国家富有,这正是符合统治阶级的利益。随着民主政体的出现,统治阶级逐渐丧失了其对国家的严密控制,权力日益落入大多数公众的手中,他们把维持国家的费用转移给新兴统治阶级。结果,统治阶级改变了其对国家的观点。现在,权力较小的国家政体较好地体现这一利益,赞成小规模预算,实行低税率,一般不干预私人部门。"[④]

从财政制度的完善来看,财政法律制度的完善与国家政治体制的进步紧

---

① 例如,就民主决策的角度而言,把财政活动看作一种民主决策过程,主要基于两点理由:"首先,只有通过了解民主决策是如何创建不同公共部门的过程,才能得到对于公共部门的较完整理解。其次,与作为人行为的结果而非人设计的产品的市场这只看不见的手不同,公共经济部门是人有意识设计的结果。在民主政府中,每一个投票者都在其中发挥了作用。"[美]林德尔·G.霍尔库姆:《公共经济学:政府在国家经济中的作用》,顾建光译,中国人民大学出版社2012年版,前言,第2页。

② 对于财政政治学属性的研究已在我国学界有所呼吁。相关探索可参见刘邦驰:《论中国财政学基础理论之根基》,载《经济学家》2001年第5期;甘行琼:《西方财政理论变迁的政治学分析》,载《财贸研究》2002年第7期;徐红:《从马克思的财政理论到西方财政政治学的兴起——议会财政权理论的历史性梳理》,载《中国行政管理》2008年第8期;刘守刚、刘雪梅:《财政研究的政治学路径探索》,载《江苏教育学院学报》(社会科学版)2010年第3期。

③ 参见朱大旗:《从财政法(学)的演进论其独立性》,载《法学家》2006年第5期。

④ [美]理查德·A.马斯格雷夫、佩吉·B.马斯格雷夫:《财政理论与实践》(第5版),邓子基、邓力平译校,中国财政经济出版社2003年版,第113页。

密关联。从一个国家宪法的制定或修订过程,就能提炼出财政法律制度变化的规律。譬如,不论财政法的实体内容还是程序要素都与国家政治体制密切相关,[①]抑或是财政实体内容的变更和历次财政法律的重大修订,一般是由整个国家政治政策的重大变化所引起和决定的,财政(法)的产生、发展以及变更都非常明显地载明:财政法律制度的确定和完善的历程是对一个国家政治发展历程的记录与确认。例如,历史上英国由于贵族与国王、教会之间激励的政治冲突,约翰王在政治压力之下被迫签署了限制王权的政治文件——《大宪章》——历史上首次确立"非赞同毋纳税"[②]的税收原则。再至1689年《权利法案》(Bill of Rights)确立"未经议会授权,为王室所需而凭借特权征收钱财,超期征收或以其他非授权方式征收,均属非法"。[③] 这种对税法法定原则的确定其实就是对当时英国资产阶级革命派政治主张的认可与表达。在美国的建国过程中,北美殖民地因不堪忍受种种重税的压迫,爆发了北美独立战争,经过艰苦卓绝的斗争,美国人最终将财政的基本问题写入了美国宪法,美国《宪法》(1787年)第1条第7~10款和美国《宪法修正案》第16条第7~10款的相关表述都是对财政基本法律制度的确定。法国大革命时期的制宪会议通过的《人权宣言》(1789年)中共有17条关于人权和公民权的规定,其中对财政基本制度的规定就占据了2条(第13条与第14条),同时宣言中的许多其他条款还富含了财政法的基本主旨思想(如第1条、第6条、第17条)。而我国1982年《宪法》同样产生在经济体制的转轨时期,宪法中许多内容的修改都融合了社会实践和财政改革的新时代元素,为我国财政法律制度的发展和完善奠定了宪法上的基础。[④]

---

① 例如,对于财政法中财政体制的相关内容,财政体制包括财政的收入支出和管理权限(以下简称财权)的划分,管理权限的划分是财政体制的基础,收入支出的划分是财权划分的结果。人类历史上围绕财权的掌控进行过不懈的政治斗争,从封建主义社会的财权由封建君主掌握到资本主义社会的财权由人民议会掌握,都反映了财权始终处于整个政治体系的核心,财政体制在实质上体现强烈的政治权力的属性。

② 14世纪"无纳税人同意不得征税"这句格言在法国和英国都被当作一条政治格言被牢固确定下来,违反它就相当于实行暴政,恪守它相当于服从法律。参见[法]托克维尔:《旧制度与大革命》,冯棠译,商务印书馆1992年版,第139页。

③ Paul L. Hughes, Robert F. Fries, *Crown and Parliament in Tudor Stuart England: A Documentary Constitutional History*, Literary Licensing, 1959, pp. 311-315.

④ 参见殷啸虎:《新中国宪政之路》,上海交通大学出版社2000年版,第181页。

二、财政对政治的反映

国家拥有唯一的强制力，它只有为实行受托职务才可以使用，才能为道德及法律所许可。如果执政者滥用国家强制力，侵犯人民私有财产，则与保障人民利益的国家旨意不符合。[①] 故对执行者强制力进行制裁的法律规范必须确立。举凡各国国家关于财政制度的基础性规定，或明载于基本宪法或制定了专门法律，尽量使财政权限于一定范围，以使人民之利益得到合理保障。[②] 对于政治受托义务的体现是整个财政法的核心命题，它是一种关于财政权本身是否具有合理性和正当性的内在评价，并反映了财政权力是否具有为社会成员所自愿认可的合法性，这是财政法研究的出发点。[③]

正因财政制度与政治制度之间的紧密联系，财政制度体现出法律和政治方面的双重属性，都是对财政性质的正当描述。就法律性视角而言，作为基础规范的财政法为国家财政行为设定必要边界与限度，国家财政行为在遵守财政法的过程中获得合法性与正当性。财政法在为财政权的运行划定合理界限的同时，也在为各方财政权主体的政治目的提供博弈的平台。也就是说，财政分配中的政治因素作为财政法规范的对象，财政法的实施就是使原本恣意或骄纵的政治运行得到驯化和约束。就政治性的视角而言，财政法的实施是为了实现各方财政权主体的某些政治目的，站在国家战略的高度，该目的本身应是高于财政法规范的。财政法也就成了各方财政权主体追求政治目的的法律工具或平衡各种政治要求的技术载体，财政法的特质和效力也因此得到强化与提升。概言之，财政的法律属性，是通过规范程式来要求国家财政行为符合财政法规定的条件，而财政的政治属性，是政治部门（人大、政府）通过遵循财政法规范来实现某种政治目的。

---

① “如果国家缺乏合法性，则很难长期确保税收。虽然在最初时可以使用武力征税，但是却不可能永远通过武力威胁征收税金。”［日］猪口孝：《国家与社会》，高增杰译，经济日报出版社1989年版，第65页。

② 参见何廉、李锐：《财政学》，商务印书馆2011年版，第8页。

③ 有学者在财政问题的研究中提出“熊彼特—希克斯—诺斯命题”，其基本逻辑为：如果说国家为了实现其长治久安的目标，必然要追求合法性（legitimacy，或译为“义理性”）的最大化，而财政则是影响合法化水平的重要约束条件，并会反映合法化水平；因此，当财政面临压力，就会导致合法化水平下降，国家为了保持其合法化水平，就只能主动调整政策，进行财政改革。参见何帆：《为市场经济立宪：当代中国的财政问题》，今日中国出版社1998年版，第2页。

在财政法律性与政治性的互动过程中，财政资源的分配充分体现了政治目标的要求。财政法总是在一定的政治制度和政治形态下运行的，这种政治色彩使财政法在运行中具有某种政治的特质与功能，财政法律行为总是指向不同的阶级、阶层、集团的利益，并对他们的利益矛盾进行调节和调和。因此，财政决策过程中的各种冲突实质上是政治冲突，财政过程中作出的资源分配实际上反映了政治权力的配置。① 抽象而言，经济利益是政治行为的最终目标，政治制度则是实现经济利益的手段和保障。一方面，从分配依据来看，通过财政收支进行的再分配不同于社会生产过程中的初次分配，前者是以国家政治权力为依托的强制性分配，带有强烈的政治性，后者是以生产要素为依据的市场性分配，体现一种经济性。另一方面，从分配结果来看，由于国家财政收支政策的存在，无论是税收负担的比例还是财政支出的结构，不同社会成员之间明显存在一定的差异，这种差异恰恰体现了国家运用财政政策工具来协调不同群体的利益关系，从而达到巩固统治的政治目标。

第三节 财政信托理论的阐释

通过对政治与财政关系的解读，再结合政治信托的理论表达，可知政治信托是财政信托的上位理论，财政信托立基于政治信托的基础。按照政治信托的原理来简单描述财政信托关系的形成过程，即公民基于自由意志订立财政信托协议（主要为财政性法律和财政预算案），把原本归属于公民个人的私有财产转让给国家，以此换取国家对公民个人权利的保障和公民公共需求的满足，财政权由此产生，其最终来源是公民的托付。以下将针对财政信托关系的形成过程，对财政信托的存在基础、表达方式予以具体阐释。

一、财政信托的存在基础

国学大师钱穆先生在分析中国传统政治演进中民众所抱的政治心理之时

---

① 公共选择理论大师布坎南更是提出："在财政理论中，一般正像在政治学中一样，学者们需要更多地注意制定产生最终结果的规则或制度，而较少注意这些结果本身的形式，尽管这些结果当然同评价制度有关。只有通过改进产生结果的制度，才能够改进配置或结果，而只有意识到了并理解了制度在整个民主过程中的适当作用，才能够改革制度。"［美］詹姆斯·M. 布坎南：《民主财政论》，穆怀朋译，商务印书馆2011年版，第350页。

曾这样论断道：由于中国自古之政治“即抱有一对人类全体大群尽教导督率之责任”，①贤君之最大责任莫过于“为天下得人，必使贤者在位，能者在职”，②故民众对当政者常怀有一种“信托与期待”③之渴望，政治理论形态上更多是倾向于一种“信托政权”。针对这种政治观念，民国时期财政学家何廉、李锐犀利地指出：“国家非为本身而存在，乃为执行某种受托之职务而存在。”④即构建于隐喻性信托理论之上的国家，它存在的目的在于执行人民的受托职务。⑤ 通过一系列法律来组建的政府机构，它所取得的财产、土地以及资金等都应被视为“信托财产”，而且它所拥有的政府权力也应被视为以信托的方式而持有的，政府权力是“被托付给他们的”，或者他们是“受托掌管”那些权力的。⑥

（一）强化受托人责任

法国的启蒙思想家卢梭曾这样祷告，每个人都希望出生在一个主权者永远以人民的共同福祉作为唯一奋斗目标的国度，⑦然而如何才能促使国家的行动始终以共同福祉为宗旨，如何才能使人民和主权者成为拥有共同利益的有机体呢？信托将是一个最为理想的工具。如果委托人（人民）与受托人（主权者）之间形成了政治信托关系，那么受托人（主权者）需要抑制随心所欲的专断心理，应在政治时局的变化和事态发展的要求下，一切行为与活动都以促进共同福祉这个信托目的为导向，否则将不符合政治信托的基本要求。⑧ 推理到财政信托上来，受托人也是为了受益人的公共福利而存在，推崇财政信托

① 钱穆：《政学私言》，九州出版社 2010 年版，第 102 页。

② 同上书，第 103 页。

③ 钱穆：《国史新论》（新校本），九州出版社 2012 年版，第 115 页。

④ 何廉、李锐：《财政学》，商务印书馆 2011 年版，第 7 页。

⑤ 美国政治家亨利·克莱（Henry Clay）也曾明确提出：“政府是一个信托机构，政府官员则是受托人；信托机构和受托人都是为了人民的利益而设立的。”[美]哈维·S. 罗森、特德·盖亚著：《财政学》（第 8 版），郭庆旺、赵志耘译，中国人民大学出版社 2009 年版，第 5 页。

⑥ 参见[英]F. W. 梅特兰：《国家、信托与法人》，樊安译，北京大学出版社 2008 年版，第 160 页。

⑦ “我愿出生在这样一个国家：在这个国家里，主权者和人民只能有一个共同的利益，以便国家机关的一切活动都永远以共同的福祉为宗旨，而要做到这一点，就必须人民和主权者彼此视为一体。”[法]卢梭：《论人与人之间不平等的起因和基础》，李平沤译，商务印书馆 2007 年版，第 20 页。

⑧ [英]约翰·洛克：《政府论》，杨思派译，九州出版社 2007 年版，第 505 页。

原理无非就是为了更好地强调受托人的责任。

一方面,信托是一个从属于财产法的概念,它在名义上具有"双重所有权"(duplicate ownership),其中的一方(受托人,trustee)有义务为了另一方(受益人,beneficiary)的利益而行使他的受托权,受托人对信托财产的管理和使用完全是为了受益人的利益。在财政法中,采用信托制度的目的正是保护那些出于某种原因而不能维护自己利益的人的权益——一种人们可能共同拥有但又无法保护的公共利益,由于享有公共利益的主体太多以至于除非通过共同的委托否则就根本无法有效地实现它。[①] 委托人与受益人之间通过达成信托关系,把凌驾于自己之上的权威委托给受托人,通过授予财政法的权力主体拥有一种公共权威来掌管公民的共同利益,而作为拥有权威性的受托主体,只有承担起追求受益人利益职责才是它的唯一的职责。也只有依靠这样一个具体公共权力的权威机构,才能够维护和促进社会成员的个体利益以及由此集合而成的公共利益,为每一个社会成员都带来一种同等的利益保障。

另一方面,财产权作为法律创设和承认的产物,直接目的是厘定个人自治的法定尺度,从而达到定分止争的效果,但最终目的是增进人的福利与自由。尤其是随着国家形态的转变(由昔日无为而治之"消极国家"转化为今日积极为民谋福利的"福利国家")和权利哲学的变迁,[②]原来绝对保护的私人财产自由(如法国《人权宣言》第17条规定"财产是神圣不可侵犯的权利"),已经转变为财产权利行使和提高公共福祉的同步强调(如德国《魏玛宪法》第153条第3款规定:"财产权伴随着义务,其行使必须同时有益于公共福祉")。[③] 概言之,如果说以往的财产权观念是一种自由意义上的、几乎不受限制的绝对性

---

① 参见[英]迈克尔·莱斯诺夫等:《社会契约论》,刘训练、李丽红、张红梅译,江苏人民出版社2012年版,第11页。

② 例如,法国学者狄骥曾言道:"人不可能仅仅因为自己是一种社会存在而自然地获得某种天赋权利。作为个体的人仅仅是一种知性的造物。权利的概念是以社会生活的概念为基础的。因此,如果说人享有某些权利,这些权利只能来自他所生存于其中的社会环境,他不能反过来将自己的权利凌驾于社会之上。"[法]莱昂·狄骥:《公法的变迁·法律与国家》,郑戈、冷静译,辽海出版社、春风文艺出版社1999年版,第12页。

③ 参见张翔:《财产权的社会义务》,载《中国社会科学》2012年第9期。

权利,[①]那么时至19世纪,财产权原来那种至高无上的观念开始受到前所未有的挑战,财产权需要服务于人民的公共福利且承担社会义务。这种转换不仅适用于私有财产,更是适合于国家资财这种公共财产,国家资财本身作为一种财产权且具有公共本性,更应以人民公共福利的实现作为基本的追求价值。因此,从信托原理看待财政法,剖离出公共财政具有的财产属性,也就更能凸显出这种公共财产应承担的受托责任。

(二)阻止受托人牟利

在信托理论中,受托人的被信任义务表现为严格忠实义务,即禁止性义务,通过对受托人不当行为进行消极防范来达到阻止受托人为自己谋取私利的目的。这些禁止性义务主要可分解为3个层面:一是受托人不能利用在信托财产管理中获得的信息和机会谋利;二是受托人与信托财产的交易要予以严格限制;三是受托人应遵循竞业禁止的义务。[②] 正因存在这些禁止性义务,使信托制度不同于其他制度,能更有效地阻止受托人为自己谋利。以下将对此予以具体分析。

一方面,为什么不理解为委托—代理关系?如果以委托—代理关系来阐释财政法的建构原理,将难于驾驭拥有代理权的行政主体。作为财政权力承载主体的政府存在寻租动机,一旦政府的寻租动机被一些特殊利益集团所俘获,代理人将与特殊利益集团共谋,以致出现"逆向选择"和"道德风险",[③]从而出现追逐单位利益、部门利益以及个体利益的机会主义行为。不仅如此,在庞大的财政法体系中,将不可避免地出现一个遍布各个层级的委托—代理链条。在这个链条中,除了初始委托人(公众)、最基层的财政单位之外,其他财

---

① "过去,人们普遍认为罗马法中的'财产权'概念是绝对的,即财产所有人具有随意使用或者滥用其财产的权利,唯一的限制就是公认的'不法罪'。"[英]彼得·斯坦、约翰·香德:《西方社会的法律价值》,王献平译,中国法制出版社2004年版,第300页。

② 参见董慧凝:《信托财产法律问题研究》,法律出版社2011年版,第172~176页。

③ 美国学者约翰·弗雷斯特曾提出"委托——代理模型和预算理论",他认为"公共选择理论强调了两种意外结果,它们分别是'逆向选择'和'道德风险'的风险。在逆向选择条件下,委托人要么选择了错误的代理人提供服务,要么错误地确定了代理人的责任或议程。如果委托人雇佣的代理人以有损于委托人的方式改变他或她的行为,那么所说的道德风险就会发生。逆向选择和道德风险采取的形式,取决于委托人和代理人之间如何相处"。[美]约翰·弗雷斯特:《委托——代理模型和预算理论》,载[美]阿曼·卡恩、W.巴特利·希尔德雷思编:《公共部门预算理论》,韦曙林译,格致出版社、上海人民出版社2010年版,第147页。

政链条的参与者都具有一种双重身份,既为委托人的代理人,又是代理人的委托人。在这个过于复杂的委托—代理链条下,不可避免地出现内部信息或外部信息不对称的问题,这就加剧逆向选择或道德风险行为的出现,势必将影响财政资源的配置效率。委托—代理链条越长,就越偏差于初始委托人的目标。① 而在财政信托的理论中,每一个、每一级的受托人(各部门、各单位)都与委托人(代议制机关)签订了具体的信托协议(财政预算案),协议中列明了受托人应承担的受托任务与目标,从而避免了委托—代理理论中冗长的链条,有利于克服委托—代理关系中的逆向选择或道德风险问题。

另一方面,为什么不解释为契约关系?"契约意味着独立双方之间的一种协议,每一方都拥有自己的权利,并且每一方都是为了一种已经为了相互接受的约因而相互出让权利的关系。"②如果把财政关系建立成或理解为一种契约关系,围着财政关系的双方都必然应从中获得某种东西,也就是受托人能从受托中有所获得,而这种获得还是委托人有义务所提供的,这当然应是极力避免的结果。因此,采用政府契约观念将对政府过于有利,使政府成为与人民共同体平起平坐的独立一方。在财政信托的理论中,受托人对受益人只有义务而没有权利,受益人对受托人只有权利而没有义务,这也就是应该放弃政府契约观念而采用信托观念的原因。

二、财政信托的表达方式

如何使公民的社会公共需求得到最优化的满足,实现人民福利的最大化是财政信托目的最为抽象的表达。为了充分实现这个财政信托目的,宪法的相关条款、财政性的法律法规、财政预算案等都对此予以了明确规定或隐喻规定。③ 以下将对此予以具体分析。

---

① 参见程瑜:《政府预算契约论——一种委托—代理理论的研究视角》,经济科学出版社2008年版,中文摘要,第2~3页。

② [英]迈克尔·莱斯诺夫等:《社会契约论》,刘训练、李丽红、张红梅译,江苏人民出版社2012年版,第11页。

③ 政治信托在表达方式上,既存在直接性的信托表达,又有来源于隐喻性的信托暗示,两种表达方式都对政治权力信托的运行具有非常重要的作用。参见[英]F. W. 梅特兰著:《国家、信托与法人》,樊安译,北京大学出版社2008年版,第161页。

(一)财政信托的宪法表达

在宪法中明确规定政治信托(财政信托)的基本目的,是世界各国宪法的普遍性情况,尤其是体现在为整个国家的法律体系、权力体系奠定合法性基础的宪法序言之中。以下以美国和日本为例进行分析。对于美国宪法的沿革过程,1776年6月美国《弗吉尼亚〈权利宣言〉》在开篇即载明了政治信托的基本原理,即所有权力都是源于人民又是属于人民的,政府仅是作为受托人或仆人的方式出现,无论在任何时候作为仆人的政府都应服从于作为主人的人民。[①]后至美国1787年《宪法》序言页,[②]这段序言表达政治信托的核心要义——建国立宪是有关人民福利之重大事件,当政者只有充分保障国民的生存权、自由权以及增加人民福利,[③]各方才会共同信守宪法中各项规定,[④]即如何致力于"树立正义、确保安宁、筹设国防、增进全民福利、世代享受自由幸福"的目标成为了人民与国家之间明确的信托目的。再来分析1946年的日本宪法,日本《宪法》序言部分也明确宣称了国家一切权力与权威皆来自人民又属于人民,揭示出国家与人民之间存在一种庄严的信托关系,[⑤]充分表明了国政源于国民的严肃信托,财政作为国政的核心事项,它同样可被视为源自国民的严肃信托,财政信托的目的就在于增进国民的福利,财政权只有为国民更多地争取当下和未来的自由与幸福,才符合财政信托的基本要求。

---

① 1776年6月美国《弗吉尼亚〈权利宣言〉》第2条规定:"所有权力都属于人民,因而也都源于人民;所有行政官员都是他们的受托人与仆人,无论什么时候都应服从人民。"[德]格奥尔格·耶利内克:《〈人权与公民权利宣言〉——现代宪法史论》,李锦辉译,商务印书馆2013年版,第63页。

② 美国《宪法》序言具体表达为:"美国人民,为了建设一个更完美的合众国、树立正义、确保安宁、筹设国防、增进全民福利,并谋吾人及后世子孙永享自由之幸福,特制定美利坚合众国宪法。"

③ 1776年7月美国《独立宣言》对此进行了更为明确的宣示:"人人生而平等,造物者赋予他们若干不可剥夺的权利,其中包括生命权、自由权和追求幸福的权利。为了保障这些权利,人类才在他们之间建立政府,而政府之正当权力,是经被治理者的同意而产生的。当任何形式的政府对这些目标具破坏作用时,人民便有权力改变或废除它,以建立一个新的政府:其赖以奠基的原则,其组织权力的方式,务使人民认为唯有这样才最可能获得他们的安全和幸福。"

④ 参见[美]汉密尔顿:《美国宪法原理》,严欣淇译,中国法制出版社2005年版,第4~5页。

⑤ 日本《宪法》序言明确提出:"国政依据国民的庄严信托,其权威来自国民,且其权力由国民代表行使,其福利由国民享受。这是人类普遍的原理,本宪法即以此原理为根据。"

在推翻封建帝制之后，简单梳理我国宪法的发展史：民国初创之期在《中华人民临时大总统宣言书》（1912 年）中首次出现了“虑无以负国民之望”“完国民之志愿”这样类似于政治信托思想的表达，尔后《中华民国之意义》（1916 年）初步体现了“使国民居于尊严之地位”[①]的政治信托目的，及至《北上宣言》（1924 年）进一步提出了“国民之命运，在于国民之自决”，[②]再至《中华民国训政时期约法》（1932 年）序言明确表达了“授政于民选之政府”的政治信托思想，后至《中华民国宪法》（1946 年）序言中正式载明了“受全体国民托付”，其中内涵充分体现出人民与国家之间的政治信托关系，而政治信托目的即为“保障民权、保障安宁、增进人民福利”等核心内容。[③] 概言之，以上这些贯穿于整个民国时期的宪法或宪法性文件，字里行间或暗或明地体现出政治信托（财政信托）的思想或精神。

待新中国成立之后，过渡时期的《共同纲领》（1949 年）首次宣告“人民成为新社会新国家的主人”的“人民主权”思想，尔后新中国第一部《宪法》（1954 年）序言郑重向世人宣告“建成繁荣幸福的社会主义”的政治信托目的，后至《宪法》（1975 年）“建设强大的社会主义国家”以及《宪法》（1978 年）“为人类的进步和解放事业而奋斗”都是带有鲜明时代特色的政治信托目的之表达，直至当前有效的《宪法》（1982 年）在序言进一步明确新时期的政治信托目的——“建设富强、民主、文明的社会主义国家”，在通读 1982 年《宪法》整个序言的表述，不难看出中国各族人民作为信托的委托人，将增进人民幸福这一信托目的托付给了中国共产党领导下的中华人民共和国。[④] 同时，我国《宪法》序言中用大量篇幅对 20 世纪以来中国发生的许多大事进行精心阐述与说明，由此体现了立法者通过在历史事实中寻找客观规律，这种客观规律也就更

---

① 孙中山：《三民主义》，中国长安出版社 2011 年版，第 253 页。

② 同上书，第 299 页。

③ 1946 年《中华民国宪法》序言内容为：“中华民国国民大会受全体国民之托付，依据孙中山先生创立中华民国之遗教，为巩固国权，保障民权，奠定社会安宁，增加人民福利，制定本宪法。”

④ 在新中国缔造者毛泽东同志的文献中，存在丰富的关于政治信托思想，例如，《抗日战争胜利后的时局和我们的方针》申明道：“人民要解放，就把权力委托给能够代表他们的、能够忠实为他们办事的人。”《论联合政府》明确指出：“向人民负责……这些就是我们的出发点。”《共产党基本的一条就是直接依靠广大人民群众》同样指出“我们的权力是谁给的？……是占人口百分之九十以上的广大劳动群众给的。”

加凸显了政治信托的正当性以及合法性,[①]也更加彰显出人民将“物质文明、政治文明和精神文明”的实现托付给中国共产党领导下的国家的合理性以及必然性。

上述内容,至少在形式上显示出,一切权力都源自全民,国家的统治必须基于国民的同意或者信托,国家是在人民的一种托付之下所建构起来的,它承担全民的信任,托付的目的是要超越一切任何特殊集团或阶级的利益,追求一个团结、正义、公平、安全、自由、幸福的共同体,而这些一切托付目的都被写入了宪法之中。

(二)财政信托的法律表达

宪法中的相关条款只是从抽象意义、未来层面、许诺角度上阐释了财政信托的表达。为了使财政信托的目的更加具体、更为明确、更具可实践性,代议制机关还将通过制定财政性的基本法律以及审议批准财政预算案来全面厘定财政信托的目的,这也是世界上许多国家的普遍做法。在财政信托的法律表达中,既有笼统性的表达方式,也有极为明确的表达方式。例如,我国《预算法》第1条中规定了“保障社会经济的健康发展”,即是一种笼统意义上关于财政信托目的的表达,而第6条中提到的一般公共预算“安排用于保障和改善民生、推动经济社会发展、维护国家安全、维持国家机构正常运转”,即是更加明确的财政信托目的,正是依靠这些基本性法律才为财政信托目的的进一步细化提供了合法性依据。我国每年3月初开始召开的人民代表大会上,其中最重要的事项之一就是由人大来审查本级政府的预算草案,参会的每一位人大代表都是受到选民信任并受其委托的政治代言人,由他们来具体决定财政信托的详细目的。如果受托人政府机构所编制的预算草案不符合选民的意志或要求,那么人大代表将对这份预算草案予以否决,直至受托人政府对预算草案进行修改并得到人大代表的认可后,方能予以通过。因此,每一年度经人大议决批准后的预算案,是最具体、最明确、最细化的财政信托表达,也就意味着“各级政府、各部门、各单位的支出必须以经批准的预算为依据,未列入预算的不得支出”(见《预算法》第13条)。

---

① 参见喻中:《法律文化视野中的权力》(第2版),法律出版社2013年版,第112页。

第四节　小　　结

财政信托的理论萌生于政治信托的思想,政治信托是在政治领域和宪法领域都受到广泛认可的理论。翻阅西方政治思想史,从霍布斯笔下的利维坦诞生,到洛克强调的权力信托,再到对查理一世的经典审判,都闪烁着政治信托思想的灿烂光辉,反映出国家建立在一种隐喻性政治信托关系之上,信托理论成为了国家权力来源、国家与人民的关系、政府权力的目的与限度等问题的最佳解释。财政信托作为隶属于政治信托的子范畴,财政信托的建构模型脱胎于政治信托的基本框架。财政法律制度在紧紧跟随政治制度改革步伐中,财政信托的逻辑也在政治宪法的序言与正文中得到了较为明确的表达。在具体的财政性法律中,财政信托的内容得到了更为充分的体现和落实。总体上,“财政信托的法思源解析”是为了提升财政信托理论的历史感与存在感,这是财政信托问题研究的立足点。

第三章　财政信托的法权能厘定

法学研究欲走向深入，除了需要知道它的来源，还端赖于内部结构的考究，[①]财政信托的研究更是如此。采用规范的学术用语表达，财政信托内部结构的考究其实就是财政信托财产所有权内部权能[②]的考究，即为财政信托的法权能考究。在理论基础上，财政信托理论融合了财产法和信托法的共同理论基础，它在法权能的结构上必然紧密相连于财产法制度和信托法制度本身的结构特征。为避免财政信托的法权能分析中的无序或混乱，下文的研究将立基于财政信托规则的适用情景——财产权规则，通过透过财产权这个高度浓缩的概念，在卷帙浩繁的财产权研究中，试图提炼财产权内部权能的结构层次，这是财政

---

① 结构主义，是在语言学中由索绪尔提出的关于语言的共时性的有机系统的概念和心理学中由完形学派开始的感知场概念。此后在各个学科领域中得到广泛应用。皮亚杰通过综合研究之后，指出结构主义的两个共同特点：一是认为一个研究领域里要找出能够不向外面寻求解释说明的规律，能够建立起自己说明自己的结构来；二是实际找出了的结构要能够形式化，作为公式而作演绎法的应用。参见[瑞士]皮亚杰：《结构主义》，倪连生、王琳译，商务印书馆1984年版，译者前言，第2~3页。

② 概括而言，民法上所有权的权能包括积极权能与消极权能，前者内含占有、使用、收益、处分四大要素；后者系所有权作为绝对权的特色，得对任何人主张之。参见王泽鉴：《民法物权》，北京大学出版社2009年版，第111~112页。

信托结构研究的前置性问题。然后转移到信托法理论，对信托法理论的基础进行分析，并解构出信托所有权的权能特征。在立足于上述两项理论的研究基础上，再对公共财产（财政信托财产权）的内部权能结构予以具体归纳，这就是本部分研究的逻辑思路。通过这些理论研究，期待对财政法内在结构特征的鲜明性予以准确的描绘，从而为财政信托理论的充分证成奠定基础——财政法在内在理论上的确是一种财政信托法。

第一节　财产所有权的权能辨识

无论是财产还是财产权抑或称作财产所有权，有关它的理论著述瀚如烟海、博大精深，在整个人文社会科学发展进程中它都是一个最基本概念。下文对财产所有权的权能探究，将适当追溯财产权的起源与基础，也将适当梳理传统自然法下财产权的表现形态，同时将简明扼要地勾勒传统财产权与现代财产权理论的一些根本性区别，最终揭示出社会化大生产背景下财产所有权的内部权能结构的走向。

一、财产权的权能构成

对财产权权能构成的探究需要充分运用分析法学的方法，如何进行合理分类或实现完美的分类作为分析法学研究的核心任务，①也是法学研究者常用的思维方式。财产权是由一系列复杂要素组成的集合体，对这些复杂要素进行理论解释时，除了就个别要素作独立研究外，还应对其进行归类性的研究，将其放入某一种类之中，然后去阐释这一种类的特征，最终才能真正揭晓出财产权的权能构成。

（一）财产权的表现形式

德国学者萨维尼认为，财产法有两个基础对象：物和行为，整个财产法就是建立在这两个基础对象之上的。在这两个基础对象上，所产生的对物占有、对物的事实支配、对其利益的享受之权利，即物权必须探讨的内容。作为权利，物权的简单和完整的形式是所有权，或者是某人对物的不受限制的、排他

---

① See John Chipman Gray, *The Nature and Sources of the Law*, 2nd ed., The Mac Milian Company, 1931, p. 3.

的支配、排他的享受。[①] 因此,关于财产的探讨不能局限于一般性的物质实体,而应深入关于物的行为上的研究。

在关于物的行为中,占有行为的分析是关键的。康德提出,财产是一个"理性的占有"而不是"经济的占有",即真正的占有除了"物质的占有"或称"外观上的占有"亦应包括"非物质的占有""内在性的占有""有资格的占有""符合权利的占有"。[②] 康德之意是告知我们,"从自由的角度看,财产是自由的最初的定在,它本身是本质的目的"。[③] 为实现财产本身这种自由最初的定在,我们不应在财产的占有上施加严格的时间上和空间上的限制性条件,必须给它自由外部的领域,才能充分发挥财产存在的目的。

康德之意也就说明,对财产的占有只是相对的不是绝对的。[④] 相应地,财产权不是一种单一的权利,无论是指"一组所有者自由行使并且其行使不受他人干涉的关于资源的权力",[⑤]抑或是指"所有者所拥有的、为公共权力所正式承认的、既可以排他地利用资产又可以通过出售或其他方式来处置资产的权利"。[⑥] 总之,财产的法律概念应被视为包括一系列权利的总称,[⑦]是由若干独立权利所组成的集合体,其中的一些或甚至很多独立权利都可以在不妨碍

---

① 参见[德]萨维尼:《当代罗马法体系》(第1卷),朱虎译,中国法制出版社2010年版,第285页。

② "我不能把一个有形体的物和一个在空间的对象称为是'我的',除非我能够断言,我在另一种含以上真正地(非物质的)占有它,虽然我并没有在物质上占有它。因此,我没有权利把一个苹果称为'我的',如果我仅仅用手拿住它,或者在物质上占有它,除非我有资格说:'我占有它,虽然我已经把它从我手中放开,不管把它放在什么地方。'"[德]康德:《法的形而上学原理》,沈叔平译,商务印书馆1991年版,第57页。

③ [德]黑格尔:《法哲学原理》,范扬、张企泰译,商务印书馆1961年版,第54页。

④ 正因如此,有学者提出将占有视为所有权的外观也是值得进一步思量的,并不能因为看到某人对某物具有事实支配力就要相信其为所有权人,占有与所有权外观不存在一一对应的关系,二者的一致只是片面的和大致的。参见[意]鲁道夫·萨科、拉法埃莱·卡泰丽娜:《占有论》,贾婉婷译,中国政法大学出版社2014年版,第29~31页。

⑤ [美]罗伯特·考特、托马斯·尤伦:《法和经济学》,张军等译,上海人民出版社、上海三联书店1994年版,第125页。

⑥ [美]理查德·派普斯:《财产论》,蒋琳琦译,经济科学出版社2003年版,定义,第1页。

⑦ 参见[美]R.科斯等:《财产权利与制度变迁》,胡庄君等译,上海三联书店、上海人民出版社1994年版,第6页。

所有权效力的情况下进行让与。也就是说,法律上所规定的关于所有权的定义[①](所有权就是法律施加于所有第三人的不干涉他人之物的义务)只是一种在法秩序层面的描述,只要是能维持这个法秩序的情况下,所有权的内部元素可以进行裂变与聚变,在外观上可以有多重样态的表现。在这些多样化的表现形式上,财产所有权最单一的表现就是所有权主体对财产进行无限、完整、排他、独占的支配与控制。

"所有权被看作任何的直接对物的权利:任何可以防御其他人的权利、可以由权利所有者转让或分离的权利都是财产权,并不仅仅限于完全控制的权利。"[②]但是在很多情况下,财产所有权不一定是完璧无瑕的,也不一定要保持一个非常"饱满"的状态,它是可以进行适当分割的权利。所有权人可以为其他人设定一系列的权利,即使大陆法系认为所有权是一切物权的基础和源泉,一物之上只存在一个所有权,但是所有权依然能派生出其他一系列权利(他物权),亦能在所有物上为他人设定一定的权限,所有权并非要一定长期处于一个恢复圆满的支配状态。于是,有学者认为,财产权的所有人只有在其用尽财产权的客体或在其未保留任何保留权的情况下转让财产权的客体时,才丧失他的财产所有权。[③]

(二)财产权的要素清单

既然财产是一系列权利的总称,那么到底有哪些具体权利呢?一般认为,根据权利客体性质的不同,财产权所设定权利的种类也各不相同。对于这些复杂繁多的种类,学者奥诺曾寻求界定普适于西方法律制度的所有权的标准型"要素"(incidents)。他认为所有权的要素清单主要包含以下几种:占有

---

① 虽然对于所有权的定义有很多种,但是大体上可以划分为两类:一种是以所有权人可行使的权能为中心,将所有权定义为使用和处分物的权利。例如,我国《民法通则》第71条规定:"财产所有权是指所有人依法对自己的财产享有占有、使用、收益和处分的权利。"另一种是从法秩序上为所有权所规定的措施,例如,意大利《民法典》第832条规定:"所有权人享有充分的排他的收益处分权,在不超出法律秩序限定的义务范围内。"这种模式很受一些具有较强逻辑性的法学理论所青睐,在许多国家都存在。参见[意]鲁道夫·萨科、拉法埃莱·卡泰丽娜:《占有论》,贾婉婷译,中国政法大学出版社2014年版,第6页。

② [美]理查德·塔克:《自然权利诸理论:起源与发展》,杨利敏、朱圣刚译,吉林出版集团有限责任公司2014年版,第22页。

③ [英]戴维·M.沃克编辑:《牛津法律大辞典》,北京社会与科技发展研究所译,光明日报出版社1988年版,第729~730页。

(possess)、使用(use)、管理(manage)、收益(receive income)、消费(consume)、处分(disposal)、破坏(destroy)等。如果要宣称一个人对某物拥有了真正的所有权,并非需要掌握全部的要素,他仅需享有以上要素清单中的若干部分或者绝大多数,皆可能证明出他或她的宣称是真实的、可信的、合法的。[①] 也就是说,财产所有权包括"一揽子"权利,一个自由主义上的完整所有权应是这样一个权利结构,就是把占有、使用、管理、让渡(单方放弃)、转让财产以及从财产获得收入的全部(或几乎全部)权利都赋予某一主体之时所呈现的图景。[②]

在上述财产所有权要素之中,到底应享有哪些部分才算是真正拥有它呢?英国的财产法研究大师劳森和拉登认为,财产法之所以赋予我们对物的法律权力,源于这些法律权力将决定我们能够做什么,我们能做什么也就决定了如何去发挥物的价值,正是我们能够做什么的总和也就构成了所有权的主要内容。一般而言,所有权主要内容主要有3个构成部分:一是对物的使用权;二是收益的请求权(或称受益权);三是对物的管理权与处分权。[③] 概言之,对物的使用权、处分权以及收益权构成了所有权的核心范畴。

二、财产权的权能价值

以上是从规范分析的视角对财产权构成要素进行的简要概括。然而在这种纷繁复杂的权利要素中,财产权的真正本质到底是什么?又是什么促使了财产权产生、存在以及演进呢?以下将从财产权存在的自然状态和社会状态两个层面,来考察财产权赖以存在的价值基础。

(一)财产权存在的自然基础

要对财产或所有权存在的自然基础进行挖掘,首先要追溯财产概念的起

---

① 参见[美]斯蒂芬·芒泽:《财产理论》,彭诚信译,北京大学出版社2006年版,第19~20页。

② 参见[美]克里斯特曼:《财产的神话:走向平等主义的所有权理论》,张绍宗译,广西师范大学出版社2004年版,第21页。

③ 劳森和拉登详细解析道,所有权"主要内容是:(a)对物的实际使用权;(b)获取物之收益的权利,不论该种收益表现为金钱、实物,还是劳务;(c)实施管理的权力,包括转让物的权力"。[英]F. H. 劳森、B. 拉登:《财产法》,施天涛、梅慎实、孔祥俊译,中国大百科全书出版社1998年版,第8页。

源及其发展轨迹。在财产诞生之初，它并未蕴含现代财产的观念，起初它只是原始意义上对财产的使用权，即自然界向人类敞开胸怀，人类可以自由地使用任何事物，甚至说自然界的存在正是为了人类的使用。[①] 但是在原始的普遍使用权的广泛实践中，一些事物一旦使用就无法再使用或者至少不可能毫无减损的再使用，也就意味着初次使用者即排除了后来使用者使用的可能，即便使用但未用尽而将导致继续使用可能性的减损，于是这项使用权或多或少接近于一项排他性权利，这就是现代法律意义上排他性财产权概念的诞生。[②] 正如梅因在研究财产的早期史之时所提到的，在人类的自然状态时期，所有权的存在，并非天性地出于对所有权制度本身的一种偏爱或喜爱，而是对这个制度长期存续的状态而进行的一种自然性推定，从而将这种长期继续存在的状态划归为自然姿态下的每一个人，这个人即被认可为物的所有权人。[③]

回顾上述这段财产权观念的转变过程，不难发现强调对物的使用以满足主体的某种需要或利益始终是未能改变的因素，如何挖掘物本身的价值、强化对物的利用、发挥物对人的效用以及实现对物的享用才是财产的真正目的，这也是它的归宿。概言之，财产权仅是人类为了生存、为了幸福而采用的工具；目的应该高于工具，如何在自由原则下更大程度地维持与提高财产权的利用价值，[④]这是财产权观念起源的逻辑起点。换言之，财产权体现的是人与物之间一种利用与被利用的关系，如何充分发挥物的价值使人得以使用和享受是财产权存在的关键。为了增进人的自由和幸福、使人享受自由和幸福是财产

---

① 正因如此，当时制定出的法律要覆盖这两种情况：一是所有人都确乎可以使用共有之物，只要不带来任何损害；二是满意自己所得者，当禁绝于他人之物。参见[荷]雨果·格劳秀斯：《论海洋自由或荷兰参与东印度贸易的权利》，马忠法译，上海人民出版社2013年版，第4页。

② 参见[澳]斯蒂芬·巴克勒：《自然法与财产权理论：从格劳秀斯到休谟》，周清林译，法律出版社2014年版，第10~12页。

③ 参见[英]梅因：《古代法》，沈景一译，商务印书馆1959年版，第166~167页。

④ 参见[美]迈克尔·D. 贝勒斯：《法律的原则——一个规范的分析》，张文显等译，中国大百科全书出版社1996年版，第123页。

权存在的自然基础。[①]

(二)财产权存在的社会基础

根据财产权存在的自然基础,衍生出的另一个问题:到底达到什么标准才是一项适合于用来增进人类幸福的财产权呢?在自然状态下,"由于个人在技巧方面是不平等的,自然分配也将是或者至少可能是不平等的"。[②] 纯粹按照自然法则进行建构的财产权将难以实现人人自由、人人满足、人人幸福的任务,[③]于是一种以追求社会公正、社会平等、分配正义为目标的财产权理论应运而生。英国学者葛德文(Godwin)在"论符合真理的财产制度"之时,明确提出,"所有权的标准是公正——公正允许每个人把自己的物质需要满足到总储存量所许可的程度——公正也允许人们享受物质幸福"。[④] 这种财产的公正标准,也就是我们需要探讨的财产权赖以存在的社会基础。

法国学者蒲鲁东对所有权的研究堪称经典,他在论证所有权的存在是否合乎正义性的观点之时,提出了"所有权就是盗窃"的震撼性口号。他抓住的反证主线就是所有权中的收益要素,他大胆地提出所有权就是收益权,收益权作为一种固有的所有权要素,如果它不存在就相当于没有所有权。只是他认为所有权之中的收益权应被深恶痛绝,收益权是所有权要素中一种特权,所有权的主人(通常是不劳动人)通过掌握和利用这种特权,使名义上和抽象上的占有人(劳动者)的劳动成果却最终依法归他(不劳动的人)所有,收益权这种特权成为了无代价地压榨、勒索、剥脱劳动者的帮凶,它是暴政产生的根源,也

---

① 这也正是边沁所言的财富之乐,"财富之乐可以指一个人易于从拥有的物品的意识中引出的快乐,该物品是获得享受或安全的手段之一;在他适才获取之际尤其如此,其时此乐可称作得益之乐或获取之乐,而在别的时候可称作拥有之乐"。参见[英]边沁:《道德与立法原理导论》,时殷弘译,商务印书馆2000年版,第91页。

② [美]詹姆斯·布坎南:《财产与自由》,韩旭译,中国社会科学出版社2002年版,第122页。

③ 对此桑德尔提出:"在任何时期财产的初始分配都强烈地受到社会和自然的偶然情况的影响,但这既不是公平,也不是不公平,而只是任意的。并且,因为人们对于初始天赋的正义无能为力,再以公正的名义去安置它们,就等于与命运的随意性联系在一起,此外无他。直觉地看,天赋自由制度最明显的不公正在于,从一种道德的观点看,这一理论允许分配如此随意地受到这些因素的不合宜的影响。"[美]迈克尔·J.桑德尔:《自由主义与正义的局限》,万俊人等译,凤凰出版传媒集团、译林出版社2011年版,第85页。

④ [英]葛德文:《论财产》,何清新译,商务印书馆2013年版,第37页。

是造成社会中地位、财富和福利极大不平等的万恶之源。[①] 尽管蒲鲁东论证的用意是要否定所有权的存在,所强调的收益权实质上也主要是由原物所产生的增值性利益(孳息),[②]但是他慷慨激昂的论证逻辑,为我们深刻理解所有权的内涵带来了启示。在蒲鲁东的思维洞见中,抛弃了所有权的传统范式,跳出了一种受限制、受控制的观念,预示着财产权的权能研究可以走向一种分离性和开放性的研究轨道,下文将对此予以进一步解析。

三、财产权的权能进化

财产所有权的权能进化,诚如马克思的经典之言,所有权的存在方式从来不是一个永恒的、独立的、抽象的、静态的僵化结构,在每一个不同的发展时代、在每一种不同的社会关系中,它敢于在历史浪潮中打破常规,成为了一个发展的、进步的、变化的、具体的逻辑范畴。[③] 受这种思想的影响,马克思主义法律哲学家伦纳更是明确道:"财产所有人与其财产之间的关系应当具有社会功能,这种社会功能并无须与传统的法律理论完全一致。"[④]随着社会平等主义和公正主义的兴起,财产权的理论也确实走向了不同于传统的道路。美国学者约翰·克里斯特曼受益于蒲鲁东提出的财产作为"控制的权利"与作为"收益的权利"的思想启示,他摒弃了传统自由主义式的所有权范式,重新熔铸了所有权的内部权能,对财产所有权进行了二元分割,提出了二元论上的财产权理论:[⑤]一组以所有权名义上所拥有的能对其财产进行基本控制的权能,称为控制所有权,它的最大功能就是允许拥有者能对物的放置、性质、物理状态,以及运作享有最大可能的发言权,包括使用、占有、管理、修改、割让、处分财产的权利;另一组以所有者实质上所拥有的能从交易和开发过程中获得

---

① 参见[法]蒲鲁东:《什么是所有权》,孙署冰译,商务印书馆2011年版,第189~191页。

② 蒲鲁东对收益权生动地描述道:"按照产生收益权的东西的不同,收益有着各种不同的名称:依靠土地,就是地租;依靠房屋和装修,就是租金;依靠永久性的投资,就是所得;依靠金钱,就是利息;在商业上是盈利、红利或利润。"[法]蒲鲁东:《什么是所有权》,孙署冰译,商务印书馆2011年版,第189页。

③ 《马克思恩格斯选集》(第1卷),中央编译局1994年版,第177~178页。

④ [英]彼得·斯坦、约翰·香德:《西方社会的法律价值》,王献平译,中国法制出版社2004年版,第306页。

⑤ 以下分析具体请参见[美]克里斯特曼:《财产的神话:走向平等主义的所有权理论》,张绍宗译,广西师范大学出版社2004年版,第217~229页。

其中收益的权能,称为收入所有权。归纳克里斯特曼的论证目的,他认为是所有权的系列权能中可分割为体现基本控制的权利和获得基本收入的权利,这二者之间是可以分开的。

当然,克里斯特曼的分析中对控制权能和收入权能的具体区分并不是完全明朗的。允许人们控制其财产的理由与允许人们从财产中获得收益的理由也都是不尽相同的。总体上,克里斯特曼所描述的财产控制权能与财产收益权能的二元分割只是一个纲领性的蓝图,这幅蓝图仍需在实践中得到进一步的检验与证实。关于克里斯特曼的论证,拉德布鲁赫同样提到,缘于传统意义上绝对思维的惯性,自由主义式的所有权理论是牢不可分的,但是随着时代的进步与发展,所有权的牢不可分成为一种被需要击破的幻象,所有权应该具有个人式和社会式的双重功能,在财产的使用或利用过程中,个人式的所有权功能保障的是个人收益的归入,这是传统自然法的范畴;社会式的所有权功能追求的是社会公共利益的考量,这是社会伦理的范畴。[①] 概言之,财产权不仅包括一种获取收益和保障受益层面的个体属性,更应包含一种打破绝对和减弱控制层面上的社会属性。

综上所述,尽管学者们对财产权内部权能的论证之中所采用的表达词汇存在一些差异,但是他们带给我们的深刻启示为:财产权的内部权能至少能在一个时间和空间的角度进行分割,[②]可被分割为两类规范性权能——一种是传统意义上的所有权权能,它具有效用性和受益性,外化为受益权利,目的是保护财产的收入权益;另一种是道德伦理(分配正义)上的所有权功能,它具有决定性与控制性,外化为控制权利,目的是实现财产的充分流转与利益转换。

概言之,从上文的论证中所得出的标准结论是,即使财产权理论在人类历史中得到了多重演化,但是财产中的各项权利或财产权的各种权能从来都不应成为一种侵犯他人自由的特权,一旦原有财产权理论结构引起了社会的不平等,甚至是导致了社会的分裂,这种财产权理论将不符合财产本身最初的存

① 参见[德]古斯塔夫·拉德布鲁赫:《法哲学》,王朴译,法律出版社2013年版,第160页。

② 有学者同样提出,"把所有权看成一种静态的平面结构,认为所有权人必然要直接行使所有权的权能,直接行使所有权权能的人也必须是某种所有权人",其实是一种误解。"即使在古罗马,在经典的所有权概念下,所有权的实现也表现为各项权能分离、组合的运动,如在所有权下出现役权、用益权、家子经营权等。"史际春:《国有企业法论》,中国法制出版社1997年版,第199页。

在要义。为了维护社会正义和持续发展的需要,财产权的权能结构需要被重新调适,这是社会发展的一种必然规律。

第二节 信托财产权的权能划分

信托财产权是整个信托理论存在的基础,也是信托制度灵活性和适用性的产生根源,亦是理解和分析信托制度内在结构的重点和难点。唯有对信托财产权的权能特质进行一个准确的理解,才能为财政信托内部权能的研究奠定基础。当然信托财产权的相关理论是博大精深的,鉴于此,下文并不以论述上的一览无余为目标,也不会过分偏执于某一学说,而是在更加开阔的视域和思维中对信托财产权承载的实践理性予以分析,①期冀得出关于信托财产权认知的共识性或者是折中性的认知。

一、信托财产权的权能结构

欲要对信托财产权的基本结构有一个比较清晰的了解,必须追溯到信托制度的诞生地英国,英国拥有适宜于信托制度生长的特殊法律土壤,从而萌发和培育了信托这种特殊的法律制度。以下将对英国信托财产权的产生脉络和基本结构进行一个基础性的梳理。

(一)财产权益二元架构的历史沿革

在英美法系下,信托基于信任关系而存在,其本质不同于契约之本质,后者为普通法上的制度,前者则为衡平法上的制度。② 进一步解释之,英国存在普通法③

---

① 信托财产权制度绝不是借鉴某一个先验性的理论范式所构建出来的,而是盎格鲁—撒克逊人在漫漫的历史长河中实践选择和长期演化的结果,它把实际效用置于首要地位,携带有与生俱来的实践理性。

② 参见王志诚:《信托之基本法理》,台北,元照出版有限公司2005年版,第3页。

③ 普通法是一种普遍适用于整个王国疆域的法律,因此普通法强调的是法律的使用范围。而判例法强调的则是法律的表现形式(渊源)。在具体形态上,普通法是活的法,是直接源于纠纷解决并紧密服务于生活的法,是把实际效用置于首要地位的法,是视实践为生命的法,是实践者所创造的法。早期的普通法虽然也存在成文法的因子,但是经过数世纪的演进过程,普通法成为了以判例为主要的法律体系,判例法的形成是普通法注重实效、面向生活、注重理性的结果。关于普通法的具体形成过程,可参见[英]约翰·哈德森:《英国普通法的形成——从诺曼征服到大宪章时期英格兰的法律与社会》,刘四新译,商务印书馆2006年版。

和衡平法[①]的法律传统，信托制度即与这种法律传统相伴而生。英国的财产权益之所以具有普通法上财产权益和衡平法上财产权益的两种形态，经历了一个较长时期的沿革过程。普通法上财产权益立基于普通法下的令状（writ）制度，即权益人欲想获得普通法的保护，他必须向任何一个普通法法院（王室法院、财政法院以及民事法院）提起诉讼，诉讼的前提就是原告先行向国王购买与诉讼请求相对应的令状；后者产生于衡平法下的司法实践，由于普通法过于严苛致使当事人权益容易受到损害，英国的大法官于是在司法实践中创设了一种维护衡平正义的衡平法规则，衡平法摆脱了普通法的程式限制，它将实体置于程序之上以求获得对案件的公正判决。这套衡平法规则，在演进脉络上大体经历了从无到有、从对人权向对世权的演进过程。[②]

自普通法上财产权益和衡平法上财产权益诞生的那刻起，这种财产权益的二元架构始终存在，即使在 1873 年普通法院和衡平法院遭到合并，以及历经 1925 年英国推行一场重大的财产法改革，都未能颠覆这种二元架构，仍然保留着财产权益二元划分的基本原理和基本原则。

（二）信托中的控制主体与受益主体

作为与衡平法同步形成的制度，信托这个法律关系在创设之初，就在本质上融入了一种衡平法下的义务，即一个人（受托人）对另一个人（受益人）负有管理、处分他所控制的财产（信托财产）的义务，另一个人（受益人）则可以要求管理、处分信托财产的责任人去积极履行这份义务，并享有这个管理与处分过程中所产生或带来的利益。[③] 不难看出，这两个人在同一物上或同一财产

---

① 对于衡平法的了解，可从“衡平”一词进行了解，衡平主要包括 3 个层面的意思：第一层面的“衡平”，即公正、公道、正义，是英国衡平法所追求的终极目标；第二层面的“衡平”，即通过行政法官自由裁量权等方法来弥合个别法律规定的具体实施与公正价值之间的裂隙，也即消除个别法律规定和衡平之间的矛盾，是实现公正这一目标的具体手段；第三层面的“衡平”，即英国衡平法，则是在中世纪英格兰具体的历史背景之下，以公正为终极目标，通过大法官自由裁量权的实施而得出的最终的实践结果，普通法或普通法院与衡平法或衡平法院相并列。参见沈宗灵：《比较法总论》，北京大学出版社 1987 年版，第 172 ~ 173 页；冷霞：《英国早期衡平法概论——以大法官法院为中心》，商务印书馆 2010 年版，导言，第 3 页。

② 参见刘兵红：《英国财产权体系之源与流》，法律出版社 2014 年版，第 129 ~ 139 页。

③ 参见 Andrew Iwobi, *Essential Trusts*, 3rd ed., Cavendish Publishing Limited，武汉大学出版社 2004 年影印版，第 1 页；［英］D. J. 海顿：《信托法》，周翼、王昊译，法律出版社 2004 年版，第 6 ~ 7 页。

上都掌握着所有权的某些权利要素,正是这种二者皆掌握着所有权部分要素的特征,从而引起了信托财产所有权实质归属的论争。

于是,有学者提出,根据信托的基本观念,“信托关系将财产所有权分割为两部分:‘法律所有权’由负有管理义务的受托人享有,‘衡平所有权’由可以要求强制履行这些义务的受益人享有”。[①] 在信托制度上,英国信托法确认了衡平法上的利益(equitable interest),[②]即信托中相对于受托人利益而言的受益人利益,受托人的权限范围受到衡平法的限制。具体而言,在信托关系中,受益人享有衡平法上的所有权(又称实质所有权),而受托人只享有普通法上的所有权(又称名义所有权),也就是在同一标的物——信托财产之上,将同时存在两个权利主体——名义上的权利人和实质上的权利人。这种定位与大陆法系民法中的所有权绝对原则(一物一权原则)相迥异,而信托正是立基于这种灵活的二元划分规则,才推动了信托制度的广泛化应用和多元化发展。

二、信托受益人权利的性质

对于受益人权利的性质,不仅在英美法系中争论已久,在融入大陆法系的过程中,更因“所有权”观念的完全不同(大陆法系承袭了罗马法体系的一元所有权原则,并不存在英美法系中衡平法上所有权的传统),从而产生了对信托财产中受益人权利性质的激烈争论。[③]受益人的权利到底是针对信托财产之上的权利还是产生于信托协议之上对受托人拥有的一种请求权利,简称对

---

① Roger W. Andersen, *Understanding Trusts and Estates*, 3rd ed., LexisNexis Group, 2003, p. 83.

② 可参见英国《1925 年财产法》(Law of Property Act 1925)第 1 部分“关于普通法上的地产权、衡平法上的利益和权力的一般原则”(General Principles as to Legal Estates, Equitable Interests and Powers)。

③ 学界对受益人到底是享有债权还是物权,产生了不同类型的学说。债权学说认为受益人享有债权;物权学说认为受益人享有高于债权的权利,受益人实质是对信托财产享有权利;实质性法主体学说更是认为,受益人享有给付请求权以及对信托财产享有物权性质的权利;相对性权利转移学说则提出了对信托财产权利的内外部关系的划分,在外部关系上受托人是完全所有权人,而在内部关系上委托人则是完全所有权人……当然,所有这些学说皆因未能完全为人信服,而遭受到不同程度的批判。参见[日]中野正俊、张军建:《信托法》,中国方正出版社 2004 年版,第 18~28 页。

人性质还是对物性质的权利。围绕这一难题,许多学者都进行了不同程度的论说,下文将选择性的呈现之。

(一)对人权

围绕上述难题,英国学者梅特兰的观点影响较大。他认为,受益人未能享有真正的物权,它不是真正的所有权人,尽管信托受益人的权利在很多方面与真正作为对物权的财产性权利类似,但这种类似仅是从信托的内部特征所获得的狭隘认知。当追踪受益人权利的外部效力之时,这些权利无法对抗未曾知悉或推定未曾知悉且支付对价的善意购买人的普通法所有权。概言之,尽管受益人的权利可以对抗很多人,但不能对抗每一个人,因此受益人享有的衡平权益本质上是对人权而非对物权。①

再从具体的信托立法实践来看待这一难题的解答,日本在较早时期就制定了信托成文法,日本《信托法》(2006 年)的立法规定直接认可了受益人享有的权利是一种针对受托人拥有的债权。② 不同于日本信托立法的明确规定,我国台湾地区"信托法"的解答虽然较为隐晦,③但仍然认可了信托受益人享有的是对受托人的债权。④ 而从德国和法国的信托法来看:德国虽未对信托进行专门性规定,但是德国将信托理解为"某人受委托为他人利益或客观目的而处分物或权利";⑤法国 2007 年通过《信托法案》,信托是以法国民法债

---

① 参见 F. W. Maitland, *Equity also the Forms of Action at Common Law: Two Course of Lectures*, edited by A. H. Chaytor and W. J. Whittaker, Cambridge University Press, 1910, pp. 112 - 121;[英]F. W. 梅特兰著:《国家、信托与法人》,樊安译,北京大学出版社 2008 年版,第 115 页。

② 日本《信托法》(2006 年)第 2 条第 7 款规定:"本法所称'受益权',是指基于信托行为,受托人对受益人承担之债务,也是根据本法之规定,为确保对受托人及其他人请求实施信托财产项下之财产的交付和行使与信托财产相关的其他给付债权(下称'受益债权')的一定行为的权利。"

③ 我国台湾地区"信托法"第 1 条规定:"称信托者,谓委托人将财产权移转或为其他处分,使受托人依信托本旨,为受益人之利益或为特定之目的,管理或处分信托财产之关系。"

④ 我国台湾地区信托的重点构成要素为两项:一是信托财产的移转;二是信托财产的管理。从前者来看,信托具有物权的效力,从后者来看,信托具有债权的效力,似乎信托是物权的效果与债权的效果的有机结合。但在本质上,信托财产完全权限的移转,仍受到内部债权性的约束,受托人所负的管理义务仅是一种债务,理论上受托人对违反信托目的的不当管理或处分的行为仅负债务不履行的责任。参见王志诚:《信托法》(增订三版),台北,五南图书出版股份有限公司 2006 年版,第 39 ~41 页。

⑤ 参见孙静:《德国信托法探析》,载《比较法研究》2004 年第 1 期。

法的基本精神作为信托运作的基础，选择了信托债权化的道路。[1] 因此，德国和法国都将受益人的权利认定为一种对人性质的债权。综上，在大陆法系的立法实践上，倾向于将受益人的权利性质定位为一种允诺性质的债权，即受益人拥有对管理和处分信托财产权利人的请求权。

（二）对物权

将信托受益人的权利定位为一种对物权，即认为受益人拥有的是能对信托财产主张受益（或收益请求）的权利，这种受益权是一种对物性质的权利。根据英美法系下信托财产的双重所有权理论：受托人享有的是信托所有权，虽然受托人在名义上拥有所有权人的称号，但是不能在信托财产的管理与处分中获得任何利益，受托人担当的仅是相当于负有对他人财产具有管理与处分义务的代理人——一个法定性质的代理人，那么受托人实质上就不是真正的所有权人；受益人享有的是受益所有权，一般来说，受益人可以基于信托关系而拥有一种对抗性的、对人性质的并要求受托人承担受托责任或履行受托义务的权利。但是受益人实质享有的权利远非如此，受益人不仅能获得信托财产的实质性利益，而且在名义上享有受益所有权，既然受托人又不是实质意义上的所有权人，那么受益人才是真正的信托财产的所有权人，这个所有权人拥有对信托财产主张实质性受益的权利，即对物性质的权利。

对于主张受益人权利，在性质是一种对物权的具体论证，英国学者奥斯丁·W.斯科特（Austin Wakeman Scott）进行的论证一直以来是最具代表性、经典性、影响性的论证。他主张，受益人作为享有衡平法上信托财产的受益所有权，这个权利除了能单独对抗信托关系中的受托人，还是一种对世性质的要求其他人（除了受托人之外的其他人）都要尽可能地尊重其对信托财产所享有的受益所有权，受益人在很大范围内都能基于这种受益所有权而对不当处理信托财产（违背信托目的而处分信托财产）的行为予以制止或否定。而受托人之所以享有信托财产名义上的所有权，仅是因为他承担着一种为了受益人的信托目的而拥有信托财产的管理权与处分权。当受益人的受益权需要得到衡平法院的保护之时，在衡平法下受益人将被认定为对信托财产享有实质

---

[1] 参见李世刚：《论〈法国民法典〉对罗马法信托概念的引入》，载《中国社会科学》2009年第4期。

性权利、对信托财产拥有真正利益的所有权人。①

(三)小结

通过上述分析,不难得知信托制度在融入大陆法系的过程中,在有关信托财产权归属问题的研究上可谓是百家争鸣。上文虽然列举了许多种论述,但研究意图绝非是要介入这场争鸣之中,而是希望从这场论争中得出某种反思。信托的广泛发展和强大活力,使英美法系和大陆法系的信托财产所有权正在消除结构方面的差异,走向一种趋同性的信托财产所有权。② 也就是说,信托这种特殊的所有权结构,逐渐放弃了严格区分对人权和对物权、物权法和债法的意愿。英国法自身也仅认为受托人和受益人均以不同方式拥有信托财产权益,准确地说,两者均不是大陆法系所有权概念下的真正所有权。因此,要区分信托财产到底为何人所有,受益权究竟为物权还是债权,实属难以回答,也无争辩之必要。③

三、信托财产权的权能价值

冷静地看待这场论争,滥觞于英国的信托制度,与英国普通法和衡平法相伴成长、相伴成熟。在这种潜移默化之中,它不仅蕴含了普通法的实践理性因子,使信托制度具有强大的灵活性和适应性,而且承继了衡平法的价值理性成分,使信托制度保持一个"正义、良心和公正"的品性。以下将对此予以具体解析。

(一)信托的工具价值——财产控制与财产受益的相分离

在前述分析中可知财产法研究大师劳森和拉登,将所有权的主要内容归类为3种——使用权、处分权以及收益权,这种归类也是罗马法系下许多国家都普遍认同的一种经典理论。④ 但是通过上述对信托财产权的权能结构和受益人权利性质的解析,不难发现这种所谓的经典所有权理论是多么的顽固与

① See Austin Wakeman Scott, "The Nature of the Rights of the Cestui Que Trust", *Columbia Law Review*, *Vol.* 17, 1917, pp. 269, 290. 转引自陈颐:《英美信托法的现代化:19世纪英美信托法的初步考察》,上海人民出版社2013年版,第88~89页。

② 参见张淳:《信托法哲学初论》,法律出版社2014年版,第190~194页。

③ 参见谢哲胜:《信托之起源与发展》,载《国立台湾中正大学法学集刊》2000年第3卷。

④ 参见周枏:《罗马法原论》,商务印书馆1994年版,第324页。

肤浅。[①] 大陆法系因长期固守一元化的所有权理论,阻碍了财产权内部结构的进一步调整和优化,而在引入英美法系的信托制度之后,虽然在融入过程出现了一些难题,但是它为我们带来了深刻启示:对于财产权中纷繁复杂的组成要素来说,往往成为其“最有益的东西”(收益的享有或称受益权)并不依赖于财产所有权人个人的选择,“最有益的东西”可以在符合规范要义的情形下得到适当性的分离。申言之,如何在不失去理性的前提下,通过巧妙的制度设计来实现最优化的选择,才是财产所有权结构的优化方向。信托制度正是这样一种巧妙的安排,它恰恰是一项允许他人进行最优选择的制度结构,它也为财产权中“最有益的东西”的分离带来了便利。

进言之,信托所带给我们的经典认知并不在于普通法所有权和衡平法所有权的分野,[②]而是信托促使了财产权益的合理分化,分化为财产权益的控制主体和财产权益的受益主体。[③] 但是,根据罗马法系下的财产所有权理论,在严格所有权意义上,信托的受托人和受益人都不过是享有所有权的部分权利要素,皆不能真正拥有对信托财产的所有权。[④] 通过信托的设立,信托财产的内部权利在规范结构上实现了“财产控制”和“财产受益”的相分离,信托存在的魅力或称存在的基础也就在于它的财产性特性和为了受益人权益而分割控制与受益的性质。[⑤] 概言之,信托为财产权所带来的最大工具价值就是实现了财产控制与财产受益的合理分离。

(二)信托的目的价值——财富控制与财富增长的相融合

随着财产社会化理论的兴起——财产权存在之目的,不仅为了个体利益,

---

① 参见[法]勒内·达维德:《当代主要法律体系》,漆竹生译,上海译文出版社1984年版,第331页。

② 当然也有学者认为:“信托并不存在所有权的分割,将受益人的衡平法上的所有权按照民法传统的所有权理解是完全不恰当的。受益人的这一权利仅仅是对应于受托人的权利,分割财产的所有权,在同一时间上有两个不同的所有人的观点是对信托的误解。”张天民:《失去衡平法的信托——信托观念的扩张与中国〈信托法〉的机遇和调整》,中信出版社2004年版,前言,第29页。

③ See Michael Milo, “Principles of European Trust Law”, *European Review of Private Law* 3, 2000, p.533.

④ 参见[英]F. H. 劳森、B. 拉登著:《财产法》,施天涛、梅慎实、孔祥俊译,中国大百科全书出版社1998年版,第100页。

⑤ See Kent D. Schenkel, “Trust Law and the Title-Split: A Beneficial Perspective”, *University of Missouri-Kansas City Law Review* 78, 2009, p.213.

还应同时顾及社会利益。[①] 换言之，财产除了是一种控制性的权利，它更应是一种增长性的权利，[②]这就促使财产权设计的重心从重视"拥有"到强调"利用"、从尊重"所有"到强调"利用"的范式转变，唯有此才能发挥财产存在的社会意义。[③] 进言之，现代财产权是个体性质和社会性质互相平衡的产物。现代财产权存在的正当性不仅要保障社会个体实现对自我财富的合理控制，即防止个体的财产权利受到非法侵犯，而且要实现社会整体的公平正义和共同幸福，即通过加快对物质资料开发与利用、流通与转换，来促进社会物质财富总量的增加，只有实现社会物质资料的极大丰富，才有可能使每一个社会个体真正过上一种体面的生活。也就是说，如何才能实现财富控制与财富增长之间的平衡，这是现代财产权应认真对待的内容。

信托是一种构建于在信义关系基础上的一套合理的适用规则，这套适用规则使原本处于一种混沌状态的财产权内在结构，合理地实现了财产控制与财产受益的有机分离，从而满足了财产权体系中个体要素和社会要素各自不同的理性主张，进而极大地增强了财产的流通性与转换性，[④]促进了社会财富总价值的快速增长。这就是信托存在的目的价值，它有力地维护了个体价值和社会价值之间的平衡。

第三节 财政信托的法权能分离

从前述分析可知，财产权的权能结构在社会发展中可被分解为财产权的

---

① "至于所有权，在近代法律内，不复为持有财富者对于财富享有之不可触摸而绝对的权利了。他是这样，他应该是这样，他是社会之伟大与荣盛的必要条件……所有权不是一种权利，而为一种社会职务。所有主，换言之就是财富的持有者，因持有该财富的事实，而有完成社会职务的义务。"[法]莱昂·狄骥：《〈拿破仑法典〉以来私法的普通变迁》，徐砥平译，中国政法大学出版社2003年版，第21页。

② [美]克里斯特曼：《财产的神话：走向平等主义的所有权理论》，张绍宗译，广西师范大学出版社2004年版，导言，第1页。

③ 参见易继明：《财产权的三维价值——论财产之于人生的幸福》，载《法学研究》2011年第4期。

④ 这种转换与流通正如劳森、冉得之言，"任何物都可以被视为一定数目的财富的表现形式。法律赋予这种财富最为现代的角色：它们是一批完全可以相互替换的财产，隶属于一个永不停息的钱与物的互换机制中"。[英]F. H. 劳森、伯纳德·冉得：《英国财产法导论》，曹培译，法律出版社2009年版，第184页。

控制和财产权的收益的两个部分,这样更加符合社会正义和持续发展的需求。而信托制度则正是实现财产控制权能和财产受益权能相分离的合理工具。因此,传统的财产所有权人在这种社会化的大趋势下虽然在名义上可能丧失了对自己财产的占有、使用以及处分的权能,但是通过信托这个工具所有权人依然能够在财产的不断交换或循环转换后安全地获取财产的收益,这就是财产权理论走向社会化的过程中信托的最大魅力与价值。申言之,深刻反思现代财政法这种法律现象的出现,它恰恰诞生在这种财产权社会化的过程中。财产权社会化存在两种要求:一是财产权的收益应能够形成一种趋近平等主义、公平主义上的享有,这是财产权社会化的前件;二是财产权的价值应能够被快速转化或转换为可供人民享有的实际利益,即实现财产使用价值与交换价值之间的循环转变,这是财产权社会化的后件。概言之,如果说财产权社会化的前件强调的是财产权的公平价值,那么财产权社会化的后件强调的是财产权的效率价值,二者之间公平优先于效率。

现代财政法作为财产权社会化下的产物,它同时秉承了财产权社会化的公平价值和效率价值,但是更加强调公平价值。紧接着的问题是,到底如何才能完成或实现财产权社会化的两个任务?信托这个优良工具的出现,成了财产权社会化过程中的保驾者与护航者,成了财政法下公共财产的控制与受益之间微妙边界的捍卫者。在公共财产不断流转与快速流动的过程中,对于公共财产的控制权能与受益权能的互相分离,只有充分利用信托理念来打造政府这个受托平台,明确政府的受托人地位,强调政府作为受托人应承担的受托义务与责任,才能真正保障公共财产的受益权能最终归广大人民群众所享有,这样才能真正符合现代财政法产生和发展的根本要求。

一、财政信托功能区域的厘定

法社会学家庞德认为,当我们认知到法律是一种正义性法律之时,法律制度也将是这样一种制度——"一种关系的调整和行为的安排,它能使生活物资和满足人类对享有某些东西和做某些事情的各种要求的手段,能在最少阻碍和浪费的条件下尽可能多地给以满足"。[①] 财政法作为致力于实现分配正

① ［美］罗斯科·庞德:《通过法律的社会控制》,沈宗灵译,商务印书馆2010年版,第39页。

义的法律,它正是这样一种制度,财政法以社会这个整体所期待满足的要求、愿望或需要(统称为利益)作为出发点和归宿点。只要是在财政法承认的限度范围内,都是财政法永不懈怠、努力作用的领域,这就是财政信托的功能区域。

具体而言,财政信托的功能区域,即财政法作用的领域或方向,这块领域也是委托人所托付的领域。大体上,财政信托的功能区域,是指国民或辖区内的居民普遍需要但是市场主体不得、不能或不愿提供之公共服务的领域。[①]究其之因,由于财政法是一种与市场经济相适应的基本法律,它以承认市场经济为前提,基于市场的内在缺陷而产生。通常只有市场实在无力解决的问题[②]才会借助财政的帮助,只有依靠公共财政的强大力量,才能快速有效地治愈市场缺陷和保障市场的正常运行。[③] 财政信托的功能区域既可以被描述为无法通过市场手段满足的社会公共领域,[④]也可以被称为一种市场主体所必

---

① 这里所谓市场不得提供之服务,如国防;不能提供之服务,例如需以公权力为基础之服务,如都市计划、土地、营建及交通之管理;不愿提供之服务,如具有外溢效果之服务,防灾、救灾、路灯等各种公共建设。当然,这种区分的界限是变动的,可能因时地之不同而有不同的认识与判断,它必须就个别事项进行实证研究方能得出比较具体的认识与判断。该认识与判断最后将决定受益人所能享有的公共服务以及受托人所能获得的财政规模。参见黄茂荣:《法学方法与现代税法》,北京大学出版社2011年版,第3页。

② 市场失效的领域或事项也是一个不断扩展的,起初只是狭义的市场失灵,即公共产品、外部效应、自然垄断、信息不完全;其后扩展到收入分配不公平。萨缪尔森对此予以了精彩论述:"我们所学的关于看不见的手的最早成果之一是,它们是有效率的,但是它对公正或平等却是盲目的。人们最终是富还是穷部分地依赖他们从父母那里继承的财富或努力的大小,依赖他们所能提供劳务的市场价格,还依赖他们钻井或击球的运气。没有理由认为收入分配应该产生于自由放任,达尔文式的竞争会被认为是一个国民收入这张饼作出公正或平等分割的方式。"[美]保罗·A.萨缪尔森、威廉·D.诺德豪斯:《经济学》(下),高鸿业译,中国发展出版社1992年版,第173~174页。再后来,增加了经济社会的不稳定,包括经济的不确定波动、宏观经济失衡等。

③ 考量到市场经济的效率,有人可能会问:既然市场的看不见的手可以如此好地发挥作用,为什么还需要能为公共利益服务的政府呢?原因有三:首先,假如没有一定的政府活动来保护从事生产和交换的人们的权利,那么市场机制就完全无法发挥作用;其次,政府可能从事一些比市场更有效的经济活动,从效率的角度看,政府事实上也应该介入这些活动;最后,市场在资源配置方面有可能对有些人采取某些通常被认为是不公平的方式,这就需要政府根据公平原则来实施一些计划,为那些最不幸的人们提供帮助。参见[美]林德尔·G.霍尔库姆:《公共经济学:政府在国家经济中的作用》,顾建光译,中国人民大学出版社2012年版,第26页。

④ 当然,如果一国的经济发展尚处于向市场化转轨的阶段,那么财政法还应承担培育市场机制的功能,这些都是财政法经济性产生的根源。

需或急需的公共领域。

申言之,财政信托的功能领域是有限制的,它以市场本身作为衡量基准,凡是因为市场失灵而无法提供但是又为市场所需的公共产品或公共服务的领域,①才需要通过财政受托人这个外在力量的介入与作用,允许介入与作用的范围即为财政信托的功能区域。超出或者跨越这个功能区域,财政信托的受托人就不应发挥作用,也不应予以干涉,这属于市场的自治区域,这块自治区域应成为财政信托的功能性禁区。概言之,由于财政信托的功能领域并非固定不变的,那么在这种动态活动中财政信托的受托人只有严格自律、严格要求,当需要其发挥作用之时绝不能消极对待而出现缺位,当然也不能过于积极而产生越位,②亦不应在财政信托功能领域的变动过程中出现恣意滥权的现象,服从和服务于市场所需、公共所需才是财政信托的功能领域,也是财政信托受托人应担负的义务。

二、公共财产所有权的权能特征

财政法作为一种理财之法,理财中"财"即称为公共财产,它是财政信托关系的核心范畴。财政信托孕育于现代公共财政的土壤,信托理念只适合于解释和考察现代财政法现象,也只适用于分析公共财产所有权的权能结构。相对于私有财产而言,公共财产除了在消费性质上具有不同于私有财产的非排除性、非竞争性以及等量消费性,而且在所有权的权能结构上也迥异于私有财产权。③

对于国家财政,如果在法律外观上看待它的归属,国家财政这种财产形态属于国家所有,甚至可以说是归属于国家的"私产"。从普通民众视角来看待

---

① 参见张馨:《公共财政论纲》,经济科学出版社 1999 年版,第 46 ~ 50 页;熊伟:《财政法基本问题》,北京大学出版社 2012 年版,第 1 页。

② 我们必须要认识到,在市场可能出现失灵之时,政府过分注重以公共部门活动代替市场,将太多的精力集中在为使结果公平、收入分配均等而进行的收入调整上,却没有尽力避免市场失灵。在很多情况下,市场之所以失灵,是因为政府放任这些市场形成了导致市场失灵的环境。政府应当集中精力避免市场失灵,而不是在事后对市场进行修补或纠正。以上应成为受托人政府在发挥受托职能之时需认真对待的根本原则。参见[美]维托·坦茨:《政府与市场——变革中的政府职能》,王宇等译,商务印书馆 2014 年版,第 351 页。

③ 参见[日]神野直彦:《财政学——财政现象的实体化分析》,彭曦等译,南京大学出版社 2012 年版,第 54 页。

它,国家掌握和决定了这种财产分配的归宿与命运。例如,在国家性质的财政转变成公共性质的财政之前,由于我国计划经济时期中市场的力量极其弱小,政府的力量几乎成为了社会资源分配的唯一主体,在这种国家财政①包揽一切经济资源分配的状况下,产生上述认知也是符合时宜的。

但是,随着公共财政时代的到来,我们需要从更深层次来深化对公共财产的剖析,所得出的公共财产认知也是恰恰相反的。如果在法律实质上看待公共财产的最终归属,公共财产具有鲜明的公共性,它不是国家的一种"私产",公共财产所具有的非营利性,明确隔断了国家主体对公共财产的利益占有与享有。在公共性的强烈要求下,公共财产的最终利益归属于市场活动的所有主体,或者说公共财产最终服务于所有市场活动主体的根本利益。每个市场主体皆可平等地享有公共财产的最终利益。同时,再从实质层面上考究公共财产分配决策中的权力归属,所有的市场主体本身(包括企业和个人)是公共财产分配的最终主导者和决策者,即公共财产的最终归宿是由广大人民群众决定的,而并不是从外表所看到的假象——政府自身掌握着公共财产的分配命运,人民主体本身始终在公共财产的分配权或决策权体系中占据着最高地位。

申言之,如果按照前述对财产所有权的一般法理解释,来分析公共财产所有权的权能特征:从法律名义来看,政府拥有对公共财产的占有、使用以及处分等权能,即政府拥有着对公共财产的控制性权能。但是公共财产的收益最终却归广大人民群众享有,即人民拥有着对公共财产的受益性权能。② 对比私有财产所有权的权能归属,虽然在财产权社会化背景下,它也产生了控制性

---

① 例如,苏联财政法认为,国家财政既包括集中性的国家财政又包括非集中性的部门财务。参见李建英编译:《苏联财政法》,中国财政经济出版社 1985 年版,第 6 页。预算、税收、信贷、保险以及国有企业和组织的财务等结合起来构成统一的社会主义财政体系。参见[苏]M. A. 古尔维奇:《苏维埃财政法》,刘家辉译,中国人民大学出版社 1956 年版,第 13 页。

② 值得指出的是,公共财产所有权的权能特征也不同于公物所有权。公物所有权作为一种混合所有权,包含公法权利与私法权利:前者称之为公共地役权,服务于特定公共利益,由作为公法物主的行政主体或公众行使,保障的是行政机关执行公务所必要的资源的控制权或者每个公民最低限度自由和自主所必需的资源的控制权;后者服务于供役人的私人利益,属于追求收入最大化的收入所有权的范围,由作为私法物主的原始财产所有权行使,当与公物的公共目的不一致时,公共地役权优先于私法权利并排挤私法权利。参见肖泽晟:《公物法研究》,法律出版社 2009 年版,第 129 页。

权能与受益性权能相分别的要求,而所有权人本身未能掌握财产的控制性权能,但是受益性权能始终是归于私有财产的所有权人。以上就是在所有权的权能角度上,公共财产的所有权与私有财产的所有权的最大不同。

三、财政信托财产权的二元权能

通过上述的初步分析可知,公共财产所有权的权能是一种二元分离与二元归属的形式。如果按照信托财产所有权的理论来解释这种二元属性,财政信托财产所有权的二元属性表现得更为合理。根据财政法律关系的内涵,如果财政信托关系一旦设定,那就意味着政府(受托人)虽取得公共财产(信托财产)之名义所有权,但并不能享有公共财产权的全部权能,而必须根据财政性法律和财政预算案中所设定的支出目的(信托目的),为了广大人民群众(受益人)的利益而管理或处分公共财产(信托财产)。相应地,广大人民群众(受益人)虽享有在管理与处分财政信托财产(公共财产)中所产生的利益——一种实质性利益,却又无法以直接的名义行使管理和处分财政信托财产(公共财产)的权利,也即不能对信托财产享有名义上的管理权与处分权,而只能享有财政信托财产(公共财产)的受益权——一种实质性所有权。因此,财政信托融合了财产权制度和信托法制度的双重性质,无论在外观形式上还是在内在特征上,财政信托财产所有权都体现出控制权能和受益权能的相分离。

(一)财政信托的控制权能

财政信托财产权的控制强调的是政府作为受托人所负有的管理、[1]处分财政信托财产的义务,或者说财政信托的受托人对信托财产所掌握一种支配[2]性

① 管理权系对应于近代所有权与管理权分化之现象,以权利行使的让渡或权利行使的权限,由权利概念中逐渐分化而成的一种概念,使财产主体以外者的行为在约束财产主体上成立一种可能的手段,从而营造了扩充财产主体私法自治的功能。参见[日]三菱日联信托银行编著:《信托法务与实务》,张军建译,中国财政经济出版社2010年版,第64页。

② “支配是行为、命令、制止的权力。”因此,支配更带有一种强制性的公法色彩。参见[美]斯蒂芬·芒泽:《财产理论》,彭诚信译,北京大学出版社2006年版,第79页。

权利。[1] 具体而言,财政信托的受托人享有的权利实质上是委托人为了实现其信托目的而托付受托人行动的能力,[2]这种权利既是一种积极权利(意指控制和掌握)又是一种消极权利(意指获求他人准许和依赖他人给予)。只要是符合实现信托目的之限度,财政信托的受托人就拥有了处理公共财产事务的系列权利,也即拥有了形式上具有合法性的财政权,受托人可以依法行使该权利获取、管理、处分财政信托财产。反之,如果受托人对财政权的行使不在信托目的所托付的限度内,受托人就没有行使财政权的合理性和正当性,财政信托的信托财产不能被恣意使用、低效管理、无权处分。

对于财政信托财产权的控制性,已有学者从公共财产权控制的角度进行了适当探讨。概言之,通过将信托财产的控制权划分为3个环节:一是信托财产的取得,对应于政府财政收入过程;二是信托财产的用益,对应于政府财政管理过程;三是信托财产的处分,对应于政府财政支出的过程。[3] 对于信托财产的获取,这是控制性的前奏,借委托人将其私人财产移转给受托人,从而转化为信托财产,此时应严加约束并研判信托财产取得的正当性与合法性,例如,通过征税的方式获取信托财产的行为必须符合量能负担、过度禁止以及经济性原则等,严禁对委托人的私有财产进行随意挤占、侵犯和剥夺;对于信托财产用益的管理,这是控制性的基础,借严格要求受托人尽到善良管理人的勤勉义务和注意义务,对信托财产的管理应遵照公开透明、分离管理以及忠实谨慎的要求,强化国库集中收付制度;对于信托财产权益的处分,这是控制性的中枢,借严格按照预算案中所赋予的支出权限进行具体的支出,信托财产的处

---

① 对于财政信托财产权控制的内涵,我国学者方新军提出的对权利本质分析值得借鉴。他认为,权利主体的自由意志是权利的内在实质要素,自由意志的表现形式就是权利的内容之所在,对自由意志的分析就是对权利本身的分析。我们根据自由意志表现的强弱程度,将其大致区分为支配力、请求力、形成力和抗辩力等,与这种自由意志的区分相对应,权利也就相应地区分为支配权、请求权、形成权和抗辩力等。参见方新军:《权利客体论——历史和逻辑的双重视角》,中国政法大学出版社2012年版,第156页。

② 中世纪法国学者让·热尔松(Jean Gerson)首次在其著作《论灵魂的精神生活》中用能力来解释权利,他提出"权利是一种处分性的权力或能力,属于某人并符合正当理性的命令"。J. Gerson, *Oeuvres Complètes*, 3rd ed. ,P. Glorieux, 1962, p. 141。转引自[美]理查德·塔克:《自然权利诸理论:起源与发展》,杨利敏、朱圣刚译,吉林出版集团有限责任公司2014年版,第36~37页。

③ 参见刘剑文:《公共财产权的概念及其法治逻辑》,载《中国社会科学》2014年第8期。

分应遵循勤俭节约、禁止超支、禁止挪用、讲究绩效的基本原则，并要对信托财产的处分结果建立规范、严格、明确、有效的审计规则和决算规则。

（二）财政信托的受益权能

财政信托是为实现受益人（人民）的利益而存在一种理财制度，通过对信托财产权的内部权能进行分割，受益人（人民）获得了一种来自信托财产的价值转换的利益，这种受益性既是受益人依靠信托财产（公共财产）所能获得和享受的利益，也是人们基于财政信托受益人的身份地位所能被满足的社会公共需要。同时，财政信托中的受益主要是针对受托人（政府）应积极作为的义务，受托人必须为信托目的的实现提供一定的服务或给付，所给付的内容主要为受托人应该提供的公共产品或公共服务等。因此，这种所针对的受托人应积极作为的义务，其实体现的也是一种类同于“社会法治国”①的理念。当然，财政信托受托人予以给付的范围也不能过大，否则将反向侵犯或过分剥夺人民的私有财产受益。② 受益人所能获得的给付对象与范围，一般都在财政信托协议中进行了明确的规定和具体的安排，从而保障受益人在获得给付的同时也能抑制过剩给付的冲动。

基于此，为准确地厘定财政信托的受益范围，需要与一些已经存在的学理概念进行比较分析。在行政法的研究中，存在一个给付行政的概念，它是与侵害行政或称规制行政相提并论的，它是对传统行政法体系进行反思的结果。那么财政信托中这种受益人所能享有的利益范围是否与行政给付内容相同

---

① 从理论基础来看，社会法治国以调整事实上社会不平等为已任，它以促成宪法状态上基本权利之实现为目的。因此，社会法治国为提供国民社会生活最低限额之直接保障，提供社会保险、社会救助等以保障国民之生存权。社会福利给付的内容，依性质分类：有租税福利给付（如减税或免税福利）、职业福利给付（如职业保险与退休给付）以及社会性社会给付（一般所谓社会福利给付）。参见葛克昌：《国家学与国家法：社会国、租税国与法治国理念》，台北，月旦出版社1996年版，第56～61页。

② 或由于“财政幻觉”和信息不完备，或因为受到官方宣传以及公务员工会的影响，越来越多的人相信，扩大政府职能是有益无害的，扩大政府职能能够提高社会福利水平，否则，大多数人就有可能生活在贫困之中。显然，社会公众只看到了政府支出所带来的好处，却没有意识到政府支出的成本——正是他们所缴纳的高额税费为这些公共计划提供了资金。与此同时，政府的公共债务也与日俱增，同时还忽略了与这些公共计划相伴的各种低效率问题。参见［美］维托·坦茨：《政府与市场——变革中的政府职能》，王宇等译，商务印书馆2014年版，第11页。

呢？在我国学者的研究中，广义层面上行政给付内容①与财政信托收益内容较为类似。但是能否完全等同于行政给付之内容，需要予以进一步探讨。行政法上的给付行政最初是基于生存保障或照顾的理论而提出的，②而财政法乃是基于根治市场失灵理论（广义的市场失灵）而提出的，这是二者理论基础之不同。从具体内容来看，不同国家学者对行政给付的分类存在一定差别：例如，德国学者归类的行政给付类型包括基础设施行政（为全体或若干社会成员提供政策性给付的设施和措施）、担保给付行政（为了实现共同福祉，以管制、参与或者监督等形式为设施建设提供各种保障）、社会行政（为共同体成员个人提供预防性的生存保险）、促进行政（为了实现特定的商业、经济、社会、环境或者文化的政策目标，采取措施改善特定生活领域的结构）、信息行政（通过提供设施、数据和其他知识促进或者简化交流、行政活动和决策过程，提高行政的透明度）5 项分类。③ 对于这 5 项分类，德国行政法学者平特纳提出了进一步的归类，给付行政所供给的内容，可以被划分为两类：一种是金钱给付，主要指提供的社会救助和经济补助；另一种是事实给付，主要指提供的公用设施和公共用物。④ 而在日本行政法学界的讨论中，日本学者南博方认为，给付行政主要有供给行政（为了公共目的而必不可少的所必须提供的公共服务）、社会保障行政（为了国民能够过上最低限度的健康与文化的生活而由国家或公共团体进行的给付活动）和资助行政（行政主体为了国民经济

---

① 我国学者将行政给付分为广义与狭义两种。广义的行政给付也被称为给付行政，包括供给行政、社会保障行政和财政资助行政。（参见姜明安主编：《行政法与行政诉讼法》，北京大学出版社、高等教育出版社 2005 年版，第 272 页）狭义的行政给付也被称为行政物质帮助，是指行政机关对公民在年老、疾病或者丧失劳动能力等情况或其他特殊情况下，行政机关依法给付物质权益的救助。参见罗豪才主编：《行政法学》，北京大学出版社 1996 年版，第 242 页。

② 德国公法法学者福斯多夫基从生存照顾这个理论推衍出行政应承担的给付行政义务。他认为，“生存照顾之概念，除了所谓‘古典的’公共事业（水、电、瓦斯等）外，还包括其他生活相关之事项，然而此事项亦非只是所谓之‘生命事项’——亦即衣、食、住、电气、暖气等维持生命所必需者——且及于其他配合最低生活标准所需之事项”。陈新民：《公法学札记》，中国政法大学出版社 2001 年版，第 84 页。

③ 参见［德］汉斯·J. 沃尔夫、奥托·巴霍夫、罗尔夫·施托贝尔：《行政法》（第 1 卷），高家伟译，商务印书馆 2002 年版，第 31～33 页。

④ 参见［德］平特纳：《德国普通行政法》，朱林译，中国政法大学出版社 1999 年版，第 163～164页。

的稳定，而对私人及其企业提供资金及其他财产性利益）3 种类型。①

从上述列举的给付行政内容来看，给付行政内容的种类繁多，但是并未达到财政法中的公共产品范畴。但是，不难看出的是给付行政的内容已经超越了“生存照顾”的给付范围。有学者通过研究同样提出，给付行政已由单纯的“生存”照顾扩张到“发展”照顾甚至是“享有”照顾与“侵略”照顾的阶段。②也有学者通过考察我国给付行政，认为我国的给付行政在更加侧重经济发展的基础上如何实现社会公平与分配正义的问题。③ 更有学者全面总结道：行政给付的基本功能包括社会性功能（反贫困和消除社会排斥）、经济性功能（利益分配和促进经济发展）、政治性功能（维护社会稳定和重建合法性），以及法治性功能（维系社会公平和正义）4 个维度。④ 因此，在学理上，无论是发达国家学者对给付行政内容的探讨还是我国学者对给付行政的分析，都未能超过财政法中的公共产品范围，即财政信托中的受益范围大于给付行政的范围。但是，随着给付行政理论的日渐发展和给付行政范围的不断拓宽，也许财政信托的受益范围将与给付行政的给付范围走向某种重合。

第四节　小　　结

“财政信托的法权能厘定”是为了深化对财政信托内部结构的认知，这是财政信托问题研究的关键点。财政信托的内部结构与财产所有权和信托财产所有权的权能构成紧密相关。对于财产所有权来说，财产的使用权、处分权以及收益权是所有权的核心范畴。如何强化对财产的利用是财产权存在的自然基础，如何明晰财产权的收益权能是财产权存在的社会基础。在生产关系的不断变迁中，财产权的权能结构得到进化：财产控制权能和收益权能的互相分割，才更加符合社会平等主义的要求。对于信托财产所有权，它实现了信托财

---

① 参见［日］南博方：《行政法》（第 6 版），杨建顺译，中国人民大学出版社 2009 年版，第 32～33 页；［日］大桥洋一：《行政法学的结构性变革》，吕艳滨译，中国人民大学出版社 2008 年版，第 167～168 页。

② 参见李国兴：《超越“生存照顾”的给付行政——论给付行政的发展及对传统行政法理论的挑战》，载《中外法学》2009 年第 6 期。

③ 参见胡敏洁：《给付行政范畴的中国生成》，载《中国法学》2013 年第 2 期。

④ 参见喻少如：《行政给付制度研究》，人民出版社 2011 年版，第 40～52 页。

产控制与财产受益的完美分离，达到了财富控制与财富增长的相互融合。再行解析公共财产所有权的权能特征：政府只是在法律名义上拥有对公共财产的控制权能，公共财产的受益权能实质上归广大人民群众享有。信托的最大魅力就是在财产权的控制权能与受益权能出现分离时，它成为了控制权能与受益权能之间微妙边界的捍卫者。因此，认真厘定财政信托的法权能结构：政府作为受托人角色而负有管理、处分公共财产的义务，人民作为受益人身份而享有公共财产利益的权利，即是一种控制权能与受益权能相分离的二元模式。

第四章 财政信托的法范式革新

财政信托是一种对财政法进行理解的新思想、新逻辑，它强烈要求基于信托原理而存在的财政法，必须以信托目的所指向的受益人（广大人民群众）的利益为根本目的。这种强烈的受益指向性，将对当前处于主流地位的财政法研究范式提出一系列的挑战。因为按照财政信托的基本原理，享受信托受益权的受益人有权针对信托财产（公共财产）主张受益权利，或有权针对受托人（政府）提起请求获得利益给付的权利。而无论是前者所指的一种物权性质的权利，还是后者所称的一种债权性质的权利，都是财政信托规范建构中必须认真对待的权利。立足于财政信托财产所有权的二元权能，如何才能将受益人的权能有机融入财政法的理论基础之中，势必将引发财政法研究范式的转型或革新。面对这场可能出现的研究范式转变，本书将从现有的财政法研究路径出发，剖析当前研究路径存在的不足，提出财政法研究范式革新的可行性，为财政法的进一步研究和完善以及相关财政性法律的出台提供理论支撑。财政法研究范式的转型既是我国财政法学研究的重要理论问题，也是财政信托研究的理论价值之所在。

第一节 财政法研究范式的转型

范式是托马斯·库恩提出的一个认知性概念,[①]范式具有优先性,它无须规则的介入就能够指导常规科学研究,科学共同体的所有子团体都必然与所有范式共存亡。[②] 中国法学在对范式进行导入的研究中,对范式概念的具体运用存在一定争议,但本书所采用的范式概念无意于达至邓正来先生所提出的——范式是指"一种为彼此不同的理论模式或彼此冲突的理论模式所共同信奉的一整套或某种规范性信念",而是期冀在尊奉同一个逻辑前设的前提下,提出并强调一种与以往的理论模式相区别的新型理论模式。[③] 财政法研究范式所共同信奉的逻辑前设即为如何使人民的社会公共需求得到最优化满足。在信守这一个理论前设的基础上,本书将对财政法研究范式转型的原因予以一定程度的揭示与分析,以期为阐述财政法的新型研究范式奠定理论基础。

一、财政法社会功能领域的扩张

法律功能是在一定的立法目的指引下,基于其内在结构属性而与社会单位所产生有利于法律价值实现的客观后果或影响。[④] 财政法在调整财政关系的过程中,其内在权能的二元分割,使财政法在携带概念法学派所描述的法律规范功能[⑤]之余,还具有利益法学派所强调的利益确定、保障以及调整的法律

---

① 他认为某种科学成就足以称为范式,必须有两个基本特征:一方面它能空前地吸引一批坚定的拥护者,使他们脱离科学活动的其他竞争模式;另一方面它又足以无限制地为重新组成的一批实践者留下有待解决的种种问题。参见[美]托马斯·库恩:《科学革命的结构》,金吾伦、胡新和译,北京大学出版社2003年版,第9页。

② 参见[美]托马斯·库恩:《科学革命的结构》,金吾伦、胡新和译,北京大学出版社2003年版,第40~47页。

③ 参见邓正来:《中国法学向何处去——建构"中国法律理想图景"》,商务印书馆2006年版,第38~46页。

④ 参见付子堂:《法律功能论》,中国政法大学出版社1999年版,第35页。

⑤ 法的功能分为以下几种:创建功能、形式上的秩序调整功能、保持功能(物质的调整功能)、赋予功能和法律保障功能、裁判纠纷功能、满足功能、融合功能,以及创造与教育功能。参见[德]伯恩·魏德士:《法理学》,丁晓春、吴越译,法律出版社2013年版,第38~45页。

社会功能。[1] 如果以利益的总量为单位来测评财政法对人民财产与自由所产生的积极或消极影响,那么财政法的利益调控功能可以被划分为利益的减损和利益的增进,这两种划分分别对应财政法的收入与支出过程:财政收入过程对应的是人民财产与自由的合法减损、财政支出过程对应的是人民财产与自由的合法增进。前者可称为财政法的损益功能,后者可称为财政法的增益功能。对于这两种功能的研究,是同等重要的而且不能偏废。以下将具体予以分析。

(一)财政法的损益功能

作为财政收入中最为重要的存在,在宪法上,税收被视为一种"面向不特定公众强制征收的无对价金钱给付",[2]它是国家从人民手中直接拿走财产利益却又不支付任何对价的活动,也是人民为了维系国家的生存和发展做出的一种利益牺牲。尽管历史上每一位贤明的统治者无不小心谨慎地行使着这项"事关毁灭的权力",尽量使付出这种利益牺牲的人民所遭受的财产性损益降低到最低限度,但是人民在自身利益遭到公权力的合法"侵害"之时,那一根根敏感的神经在每一次的"侵害"过程中都会强烈地反映出"税收痛苦"的表情。纵然人民不会因这种具有合法性的"利益损害"行为而产生公然的抵抗,但是在每一个"被侵害者"的内心深处无不期望能尽量减轻甚至避免这种"利益侵害"的行为。

当然,财政法在本质上也无法逃脱对人民财产与自由进行"侵害"与"剥脱"的命运,只要这种"侵害"与"剥脱"不是扼杀性的、肆无忌惮的,在人民能够忍受的限度内(这种限度也即维持人民的再生利益),[3]都不会激起人民强烈和公然的反抗,人民甚至会接受在这种"合法侵害"面前平缓内心的"痛苦"情绪,并一如既往地予以认可和默认这种"侵害",财政法的损益功能也得以稳固留存并继续发展。对于这种损益功能对人类文明的重大影响,一切诚如亚当斯之言:"一旦我们征税,我们就在玩火,如果不加以适当控制和小心看

---

① 庞德认为,法律的任务并不是创造利益,而在于如何确定和保障利益。参见[美]罗斯科·庞德:《通过法律的社会控制》,沈宗灵译,商务印书馆2010年版,第41页。

② 刘剑文、熊伟:《税法基础理论》,北京大学出版社2004年版,第13页。

③ "侵益"的结果仍应保留人民适当所得及财产之用益性,在财产及职业领域上可以自由发展,亦即应保障人民享有继续营业生存发展之空间,而不得有绞杀性"侵益"之情况。参见陈清秀:《税法总论》(第7版),台北,元照出版有限公司2012年版,第14页。

护,我们就很容易烧毁我们已经创造的一切……另一方面,适当控制的税收不仅创造了伟大的国家,也给其居民带来了福祉。”①

正因财政法损益功能所产生的重大性影响,财政法学者的研究无不高度重视在发挥这项功能之时同步性地对其进行适当的控制。在税法理论的研究中,正经历着由以往完全站在“侵害者”的立场上构筑税法理论向站在“被侵害者”的立场上来重构税法理论的重大转型。如何立足于“侵害者”与“被侵害者”的共同立场,将这种对人民自由与财产权的“侵害”调适到“适当正确”的程度,“在理想现实之际,在保障民权与巩固国权之间,损益斟酌,调节至当”,②是财政法研究亟须面对的问题。

(二)财政法的授益功能

相对于财政法的损益功能给人民的财产与自由造成的消极影响,集中在财政支出方面所体现出的财政法的授益功能无疑具有积极性。正因这种积极影响,财政法的授益功能长期被排除在财政法的传统研究视野之内,这种授益功能多由财政支出主体自由裁量决定,成了财政支出主体的自留地。③ 但是,财政法研究的核心问题始终是如何最优化地满足社会的公共需求,而这种满足又必须通过发挥财政法的授益功能才能实现。于是,这种授益功能的凸显又与财政支出活动的大量出现紧密相关。当财政支出的数量与范围还比较小的时候,财政法的授益功能只是处于一种隐而不彰的状态。然而随着民生主义和福利主义的盛行,近代国家社会职能快速扩张,法治国家的类型逐渐由自由主义法治国转向现代福利法治国,④财政法开始以一种积极的态度来参与

---

① [美]查尔斯·亚当斯:《善与恶——税收在文明进程中的影响》,翟继光译,中国政法大学出版社2013年版,第5页。

② 葛克昌:《税法基本问题——财政宪法篇》(第2版),台北,元照出版有限公司2005年版,第154页。

③ 参见蔡茂寅:《财政作用之权力性与公共性——兼论建立财政法学之必要性》,载《台湾大学法学论丛》1996年第4期。

④ 现代福利法治国是相对于自由主义法治国的概念,依照财政宪法之观点,从财政支出方面来看,国家之预算,如仅用之于消极地维护法律秩序,亦即以治安、御侮、维护市场自由竞争机能为限,以防杜权力之滥用,保障个人之基本自由,谓之自由国家。反之,国家之预算除用之于法律秩序之维护外,政府亦同时成为社会秩序之促成者,以积极达成保护、教养、预防、重分配等功能,谓之福利国家或给付国家。参见葛克昌:《国家学与国家法:社会国、租税国与法治国理念》,台北,月旦出版社1996年版,第174页。

社会公众的生活，导致财政支出现象大量兴起，财政支出活动的规模也越来越大，[①]财政支出与公共福祉的联系也日渐紧密，于是这种授益功能日渐显现。

当然，财政支出过程中财政法所体现的授益功能也只是相对的。进言之，财政授益功能的发挥依赖于人民的金钱给付，最主要来源为国家的收税与收费，在现代法治的要求下，国家不可能过度危及与剥夺公民的财产权利自由，当然也就不能无限制的立法征税或收费。因此，财政授益功能的强大，很可能给财政收入带来一种膨胀效应。而在财政支出的过程中，由于财政分配资源的有限性，同样不免对国民可能获取的利益构成某种侵害或损害。细言之，在财政授益的过程中，利害关系人之间通常将形成一种竞争关系，此时决定对甲进行给付，也就意味着将对乙形成排斥，出现一种隐性拒绝，那么对乙而言，将形成一种给付不能的侵害或损害，[②]这种给付不能的影响，即可称为排挤效应。正因在财政收支的两端，可能带来的膨胀效应与排挤效应，财政法的授益功能日渐显现。

当前，学者们提出的福利国家、民生国家以及财政国家[③]的理念已经日渐普及和不断深入，如何才能适当地发挥财政法的授益功能，最大限度地促进社会公共福利和公民权利实现，成为许多学者竞相关注的领域，[④]这也是财政法学者研究不可忽视的重大课题。财政授益功能逐渐被重视的情势，势必对财政法的传统研究产生巨大冲击，从而促使财政法学的变革。

---

① 诚如葛克昌先生之言，“作为现代宪政国家，不应满于传统形式意义的法治国家，而追求以人性尊严为中心之实质宪政国家，亦即正义国家。基于此种理念，给付国家之规模与范围越来越扩张，由国家将从市场征收之税收，与政府人力资源相结合，以实物、服务、金钱给付方式分配予社会弱者”。葛克昌：《所得税与宪法》，北京大学出版社 2004 年版，第 3 页。

② 参见蔡茂寅：《财政作用之权力性与公共性——兼论建立财政法学之必要性》，载《台湾大学法学论丛》1996 年第 4 期。

③ “社会法治国，虽政府有权向人民征税，但基于法治国家比例原则中公权力侵犯应选择对于人民自由损害最少方式为之，缴税应限于金钱给付（避免实务即劳务给付）；国家藉社会给付予人民，基于对人民自由权与人格权发展效用最大，亦应以金钱给付为主（劳务及实物给付仅在特殊、不得已状况下例外为之），以一予一取，均以金钱（货币）为之，故称之财政国家。”廖钦福：《现代财政国家与法 I——财政法学之构筑与法课题之展开》，台北，元照出版有限公司 2011 年版，第 13 页。

④ 例如，郭维真：《中国财政支出制度的法学解析：以合宪性为视角》，法律出版社 2012 年版；刘洲：《财政支出的法律控制研究——基于公共预算的视角》，法律出版社 2012 年版；陈治：《我国实施民生财政的法律保障机制研究》，法律出版社 2014 年版。

二、财政法传统权力范式的评析

无论是财政信托视野下的财政法研究，还是普通意义上的财政法分析，财政受托人拥有的裁量权都是二者研究中不可忽略的重要部分。作为完成财政活动或财政行为所必需的强制力量，在现代国家的职能不断扩张的同时，受托人的裁量空间亦以惊人的速度增长。为防止受托人财政裁量权的滥用，财政法总是力图将其束缚在一定的原则和框架之内，从而设置了一系列的规制原则、方法以及措施。如何才能对财政裁量权进行有效、适度、及时以及全面的规制，成为财政法研究中的核心问题，也最大限度地影响和决定着财政法的发展。基于此，本书将以财政法权力范式的形成作为研究的起点，试图对财政法研究范式的内涵予以梳理，并对其存在的弊病与不足进行具体分析。

（一）财政法传统权力范式的形成

长期以来，财政法的理论研究几乎都是建构在财政制度文明的发源地与发展地——盎格鲁—撒克逊国家的模式和经验之上。英国的财政制度文明孕育于封建制度的土壤。财政文明的进化史，如同封建制度历经了一个复杂且漫长时期，在历经多轮演化及其变迁之后，才逐渐演绎成以权力规制为核心的财政法律制度。

找寻英国财政权力规制的演进痕迹，可以发现，它是一个逐渐扩展的过程。其最先表现在税收领域，体现为税收法定原则。英国封建制度的形成早期就承继了原始民主的遗风，“当时有行新法及关生民利害之事，必须得人民之同意”，[①]于是有关征税问题一般需经“贤人会议”（封建制度确立后，蜕变为大议事会）的讨论和同意。[②] 然而，后来由于王权的不断强化，加之财政危机的出现，国王屡屡打破了征税传统与惯例，甚至出现了对贵族横征暴敛的行为，最终爆发了贵族与国王、教会之间的激烈政治冲突。国王为维系王权的存在与重塑王权的形象，压力之下被迫签署了限制王权的政治文件——《大宪章》——历史上首次确立“非赞同毋纳税”的原则。后至1689年“光荣革命”，

---

① 参见［英］比几斯渴脱：《英国国会史》，清代翰墨林编译印书局编译，中国政法大学出版社2003年版，第2页。

② See Bryce Lyon, *A Constitutional and Legal History of Medieval England*, 2nd ed., W. W. Norton & Company, 1980, pp. 248 - 249.

《权利法案》的制定标志着税收法定原则的基本形成。

后来这种财政权力的规制范围扩张到预算领域，体现为预算法定原则。同样以英国为例，为了防范王室经费和政府经费被滥用，英国先后通过1782年经济改革法案将王室经费纳入议会控制之下，[①]1882年财政大臣开始向议会提交关于政府财政指导方针和活动内容报告的两项改革，一切正如戴雪所言："应当明晓英吉利法律所以处置岁出之方法，盖一如其所以待遇岁入之方法。申言之，岁入岁出均依巴力门法案行事。"[②]这也意味着英国预算法定原则的初步形成。就财政权力规制的起源及其发展而言，代表人民的代议制机关先通过掌握批税权到逐渐控制政府的年度收支再到通过设立独立于政府的审计总长专职负责审计政府各部门的经费使用状况——从而强化对政府收支的监督（英国议会于1866年制定了《国库与审计部法》），无疑标志着现代意义上财政权力规制模式的彻底形成。

（二）财政法传统权力范式的表达

就部门法的关联性而言，由于传统意义上的财政法对行政法具有强烈的从属性，"行政法是控制和限制政府机关权力的法律制约器"，[③]财政法也就相应继承了行政法在权力规制方面的基因。具体而言，无论是行政法还是财政法，两者都会对人民的权利义务关系产生作用。两者之所以互相形影，缘于行政作用的发挥依赖于财政为其提供财源上的保障与支持，这就使财政法在外观上具有某种从属于行政法的性格。因此，财政法的性格在一定程度上包含了行政法的性格（这种性格的体现尤以征税纳税为代表的税法最具代表性，税法作为财政法中最早被重点关注的领域，被称为原始意义的财政法）。传统意义上行政法主要是以权力规制为中心的法律体系，这主要基于行政与国民之间呈对抗性的紧张关系，要求行政权应受民主性统治，为保护国民的权利与利益，行政法体系建构于防止受到行政权侵害的基础之上。[④] 源于行政法

---

① 参见[美]玛格利特·利瓦伊：《统治与岁入》，周军华译，格致出版社、上海人民出版社2010年版，第136~137页。

② [英]戴雪：《英宪精义》，雷宾南译，中国法制出版社2001年版，第350页。

③ E. Gellhom and B. B. Boyer, *Administrative Law and Process*, West Publishing Co., 1981, p. 3.

④ 参见沈政雄：《社会保障给付之行政法学分析——给付行政法论之再开发》，台北，元照出版有限公司2011年版，第5页。

权力规制性格的强烈影响,财政法也相应地遗传了这种规制性格。在当前财政法的研究中,规制已渗入财政法的每一个细胞,从理念到制度,从实体到程序,从规则到规范,无处不在,无处不有。

财政法的传统研究主要形成了一个以权力规制为核心的研究范式,将权力规制作为整部财政法建构的方向导引,注重的是如何才能更好地发挥财政法的权力规制作用,以求对国家的财政行为施加持续且集中的控制。归纳这种财政法权力范式所涵括的维度,一些学者将其总结为3层功能:一是对财政权的授予功能;二是对财政权的规范功能;三是对财政权的监督功能。① 这种权力规制的逻辑为:寄期望从一个控制和规范的思路,来实现国家财政权力的合理配置,进而达到尊重、保护以及促进公民财产权利的目的。② 不难发现,财政法的权力规制,强调的是一种工具性的思维,它将财政法作为拘束国家财政权力的工具,来达到对公民财产权利的消极性保护和对公民公共需求的形式性满足。因此,如何才能更好地发挥财政法的价值性思维,来实现对公民公共需求的实质性满足,仍是财政法研究应继续考虑的问题。

(三)财政法传统研究范式的弊病

剖析传统财政法的研究,总是过于倾向于单一的分析维度,将财政法的理论构筑在规制性的思维模式上,寄望于通过财政权力的优化配置来实现财政权力主体之间的相互制衡与有效监督,也即将研究视域封闭在国家权力的范围内,反之,如果离开国家权力的范围,那么任何关于财政法问题的研究都是毫无意义的。③ 例如,以目前的财政性立法为考察样本,除了在税收征管领域,基于征税人与纳税人呈直接性的对抗关系,财政法才在立法完善过程中逐渐增加了一些纳税人的基本权利。然而在其他财政立法中,立法所依据的理论基础仍然局限在"国家权力—国家权力"的认识框架内,最为关键的主

---

① 参见刘剑文、熊伟:《财政税收法》(第6版),法律出版社2014年版,第28~30页。

② 参见刘剑文:《论财政法定原则——一种权力法治化的现代探索》,载《法学家》2014年第4期。

③ 有学者在分析预算法研究的一般视域之时同样指出,预算法的研究主要是建构在预算制度的发源地与发展地——盎格鲁—撒克逊国家的模式和经验之上,预算法的研究者们也喜欢倾向于采取这样一种分析维度:将预算法理论构筑于代议制民主之上,寄望于在行政、立法以及司法之间达到预算权的合理配置和相互制衡,从而实现公共经济资源(预算资金)的最优化分配,反之离开行政、立法以及司法之间的国家权力视域,任何关于预算法的理论讨论都是毫无意义的。参见蒋悟真:《中国预算法实施的现实路径》,载《中国社会科学》2014年第9期。

体——“人”却处于一种迷失状态。在国家视域下，仅从权力的维度来构造财政法体系，无论在理论上多么完美，都难以对财政法的实践产生太大的积极意义。其理由是，这种概念是完全站在国家财政权力的立场上所构造出来的财政法理论，它无法向人民提供富有实践性、建设性的法理。如果立法者真想创造一个法实践论上的财政法概念，那么就该抛弃传统的国家财政权力的立场，回归到人民的立场上来认真地构筑财政法体系。

反思财政法的传统研究，财政法律关系不仅包含国家权力与国家权力之间的财政权分配关系，还包括国家权力与社会权力、①公民权利之间的财政权分配关系。显然，关于财政法研究思路的认知，仅以国家权力内部的财政法律关系作为唯一指标而无视国家权力外部的财政法律关系的研究是很成问题的。因此，在研究财政法的具体理论与实践时，需要打破传统思维的禁锢，除了进一步完善内部性的财政法律关系框架外，还应转而寻求尽可能完善外部性财政法律关系的要素与手段，国家应对公共需求满足和公民权利实现承担更为积极的义务，这是财政法研究视域应有的扩张。在放开财政法研究视域的同时，进一步反思财政法的传统研究可以发现，传统的财政法是以割裂财政法的损益功能和授益功能的方式进行构筑的。因为，在国家权力体系之外，仅有的纳税人权利保障也主要是针对国家采取“合法侵害”的行动模式而言的，并不包括国家为人民增进财产利益的行动模式。如何通过公民权利的合理保障，使财政法的损益功能和授益功能得到联动性的发挥，将是财政法新范式提出过程中必须认真对待的问题。

三、财政法新型权利范式的提出

纯粹的权力规制范式难以真正窥探出财政法的全貌。新型权利范式的研究是财政法学的基础课题之一，它对于促进财政法走向完善具有重要的指导意义。对于这种新型研究范式的提出，可适当借鉴行政法的前沿性研究，“行政基于一定之公共目的，对于人民之生活或事业活动产生某种作用，分别为：限制、剥夺等干涉人民权利或利益之‘规制行政作用’与供给金钱、劳务、物之

① 社会权力即社会主体以其所拥有的社会资源（包括物质资源与精神资源，还包括各种社会群体、社会组织、社会特殊势力）对国家和社会的影响力、支配力。参见郭道晖：《社会权力与公民社会》，凤凰出版传媒集团、译林出版社2009年版，第54页。

使用收益或生活资讯之‘给付行政作用’”。[①] “规制行政作用”与“给付行政作用”大致对应前述分析中财政法的损益功能和授益功能。如果将这些行政法的用词表达移植到财政法的研究上来，那么财政法的研究也可以适当划分为规制财政与给付财政[②]的两种思维类型。如果说规制财政呈现出的是一种工具性理念，那么给付财政倾向于一种价值性理念。无论是工具性思维还是价值性思维，财政法所肩负的责任是为了增进社会公共福利的水平和扩大社会公共需求的满足，那么如何更好地实现财政法这两种研究思维的协调与配合，成为财政法的研究必须认真对待的问题。

（一）规制思维转向给付思维

按照给付思维的导引，如果能使给付国家、给付财政的理念成为一种财政制度的现实，那么人民将逐渐感觉到获得财政授益不再是国家的“恩赐”，人民也将从长期的国家养人民的财政幻觉中醒悟过来，[③]从而极大地增强社会的创造力和合作力。换言之，如果财政法要被真正视为一种增进社会公共福祉的法律，那么财政法的时代机能应当包括授益功能的制度保障和受益权利的制度体现。因此，财政法的进一步研究应构建在财政授益功能和公民受益权利的基础上，通过借由合理性的制度设计，使增进社会公共福祉和保障公民受益权利成为一种基本的制度性存在，从而为给付财政的推行提供明确的法律根据。通过规制思维向给付思维转变，财政法既实现了对财政权力滥用倾向的规制，又促进了财政授益功能的合理发挥。

（二）权力维度向权利维度的扩张

在给付国家、社会国家以及财政国家的理念下，财政法不仅是一种现代社

---

① 沈政雄：《社会保障给付之行政法学分析——给付行政法论之再开发》，台北，元照出版有限公司2011年版，第1页。

② 财政给付作为一种财政行为，是从行为角度得出的界定；而给付财政或称给付性理念下的财政是从财政类型意义上进行理解的，给付财政是财政的一种发展类型或模式。

③ 在财政法的研究中，给付思维在某种程度上不谋而合于权利的成本思维，强调给付性的财政同于强调权利的成本，将有助于人民从“财政幻觉”中醒悟过来。“权利既不是神的礼物，也不是自然的果实；它们不是自动实施的，如果政府无偿付能力或不能胜任，权利就不能得到切实的保护；它们不必是不负责任的利己主义的秘诀；权利没有暗指，如果没有社会合作个体也能获得个人自由；权利也不是不可调和的主张……从公共财政的角度看，通过利用包括在共同体保护下积累的私人资产的集体财产，其所有权利被许可给个体以追求他们共同的和单独的目的。”［美］史蒂芬·霍尔姆斯、凯斯·R. 桑斯坦：《权利的成本——为什么自由依赖于税》，毕竟悦译，北京大学出版社2011年版，第220页。

会的法,更是一种以现代社会或现代社会的人为目的的法。换言之,随着规制思维向给付思维的不断转变,现代社会中的"人"不再是纯粹被动意义上具有受益资格的被给付人,而是能主动追求和积极享有财政给付的受益主体和权利主体。① "主体资格的承认是权利制度存在的前提。强烈的权利感和自觉的义务感是主体性的本质反映。" ②这种财政受益主体资格的承认,将促使原本只是被给付对象的受益人萌发出一种强大动力,促使自己去不断适应由消极转向积极的角色,在这种转向过程中,受益人将在财政法律关系中不断增强自身的权利感和义务感,不断主动地发挥和运用自己的理性,最终成为一个受到普遍尊重的社会主体。

(三)财政法权利范式的逻辑地图

财政法是一门新型的法律学科,它的研究范式应具有开放性和立体性。上文已对财政法的传统权力范式进行了适当评析,并对可能出现的权利范式予以勾勒和表述。财政法权利范式的具体形成,有两个需要重点考虑的因素:一是公共性,即公共价值秩序。作为公共性,无论是财政法的损益功能还是授益功能的发挥都必须以"公共性"作为根本,它是财政法必须坚守的价值秩序。二是主体性,即"人"的激活。财政法研究范式中的"人"不应是一个虚幻性、无根性的物化对象,而是一个被重建的、现实的、具体的"主体"。前述的两个重点要素是促使财政法传统研究范式走向转型的关键所在,也是财政法新型研究范式研究必须尊奉的理论基础。

对于公共性,根据财政信托的原理,财政权力源于信任与托付,但是也受制于这种信任与托付,即受制于财政法的公共性。公共性作为财政法品性观与价值观的外在体现,它强调的是财政法的内容而非形式,当它与财政法的权

① 有学者从不同视角提出,当前政府开始成为财富的主要源泉,政府供给的财富逐渐取代了传统形式上的财富,个人的财富也越来越多地依附于政府。公共利益国家,在某种意义上,代表了社会对私有财产权的胜利。然而,公共利益不能证明现存政府供给制度对自由的侵蚀,为此有必要强化对政府权力的限制,要注重将供给转为权利——新财产权。参见[美]查尔斯·A.莱希:《新财产权》,翟小波译,载易继明主编:《私法》(第12卷),华中科技大学出版社2007年版,第193~244页。

② 彭诚信:《主体性与私权制度研究——以财产、契约的历史考察为基础》,中国人民大学出版社2005年版,第292页。

力性融为一体之后便构成了实质意义上的财政法治主义。[①] 财政法公共性的存在,其实也为财政法的自我发展和自我完善提出了价值要求,即财政法的追求应由实证法律主义提升到实现社会正义之上。

对于主体性,根据财政信托的原理,财政信托的受益人不仅是一个被动享受信托利益的主体,更应是一个能积极请求信托利益的能动主体。无论是哲学意义上的"认知主体"还是"价值主体",[②]都是财政法研究中应予以尊重的主体性表达,财政法的权利范式既不应完全扬弃和否认"认知主体"所拥有的能动与理性思维,更不应去践踏"价值主体"所拥有的自由、尊严、发展等现代性确立的人权价值。

基于此,下文将尝试整合公共性与主体性的两个根本要素,并融入前述规制思维和给付思维的逻辑,尝试借用"客观法—主观权利"[③]的划分对财政法的权利研究范式予以具体建构。基于此,本书将财政法的权利研究范式解构成两个方面:一个是客观存在上的财政法;另一个则是主观性质上的财政权利。前者体现了塑造和强化财政法公共性的价值秩序要求,财政法应尽可能去创造和维持一个有利于公共价值秩序实现的条件。后者是财政权利主体对财政权力主体要求作出一种积极或消极行为的权利,这种权利作为客观法的主观化,具有强烈的功能性,凸显出财政权利主体的意志能力。以下将针对财政法的权利研究范式予以具体的解析和建构。

---

① 我国台湾地区学者蔡茂寅较早对此予以研究,并提出了财政作用的双重性格:一是财政作用之权力性,这是财政法合法性的表现;二是财政作用之公共性,这是财政法合理性的要求。参见蔡茂寅:《财政作用之权力性与公共性——兼论建立财政法学之必要性》,载《台湾大学法学论丛》1996 年第 4 期。

② 对于"认知主体"和"价值主体"的具体分析,请参见贺来:《"主体性"的当代哲学视域》,北京师范大学出版社 2013 年版,第 51 ~ 63 页。

③ 法国学者提出,"人们在法和权利之间所作的传统的区分是:法被认为是社会生活的一种组织方式,而权利则是指由此归结出的个体的特权。前者由其客体即社会生活的组织所决定,被界定为客观法。后者因与其主体相联系,而被称为主观权利"。([法]雅克·盖斯旦、吉勒·古博:《法国民法总论》,陈鹏等译,法律出版社 2004 年版,第 4 页)德国学者则认为,"法"(Recht)这个词代表了两种不同的表现形式——客观的法和主观的法,客观意义上的法是指具体的现行法律规范的总和,主观权利是指法律制度(客观的法)赋予个人保护自身利益的法上之力。(参见[德]伯恩·魏德士:《法理学》,丁晓春、吴越译,法律出版社 2013 年版,第 32 ~ 33 页)

表 1　财政法的权利研究范式

公共秩序的财政法			主观权利的财政法	
取得的正当性	管理的有序性	分配的正义性	防御权	受益权

第二节　客观秩序的财政法:公共性

公共性作为财政法分析必须尊重的正当性基础,堪称维系财政法稳定性和权威性的根本,是财政法的理论研究和实践运行都必须遵循的客观价值秩序。它将对财政法的整个领域产生影响,成为财政立法、行政和司法都应该恪守的行为准绳,即这一价值秩序构成立法机关制定各项财政法律制度的原则,也构成行政权和司法权在执行和解释财政法时的上位指导原则。在财政法的客观价值秩序之下,一切有助于财政公共性实现的具体要求和具体准则都可能被解释为公共性的内涵而被正当化。对于公共性的抽象内涵,正如罗马法的精髓所在——"为人诚实,不损害别人,给予每个人他应得的部分"。① 也即按照公共性的要求,财政法应保持谨慎、谦逊与诚实,不得恣意扩张和随意损害,它的目的在于使社会的每一个成员都能获得应得的部分,这就是财政法公共性的抽象表达。因此,财政法的公共性,将成为财政法必须承担的一种使命,也只有为全体公民谋取幸福,财政法才能获得源源不断的正当性基础。②

对于财政法公共性应如何厘定,这是难以准确解答的难题。总体上,国家的财政行为不能被无条件地、习惯性地冠以公共性之称号,人民也绝不是一个受国家财政行为恣意侵扰的被动客体。至少在厘定方向上,它应是这样的:首先,在人权理念上,财政法的公共性除了意味着维护大多数人的利益,也不能过度侵害少数人的权利与利益,必须保障每个人的基本权利。并且,即使对少数人(如对社会中的少数弱者)施以利益上的救助或扶助行为,亦可被认为是符合现代公共性的要求。其次,在程序理念上,它必须禁止财政行为者单方面

---

① [罗马]查士丁尼:《法学总论——法学阶梯》,张企泰译,商务印书馆 1989 年版,第 5 页。

② 参见[德]哈贝马斯:《公共领域的结构转型》,曹卫东等译,学林出版社 1999 年版,第 2 页。

的决定，对于国家所认为的公共性与人民所主张的公共性，应按照正当程序理念[①]的要求，在二者之间进行适当的调及有机的转换。[②] 最后，在民主理念上，公共性形成于社会共同体成员之间理性、有序、开放的互动博弈过程，它是社会共同体内部达成的一种利益妥协与利益平衡。概言之，财政法公共性的确定是一个极为困难的过程。下文将对此予以深入的解析。

财政法的公共性贯穿财政法律关系运行的始终，突出表现在财政资源的获取方式、公共产品的供给内容以及财政资源的利益分割之上：在财政收入上，不仅"税捐正义系作为课税权之宪法界限，税法必须确保得以实践正义之要求"，[③]而且源于税收的财政资源，它在本质上为全体公民所有而具有公共性；在财政管理上，之所以能用预算的方式进行财政收支的管理，也是因为预算关系实质为委托人（由人民的代表而形成的代议机关）和受托人（政府）之间的一种公共受托关系，预算管理必须致力于服务公共性目的；在财政支出上，这种公共性体现得更为明显，在财政信托目的的导引下，受托权力的行使必须致力于最大化地尊重和满足社会公共需求。利用信托法的原理来准确划分上述关于财政法的运行过程：一是财政收入过程——委托人私有财产的移转或受托人信托财产的取得；二是财政管理过程——受托人对财政信托财产的管理或公共财政资金的营运；三是财政支出过程——受托人按照财政信托

---

① 正当程序，是指"表示规范的正规的执法的法律概念。正当程序建立在政府不得专横、任性地行事的原则之上。它意味着政府只能按照法律确立的方式和法律为保护个人权利对政府施加的限制进行活动"。参见[美]彼得·G.伦斯特洛姆编：《美国法律辞典》，贺卫方等译，中国政法大学出版社1998年版，第15页。

② 国家所持之公共性与人民所主张之公共性，内涵虽有相通，但侧重悬殊。财政的目的决定财政的性质（或属性），前者的财政目的是满足国家职能需要，而后者的财政目的被定位为满足社会公共需要。因此，国家所持之公共性与人民所主张之公共性，有着实质性的差别。国家之公共性，无论其内容是什么，只有在成为人民之公共性以后，才能获得正当的理由和广泛的支持。当然，人民主张的公共性只有转化为国家所持的公共性，只有经由"一种巨大的经济的强制组织之国家"，才能获得持久的保障。参见曹明星：《现代财税法之辩证生成论——背景要素的中美对极分析与案例解说》，中国税务出版社2009年版，第79~87页。

③ 黄俊杰：《税捐正义》，北京大学出版社2004年版，第6页。

目的处分公共财产(信托财产)而使受益人获益。[①] 对应地,财政法的公共价值秩序被化约为3个要求:取得的正当性、管理的有序性以及分配的正义性。

一、取得的正当性:私有财产的移转

对于财政信托财产取得的正当性,法国启蒙思想家孟德斯鸠曾对其进行过形象的描述,[②]在他的语言表述中,不难得出正当性的核心要义在于"兼顾国家与国民两方面的实际需要"。到底应如何才能称得上是兼顾,既包括一些实体性的基本要求,也离不开一套程序性的具体技艺。对于实体性的要求,例如,征税应符合能量负担的税法原则,收费应遵循受益负担的基本原则,征收补偿应贯彻公平公正的理念,发债应在偿债能力限度内发债。因此,财政信托财产取得方式的不同,实体性的基本要求将呈现出较大的差异性,这种研究将是一个庞大的系统工程。鉴于本书的研究篇幅和研究重点之限,下文将具体对财政信托财产取得的程序性技艺进行仔细分析。

程序堪称社会的融洽器和保护器,[③]它是通往正当性的过程中所不可或缺的手段。要实现财政信托财产取得或公民私有财产移转的正当性,正当程

---

① 信托行为的构造由两个方面组合而成:第一,关于财产的移转或其他处分的行为,也即委托人负有让与财产的义务;第二,关于受托人对信托财产应承担管理处分的行为,也即受托人负有依信托目的而为受益人的利益管理运用受托财产的义务。前者是使财产权直接发生变动的行为,为处分行为;后者为负担行为。参见王志诚:《信托法》(增订三版),台北,五南图书出版股份有限公司2006年版,第67页。

② "国家的收入是每个公民所付出的自己财产的一部分,以确保他所余财产的安全或快乐地享用这些财产。要把国家的收入规定得好,就应该兼顾国家和国民两方面的需要。当取之于民时,绝对不应该因为国家想象上的需要而排除国民实际上的需要。想象上的需要,是从执政者的情欲和弱点,从一种离奇的计划的诱惑力,从对一种虚荣的病态羡慕,从在某种程度上对幻想的无力抗拒等等,而产生出来的东西。那些心神不定,在君主手下主持国事的人们,常常把他们渺小的灵魂的需要当做是国家的需要。"[法]孟德斯鸠:《论法的精神》(上册),张雁深译,商务印书馆1961年版,第213页。

③ 参见[法]邦雅曼·贡斯当:《古代人的自由与现代人的自由》,阎克文等译,上海世纪出版集团、上海人民出版社2003年版,第236页。

序理念[①]在此过程中的适当引入，将是这个过程必须正对的课题。财政信托财产的取得方式多样，但是征税是最为重要的私有财产转移方式。鉴于此，下文将以税收征管为分析范例，借鉴正当程序理念的相关原理，重点对税收征纳过程的开放性、经济性、中立性以及平衡性予以分别解析。[②]

（一）开放性

开放性是考验税收征管过程是否符合正当的首要标准。开放性客观价值的融入，将有助于缓和征税人与纳税人之间紧张、对抗的氛围。首先，要保障税收征纳关系的合理运转，从程序上对征管机制进行有机的分化和适当的独立，将是必不可少的步骤，[③]从而有助于实现对恣意征管行为的有机控制。其次，只有促使税收征纳过程以一种看得见的方式进行，才可能形成舆论上的强大压力来纠正税收征纳规则未能得到公正适用的情形，[④]保持税收征纳的开放性和公开性是征税权得到正当行使的保障。最后，按照当今社会关系的处理与调整过程，因实体正义规则的复杂性已变得越来越难以把握，而程序正义内容的明朗性在发挥着越来越重要的作用，[⑤]在程序正义所保障的开放性下，公民对法律的参与和对法律的信任之间呈现出一种良性循环的关系。[⑥] 因此，只有积极倡导税收征纳过程的开放性，才能促使更多的纳税人能动地参与税收征纳的过程，从而逐渐增强纳税人对这种私有财产移转方式的遵从与

---

① 例如，美国学者贝勒斯认为，正当程序理念的内涵主要包含7类：和平原则、参与原则、公平原则、及时原则、自愿原则、可理解原则、止争原则。参见［美］迈克尔·D. 贝勒斯：《法律的原则——一个规范的分析》，张文显等译，中国大百科全书出版社1996年版，第32～37页；德国学者Schmidt归纳了程序正义的六大标准：广泛性、信息敏感性、发言权、程序公开性、可解释性、可修改性（可逆性）。See Volker H. Schmidt, *Procedural Aspects of Distributive Justice*, edited by Klaus F. Rohl, Stefan Machura, *Procedural Justice*, Ashgate Dartmouth, 1997, pp. 174－175.

② 以下内容的具体分析，请参见朱大旗、胡明：《正当程序理念下我国〈税收征收管理法〉的修改》，载《中国人民大学学报》2014年第5期。

③ 分化和独立是程序的灵魂，分化是指一定的结构或者功能在进化过程中演变成两个以上的组织或角色作用的过程。参见季卫东：《法律程序的意义——对中国法制建设的另一种思考》，中国法制出版社2004年版，第24页。

④ See Michael D. Bayles, *Procedure Justice*, Kluwer Publishing Company, 1990, p. 42.

⑤ ［日］谷口安平：《程序的正义与诉讼》，王亚新、刘荣军译，中国政法大学出版社1996年版，第22页。

⑥ 拉德布鲁赫认为，"民众对法律生活的积极参与会产生对法律的信任，对法律的信任同时又是他们主动参与这类活动的前提"。［德］拉德布鲁赫：《法学导论》，米健译，商务印书馆2013年版，第177页。

信任。

(二)经济性

一个正当的税收征纳过程应符合经济性原则,即在符合公平公正的理念下,税收征纳程序的设计应简单明了、易于理解,而不应提高纳税人的适应与遵从成本。按照比例原则的要求,在不减损可能获得的税收总量的情况下,征管人应尽量选择对纳税人伤害最低的方式,这样才符合比例原则。①

(三)中立性

中立性在衡量征税征纳过程是否符合正当要求时处于一个显要地位,它既是法律上的要求,也是道德上的要求,这种中立性应贯穿税收征纳过程的始终。根据中立性准则的内涵:②首先,应确保税收征纳关系的双方处于一个相对平等的地位,要尽量避免征税人与纳税人之间过于不对等的状况。其次,征税人应保持一个中立的姿态,平等对待不同的纳税人,不应偏颇、不应歧视,必要时应进行回避,以确保税收征纳中参与、听证、调查过程的有效性。最后,应提高税务机关的独立性,③有时税务机关的领导部门可能会出现对下级下达征税指标的现象,在这种压力下仍然应尽力避免有违税收征纳合法性现象的发生。

(四)平衡性

在税收征纳的过程中,可能会出现税收征管法未能考虑到的特殊情形与个案情节,此时则要求税务机关应秉从一个平衡性要求,既要从立法者的立法原意进行推理,又要从这种情形的特殊性进行考量,亦需借助日常经验、逻辑规则、法律原则以及理论知识,甚至适当从服务纳税人的角度出发,尽量在税收征管裁量权的空间范围内去实现税收征管个案的正当性,从而实现普遍税收征管的形式正当与个别税收征管的实质正当之间的平衡。

---

① 参见黄茂荣:《法学方法与现代税法》,北京大学出版社2011年版,第261~262页。

② 一是与自身有关的人不应该是法官;二是结果中不应含纠纷解决者个人利益;三是纠纷解决者不应有支持或反对某一方的偏见。参见[美]马丁·P.戈尔丁:《法律哲学》,齐海滨译,三联书店1987年版,第240页。

③ 决定人的独立性包含两个因素:不受有利害关系的某方当事人或某个群体的控制,不将作出决定的职能和其他一些与此种职能不相容的职能相混合。参见[美]迈克尔·D.贝勒斯:《程序正义——向个人的分配》,邓海平译,高等教育出版社2005年版,第35页。

二、管理的有序性:财政资金的营运

同于财政信托财产的取得,财政资金的运营也是人民极为关切的经济事项,①财政营运的资金作为一种财政信托财产,如何强调财政信托的受托人应承担的注意义务与忠实义务,使其符合受益人的信赖要求,这将非常重要。强调财政资金的适当营运,关键是要做到财政信托管理的有序性。对财政信托管理的有序性进行类分,可被化约为:可回答性、可操作性以及可问责性3个方面。可回答性要求财政受托主体有义务告知和解释他们行动理由;可操作性意味着财政信托管理应符合绩效主义的要求,管理规则便于产生绩效成果;可问责性则为财政问责主体有能力对违反受托责任的受托人施以惩罚。

(一)可回答性

财政信托管理有序性,意味着财政受托管理过程是一个可以随时进行说明回应解释的过程,这将提升受益人对受托人的心理认可与支持。这种可回答性首先要求财政信托的受托人能及时向受益人和监察人进行汇报、反映以及解释财政信托财产的管理事项,对受益人所产生的相关疑惑进行准确、及时、合理的回应与说明,同时还要求财政信托的受托人能在这种主动回答或被动回应的过程中,进一步摸清、辨别以及把握受益人期待或急需的社会公共诉求。针对这种公共诉求,受托人在法定裁量范围内对受托目标予以适当调整,通过对受托资源的再度分配来更好地满足受益人最迫切的需求,这无疑将再次提升受益人对受托人行为的评价,从而提升财政信托管理的认可度和满意度。

(二)可操作性

可操作性无疑在财政信托管理中具有重要地位,相异于一般的管理程序或方式,财政信托管理的可操作性将直接决定财政信托财产管理的绩效,甚至是关系到财政信托财产处分的效果。具体而言,财政信托管理的体系作为获取财政信托财产后的承接机制,也是财政信托财产处分的前置机制,在内容上既包括决定财政信托财产分配的实体性规则,又包含影响财政信托财产运营

---

① 芦部信喜曾言,"国家进行活动,需要庞大的经费,而这最后必须由国民来负担。因此,财政的适当运营便成为国民关心的重大事项"。[日]芦部信喜:《宪法》,林来梵等译,北京大学出版社2006年版,第314页。

的程序性要素，这就无疑体现了财政信托管理的可操作性的重要程度。如果财政信托管理的制度设计不能完美地对接于财政信托管理的实践过程，这种财政信托财产的管理很可能是低效率的，这种低效率所造成的影响也是连续性、体系性的。因此，财政信托管理的可操作性堪称财政信托管理的生命力所在。

（三）可问责性

为了提高对财政信托管理的有序性，强化可问责性无疑也是财政信托管理应高度重视的内容。为保障财政信托管理的有序性，需要对不符合财政信托管理要求的行为进行及时的问责。只有对这种行为进行及时的纠正、批判以及惩戒，甚至使其承担相应的财政信托责任，才能有效震慑财政受托过程中已经存在和可能出现的懈职者、失职者以及渎职者；同时如果能对违反财政信托管理要求的行为，考虑追究财政信托管理人的经济责任（既包括赔偿性的经济责任也包括惩罚性的经济责任），则将有效扼制一些意欲为自己谋取私利而故意违反财政信托管理要求的行为。

三、分配的正义性：财政资源的处分

财政信托财产分配的正义性，既是一个极为复杂的过程，也是一个极为重要的过程。在复杂性上，信托财产分配的正义性同时关涉分配前提的平等性、分配规则的公平性、分配过程的秩序性以及分配结果的合理性等多个向度。在重要性上，许多国家在宪法上都予以了明确规定。[①] 概言之，对财政信托财产分配正义的揭示，将是一个非常具有挑战性的系统工程，下文的研究将选择性地予以涉及，即从财政资源处分的普遍性、公开性、民主性、比例性 4 个维度进行探讨。

（一）普遍性

财政信托财产分配正义首先意味着对财政资源的处分需要为整个社会带来普遍利益。普遍性也就是说，不能仅为某些"特别福利"而进行信托财产分配。例如，你不能建设一个仅为局部性居民带来某种集团利益的项目，这个项

---

① 例如，对于财政信托财产分配的公正性，巴西《宪法》（1988 年）第 150 条第 2 款规定："不得对同等情况下的纳税人予以不同的待遇，法律所规定的收入、保障或权利不得因为纳税人从事的职业不同而有所差别待遇。"

目必须能给作为整体的社会带来普遍利益。“政治分肥”(pork barrel)即是描述这样一种现象的简单政治术语,它是指一些政客通过游说国会获取了所谓“特别福利”的开支项目,这种现象将导致信托财产分配不公与低效的问题,最终将造成财政信托财产分配秩序的混乱与无序。[①] 因此,财政分配必须以全体国民为对象,受益的普遍性应是财政信托财产分配的基本要求。当然,这种普遍性也是相对的概念,[②]普遍性应遵守从基本需要再到高级需要的满足过程,即首先对生存权进行保障再行上升到对发展权的保障。概言之,为避免财政信托财产分配的偏见与不公,[③]普遍性应是财政资源处分的基础准则。

(二)公开性

在现代财政国家,财政信托财产的分配毋庸置疑应符合公开性的要求。[④]正所谓“没有公开则无所谓正义”,[⑤]公开性乃是实现财政信托财产分配正义之光芒。[⑥] 进言之,只有强调对财政信托财产分配过程的公开,实现财政信托

---

① 参见[美]查尔斯·亚当斯:《善与恶——税收在文明进程中的影响》,翟继光译,中国政法大学出版社2013年版,第322页。

② “正义观念与社会利益或福利之间有一个重要的连接点应当注意到。几乎不存在有利于或促进所有人的福利的社会变迁或法律。唯有规定最基本需要的法律,诸如警察保护或道路,接近于这一点……当人们在竞争的待选价值之间作出选择时,该选择也许以它是为了‘公共利益’或‘普遍利益’的理由而被论证为适当的选择。”[英]哈特:《法律的概念》,张文显等译,中国大百科全书出版社1996年版,第164页。

③ 本杰明·奥利弗(Benjamin Oliver)在1832年出版的一本著名著作中对国会征税权论述道:“这种权利‘财产权’不会被具有公共利益目的的均等的税收所侵犯,这种税收是由充分合法的主权者开征的。然而,错误使用或者错误分配公共国库中的资金必须被视为对这种权利‘财产权’的侵犯。”Benjamin Oliver, *The Rights of an American Citizen*, New York, 1832, p. 95。转引自[美]查尔斯·亚当斯:《善与恶——税收在文明进程中的影响》,翟继光译,中国政法大学出版社2013年版,第325页。

④ 针对公开性,康德认为,“凡是(为了不致失误自己的目的而)需要有公开性的准则,都是与权利和政治结合一致的。因为如果它们只能通过公开性而达到自己的目的,那么它们就必须符合公众的普遍目的(即幸福),而政治本来的任务就是要使之一致的(使公众满意自己的状态)。然而如果这一目的只有通过公开性,也就是只有通过摆脱对它那准则的一切不信任,才能达到,那么它那准则也就必须与公众的权利相一致;因为唯有在这一点上联合一切入的目的才是可能的”。([德]康德:《历史理性批判文集》,何兆武译,商务印书馆1990年版,第144页)

⑤ [美]伯尔曼:《法律与宗教》,梁治平译,三联书店1991年版,第48页。

⑥ 阿伦特曾提出,“对公权谋私唯一的补救办法,就在于公共领域本身,在于照亮公共领域范围内每一个行为的光明,在于那种使进入公共领域的一切都暴露无遗的可见性”。[美]汉娜·阿伦特:《论革命》,陈周旺译,译林出版社2007年版,第236页。

受托人与受益人之间信息共享,才可能防止财政信托财产分配中可能出现的机会主义行为,公开性是实现财政信托财产分配正义的保障。①

(三)民主性

"公共性或共同性不是作为人们追求自身利益所预期的结果,而只是机械地被引导出来的秩序。就是说,秩序的产生不是为了追求特定的利益,而是对各种利益的追求本身所产生的。"②诚如川崎修之言,在财政资源的处分过程中,在各种各样的公共诉求中进行择优选择,绝非受托人自说自话和恣意决定的分配事项,实现财政信托财产分配的民主性将是一种必不可少的手段。③在财政信托中,财政信托财产分配的民主性主要集中在财政信托协议(预算案)起草、编制、审查、批准的阶段,在这些过程中应注重充分吸纳人民集体或个体的话语表达和能动参与,最终通过集合人民的公共偏好来优先选择最为民众期待和社会满意的分配秩序。

(四)比例性

比例性是实现财政信托财产分配正义的重要一环,这种比例性讲究的是财政资金处分的平衡。确定财政信托财产分配的适当比例,目的是最终实现社会公共福利的均等化享有,故应尽量去消除不同地区受益人的受益标准差异悬殊的现象。④ 但是鉴于财政信托财产的有限性,这种比例上的平衡也不是一味讲究一视同仁,而是在某一事关社会公共福利的重点领域有所倾斜。例如,根据财政分配政策的要求,可以在分配比例上适当倾斜于事关民生领域

---

① 参见[美]艾伦·希克:《当代公共支出管理方法》,王卫星译,经济管理出版社2000年版,第45页。

② [日]川崎修:《阿伦特:公共性的复权》,斯日译,河北教育出版社2002年版,第279页。

③ 哈贝马斯认为,"本来意义上的公共性是一种民主原则,这倒不是因为有了公共性,每个人一般都能有平等的机会表达其个人倾向、愿望和信念——即意见;只有当这些个人意见通过公众批判而变成公众舆论时,公共性才能实现。因为这种普遍开放的保障只能说是一种保障话语和反话语符合逻辑法则的真值条件"。[德]哈贝马斯:《公共领域的结构转型》,曹卫东等译,学林出版社1999年版,第252页。

④ 例如,德国《基本法》(1949年)第104条第4款规定:"联邦得对各邦及乡镇之重大投资提供财务协助,此等投资须为消除对整体经济均势之障碍,平衡联邦领域内不同之经济力量或促进经济成长所必要者。"

的分配。①

第三节　主观权利的财政法：二分法

主观意义上财政法的提出，表达的是从传统国家义务思维向现代公民权利思维的深刻转变。在这种转变过程中，如何最大限度地保障社会公共体成员的幸福、快乐、安全，始终是财政法的立法者需要谨遵的一个标准。② 下文研究的财政法主观权利的二分法，其目的正在于构建这样一个行为标准，通过建立和确定每个人的法律地位，使每个人都能在规范的范围内去追求个人的幸福。进言之，如果说在私法中个体的法律地位是基于市民身份出现的，个体私法权利是为了维护个体的私人利益；那么公法中个体的法律地位是基于公民身份出现的，作为一个具有公共精神和公共美德的公民不仅是为了私人利益而斗争，他还将积极参与到公共治理和公共利益的维护之中。③ 概言之，作为一种公法权利的财政法权利虽然是一种个人权利，但出发点并不一定是为了维护与公共利益相冲突的个人利益，而是通过这种公法权利的赋予来试图激发私人的法律保护积极性，进而推动财政法所规定的客观义务。

具体界定财政法的主观权利，④它是一项以财政法律规范为基础的实体

---

① 有学者提出，当前我国财政缺位与财政越位的双重失灵现象同时存在，其中最突出的问题是财政对经济建设的投入与对社会民生的投入严重失衡。为解决这种失衡问题，可以考虑将公共财政中未给予充分重视的社会民生问题剥离出来，建立适应于社会民生需求的财政运行机制。参见陈治：《我国实施民生财政的法律保障机制研究》，法律出版社2014年版，第9页。

② 英国边沁曾提出："已经表明，组成共同体的个人的幸福，或曰其快乐和安全，是立法者应当记住的目的，而且是唯一的目的。它是唯一的标准，依次应当在立法者确定的程度上，使得每个人都将自己的行为规范得符合该标准。"[英]边沁：《道德与立法原理导论》，时殷弘译，商务印书馆2000年版，第81页。

③ 参见徐以祥：《行政法学视野下的公法权利理论问题研究》，中国人民大学出版社2014年版，第20～22页。

④ 法国学者认为："主观权利是对他人自由的一种合法限制，它由客观规范确立，有利于权利主体，使其享有一个专有的领域来行使能力；在债权的特殊场合，还有对债务人本身的某种控制，以调整、维持或恢复债权人和债务人状况的平衡。"[法]雅克·盖斯旦、吉勒·古博：《法国民法总论》，陈鹏等译，法律出版社2004年版，第149页。

法权利，而非仅为一种能诉诸司法机关进行法律保护的资格（诉权），[①]而且它是一个完备的权利，既具有主动性，也包含被动性。[②] 概括而言，财政法的主观权利作为一个实证法的权利类型，它是指由财政信托的受益人（包括自然人或法人）根据财政法律法规的规定能够向国家财政机关所为的，要求国家财政机关为或不为一定行为的，受司法保护机制保障的请求。[③]

对于财政法主观权利的设立目的，诚如詹姆斯·塔利之言："政府有义务将公民的生命权利、保存自己和他人的自由的权利、获取物品或'获取物品的手段'的权利分配给每个成员。这是源自自然法和共同善的政府责任。它被辅以正当革命的威胁，如果这一责任没有得到履行的话。"[④]进言之，财政信托中主权权利之所以能够存在，一方面是为了保护公民的财产权利，防止公民的财产权利受到不当侵害；[⑤]另一方面是为了强化财政受托人对受益人的财政给付，从而扩大以公共利益为主导的公共责任和财政参与。

下文对主观权利二分法的提出，借鉴了一些宪法学者对基本权利功能体系的研究，将作为主观权利的功能分解为防御权功能和受益权功能。[⑥] 前者是指财政法所具有的要求财政受托主体不予侵犯的功能，对应的是财政受托人的消极义务；后者是指财政法主观意义上所具有的可以请求财政受托主体作为某种行为以享受一定利益的权能，也就是财政受益人请求财政受托人予

---

① 有学者认为，主观的法被认为是提起（可强制执行的）诉讼的资格（法律地位）。参见[德]伯恩·魏德士：《法理学》，丁晓春、吴越译，法律出版社2013年版，第33页。

② "完备的权利是一项'主动'权利，而不完备的权利是一项'被动'权利。拥有一项被动权利就是对被他人给予某物或允许做某事享有一项权利，而拥有一项主动权利则是享有自己去做某事的权利…… 被动权利的意思是：一个人处于他人义务所涵盖的某个位置上。主动权利的意思是：一个人对他的道德世界的某个部分拥有最高权力。"[英]詹姆斯·塔利：《论财产权：约翰·洛克和他的对手》，王涛译，商务印书馆2014年版，第115页。

③ 上文对财政法主观权利概念的分析，适当借鉴了徐以祥对行政法权利的界定。具体请参见徐以祥：《行政法学视野下的公法权利理论问题研究》，中国人民大学出版社2014年版，第16～20页。

④ [英]詹姆斯·塔利：《论财产权：约翰·洛克和他的对手》，王涛译，商务印书馆2014年版，第222页。

⑤ 例如，有学者提出私有财产权和国家财政权是公民权利和国家权力在财政领域的体现，为了防止财政权的滥用，必须以权利制约权力。参见丛中笑：《税收国家及其法治构造》，载《法学家》2009年第5期。

⑥ 参见张翔：《基本权利的规范建构》，高等教育出版社2008年版，第44～46页。

以给付的权利。值得进一步提出的是,无论是防御权还是受益权都只是财政法主观权利的某项权能之一,它们本身均难以构成一项具体性或基础性的权利,它们共生于特定的法律状态或法律地位,[①]对于它的具体内容和使用方法,下文将试探性地予以分析。

一、财政法的防御权:排除妨害

防御权在宪法上是源于公民基本权利的一项权能,而在很大程度上归属于公法的财政法同样承继了这项权能,这也是财政法所不可或缺的重要权能。依据财政信托的规则,这种防御权主要体现在"受托人的不作为",这也是财政法防御权请求内容的核心,其目的是防止受托人的积极侵害行为,也即防御权针对的是受托人的消极不作为义务,防御的对象是侵害公民财产与公民权利的行为,故受托人只须无作为,其针对防御权功能的义务就已实现。[②]

对于财政法主观性防御权的产生之因,财政信托虽然是基于对受托人的信任或信赖而存在,但是这种信任存在被辜负的可能,尤其是财政信托中政府作为唯一的受托人,没有竞争就没有危机也就缺乏自律意识,这就可能会产生权力滥用的情形。人类的历史经验告知我们,受托人(政府)的滥权一直是人民生命、自由以及财产的最大威胁。[③] 因此,选择信任并不意味着一定要放弃对受托人的防御,只有给予每个公民有效的防御权保护,才能更好地实现财政信托的目的。从财政法的现行发展与基础原理来看,这种防御权的范围主要体现在以下两个原则:一个是在防御方式上,表现为法律保留原则;另一个是在防御范围上,必须以"市场失灵"为边界。前者是形式标准,后者为实质

---

① 私法中的权利存在两种重要的分类方法:一是基础性权利,包括物权、债权、人身权、身份权、继承权等;二是功能性权利,包括支配权、请求权、形成权与抗辩权。德国公法学者耶利内克认为,私法权利主要体现为私法的请求权,源于特定的法律状态或地位。以此类推,公法请求权同样产生于特定的法律状态或地位。参见 Georg Jellinek, *System der subjektiven öffentlichen Recht*, Neudruck der 2. Auflage Tübingen 1919, Scientia Verlag Aalen 1964, S. 86. 转引自徐以祥:《行政法学视野下的公法权利理论问题研究》,中国人民大学出版社 2014 年版,第 55 页。

② 参见张翔:《基本权利的规范建构》,高等教育出版社 2008 年版,第 48 页。

③ 哈耶克曾这样清醒的认识道:"在这个世界上,平等地待人和试图使他们平等这两者之间的差别总是存在。前者是一个自由社会的前提条件,而后者则像 D. 托克维尔描述的那样,意味着'一种新的奴役形式'。"[英]A. 哈耶克:《个人主义与经济秩序》,贾湛等译,北京经济学院出版社 1989 年版,第 16 页。

标准。

(一)形式标准:法律保留

许多财政事项与人民的切身利益息息相关,因此法律保留原则被视作财政法的基本原则,也即一些基本性的财政事项只能由代表民意的立法机关通过的法律才能进行规定。否则,在没有明确的法律依据或法律授权或委托人同意的情况下,财政信托财产不受任意处分,受托人也不得滥用受托性的自由裁量权,这是受托人应承担的消极义务,也体现出一种防御权功能。当然,这种防御权也给立法机关提出了一种消极义务,这种消极义务并非指立法机关不得对公民私有财产权作出任何限制,而是不得随意制定侵犯私有财产权的法律,除非这种限制与侵犯是来自私有财产权应承担的社会义务或符合税收正义的衡量准则。① 但是这种社会义务或责任也不能恣意扩张、不得任意解释,应符合其他法律的明确规定等。

申言之,在现代税收国家(tax-state)②下,尽管人民需要协力履行对社会共同体运行所需之费用,但是人民同时在合理限度内获得了立法机关不得随意侵害私人财产权益的防御性请求,即人民之财产自由与权利之限制必须以公共利益为必要并以法律明确规定。以目标为参与私人财产收益分配的征税权为例,它的不当行使很可能成为侵害私人财产权益的潜在隐患,为了消除这种隐患的威胁,财政法必须合理厘定政府征税权运行的边界和范围,即国家征税权的赋予应按照民主程序由立法机关的多数而决定,并符合税收法定、税收公平以及过度禁止等税收原则,同时还应遵从正当程序理念的要求来实现征

---

① 在某种程度上,防御权的功能,还表现为应在宪法上设定税收正义的衡量准则,在税收正义的基础上再来决定社会给付的衡平基准。因为,只有符合正义所允许的税收负担,才能源源不断地供应公共利益所需,故税收正义是私有财产权转移的前提要件,也是衡量防御权的广度与深度的标准。

② 根据国家收入来源的不同,历史上主要存在6种财政国家,即领地国家(domain-state)、贡赋国家(tribute-state)、关税国家(tariff-state)、税收国家(tax-state)、贸易国家(trade-state)和自产国家(owner-state)。在这6种财政国家中,最主要有3种即领地国家(指中世纪的封建王国,国王主要依靠自己的王室领地维持生活)、税收国家(国家收入源于向国民的私有财产征税的税收国家)和自产国家(国家拥有庞大国有资产,能够自我维持的一种财政国家类型)。参见马骏:《中国公共预算改革理性化与民主化》,中央编译出版社2005年版,第31页。

税权的规范行使,从而达到保护纳税人合法权益的目的,[①]这样才是税收管理权行使的正当性和合法性的基础。概言之,人民的财产权益未经法定事由和未经法定程序不得被剥夺与索取,否则将构成财政权力的非法侵害,被侵权主体也就有权对其损失而提起国家赔偿、国家补偿以及行政诉讼等。以上即是财政法防御权的主要表达。

当前,法律保留原则在财政法中的体现难以让人满意,许多非常重要的基本财政事项都尚未形成法律,例如,财政基本法、财政转移支付法、公债法等,从而导致大量的财政受托行为无法可依,引发了大量财政缺位、越位、错位的问题。同时,财政受托人所依循的仅是由受托人自身制定的规范性文件,这也是不符合财政信托基本原理的。概言之,从形式标准上看,财政法的防御权并未得到有效的体现。如何实现财政法的不断进步与完善,对更多基础性、关键性的财政事项进行明确的立法规定,从而更好地去厘定受托人应不予作为的范围,才是对防御权功能应有的尊重。

(二)实质标准:市场失灵

如果从量与质的角度来说,财政立法保留原则只是从“质”的层面体现了防御权的地位,何为受托人所不予作为的具体内容,这就需要从“量”上进行把握,即防御权功能的作用范围。根据本书第三章的论述,财政信托的作用场域是无法通过市场手段来进行满足的公共领域,即市场失灵的领域。现代财政法是一种与社会主义市场经济相适应的法,[②]财政法不能去影响市场在资源配置中的决定性作用,因而必须处理好政府与市场之间的关系。由于政府的资源配置能力非常强大,如不依法限制可能会扭曲市场的配置规律,[③]故财政信托受托人必须尊重市场的资源配置作用。反之,这种对市场规律的尊重也即为防御权功能的体现,防御权的存在将使财政法的作用范围严格限制在弥补市场失灵的领域,一旦超出这个领域,受益人可以请求受托人及时停止和有序退出其不该作为的领域。

按照防御权功能的要求,财政法的制度设计应基于市场起决定性资源配

---

① 参见朱大旗、胡明:《正当程序理念下我国〈税收征收管理法〉的修改》,载《中国人民大学学报》2014 年第 5 期。

② 参见朱大旗:《〈预算法〉修订建议》,载《改革内参·综合版》2014 年第 10 期;朱大旗:《完善人大对政府预算全方位的审查监督制度》,载《法学杂志》2014 年第 2 期。

③ 参见张守文:《政府市场关系的法律调整》,载《中国法学》2014 年第 5 期。

置作用的基础,在编制和审批财政预算案时应秉承“有限财政、合理财政、正当财政”的要求,不应造成政府对市场的扭曲,避免财政作用对市场自我调节领域的干扰。财政法在通过处分财政信托财产来满足社会公共需要的过程中,决定这种社会公共需要的主体不应是政府与国家,而是市场与社会本身。尊重市场起决定性资源配置作用的财政制度设计,要求财政法只是在市场需要的范围内体现其作用,这种作用是一种受到限制的有限作用,这种作用是一种服务于市场的合理作用,一旦超越了这种界限,则侵犯了财政法应对公民与社会负有“消极义务”的范围。

二、财政法的受益权:请求给付

财政法主观权利的受益权功能是指财政信托的受益人所具有的请求受托人作为财政给付,从而享受社会公共利益的功能。财政信托受益权功能所针对的乃是受托人的积极给付义务,受托人必须为社会公共利益的实现提供一定的服务或者给付。所给付的内容,大体包括两种:一是对价性的给付,即公民需对所获取或享受的公共产品支付完整对价,例如,为满足基本日常生活需求的给付,即水、电、燃气、公共交通等;二是非对价性的给付,即公民无须对所获取或享受的公共产品支付完整对价,例如,基于生存权保障的社会保障给付。

受益权在财政法主观权利中占据重要地位,这种受益权是保障财政信托的受益人能获取财政给付请求的关键。按照前述对信托内在结构的分析可知,受益人是信托财产的实质权利人,其所享有的权利被称为受益权,受益权既是针对信托财产而享有的一种归属性权利,又是针对受托人而享有的一种请求性权利,因此总体上受益权兼具物权(对信托财产的权利)和债权(对受托人请求的权利)的性质。[①] 在财政信托中,财政受益权更是可被解释为具有双重性质的权利,既离不开财政信托财产本身也不能脱离于财政信托的受托人。

如果从请求给付视角来解释财政法的受益权,这种受益权具有 4 种可能的理论来源。根据民法上请求权的基本原理,请求权作为一种以实体法为存

---

① 参见谢哲胜:《信托法》,台北,元照出版有限公司 2009 年版,第 175 页。

在基础的功能性权利，[①]它的行使必然要依附于具体的基础性权利方能予以主张。再行按照民法上请求权的4种划分类型，将其适当应用到财政法上来，那么财政信托的受益权（受益性的请求权）也可能缘于这4种可能，即财政信托的物上请求权（基于财政信托财产而产生）、财政信托的债权请求权（基于财政信托的受托人而产生）、财政信托的人格请求权（基于宪法上的人格尊严而产生）以及财政信托的身份请求权（基于公民身份理论而产生）。以下将一一予以适当论述。

（一）财政信托的物上请求权

如果从财产法的角度来看待财政信托本身，那么财政信托受益人的利益可视为存在于财政信托财产自身，即委托人（人民）通过适当转移自己的部分私有财产而形成财政信托财产，受托人仅是作为财政信托财产的名义代表而拥有对财政信托财产的管理或处分的权限——排他性的权限，实质上财政信托的受益人（人民）拥有对财政信托财产的给付请求权，即受益人基于财政信托财产而拥有一种归属性的财产权利，也即财政信托的物上请求权。

（二）财政信托的债权请求权

如果从契约的角度来看，虽然财政信托产生于对委托人的私有财产转让，但是财政信托却依赖于财政信托协议而存在，尽管这种财政信托财产对受托人自身可能无利益，但是财政信托的受托人还是要依照财政信托协议履行这种受托责任，财政信托受托人对受益人负有积极的义务。财政信托受托人的每项义务都可能同时代表着受益人的一项权利，财政信托的受益人将有权依照财政信托协议来促使受托人忠实、谨慎地管理财政信托事务，那么不难得出财政信托受益人享有的利益给付请求是一种对人性质的，也即成立财政信托的债权请求权。

（三）财政信托的人格请求权

从人格权的角度来看，人格权法分为宪法人格权和私法人格权两部分，“二者共同建立了以人格尊严即人格自由为基石的法秩序”。[②] 在德国，相较

---

① 请求权是一种“旨在获得某种特定的给付的要求……要求他人为或不为一定行为的权利。这样一种请求权以存在一项有实体法依据的请求权为前提。”［德］迪特尔·梅迪库斯：《德国民法总论》，邵建东译，法律出版社2001年版，第67页。

② 王泽鉴：《人格权法》，新学林出版股份有限公司、三民书局、台大法学院福利社2012年版，第69页。

于私法更具伦理意义的人格权,宪法上的人格权更倾向于表述一种人权意义上的概念。尤其是作为宪法上基本权利之一的人格权,在"主观权利"上人格权代表着宪法的公法性,为了保护人格尊严、人的自由与发展以及作为人类自身的生存和存在,个人得以请求国家权力的介入来实现上述主张。① 因此,为了保障、帮助以及促进与公民生存和发展相关的权利行使,国家将为促进这些权利的实现而予以积极作为,如向人民给付物质性利益或者相关服务,也就是说,公民基于宪法人格权可以向国家请求给付某项公共利益甚至扩张给付以满足更多需求,这些给付与扩张给付无疑依赖于财政信托财产的供养,此即成立财政信托的人格请求权。

(四)财政信托的身份请求权

在政治学的研究中,存在一个公民身份理论,②公民身份的重要构成要素之一即为社会要素,社会要素体现出公民的社会地位,对应到具体的制度保障上,则意味着拥有者可以对国家所主导与提供的福利设施提出要求。③ 因此,在公民身份理论下,为体现公民的社会身份要素,公民可以基于其社会身份地位而享有请求国家提供社会公共服务的请求,这种请求的满足无疑需要财政信托受托人的积极给付,此即成立财政信托的身份请求权,一种缘于公民身份的请求权。

第四节　小　　结

人民作为受益人享有公共财产的受益权或者说具有请求给付信托利益的权利,在财政法的传统研究范式中是难以予以容纳和解释的,从而引发了财政法研究范式革新的可能性。当然,真正促使财政法研究范式的转型,是多重原因复合作用下的必然结果。以人民的财产与自由作为计量单位,现代财政法

---

① 周云涛:《论宪法人格权与民法人格权——以德国法为中心的考察》,中国人民大学出版社 2010 年版,第 129 页。

② 1949 年在阿尔弗雷德·马歇尔(Alfred Marshall)的年度纪念讲座上,马歇尔发表"公民身份与社会阶级"的演讲,提出公民身份的三大要素:公民的要素、政治的要素、社会的要素。See Marshall, T. H., *Sociology at the Crossroads and Other Essays*, Heinemann, 1963, p. 74.

③ 参见[英]彼得·德怀尔:《理解社会公民身份:政策与实践的主题和视角》,蒋晓阳译,北京大学出版社 2011 年版,第 4 页。

兼具损益和授益的双重社会功能,财政法理论根基的构筑不能割裂这两项功能的发挥。随着财政给付种类与规模的扩大,财政法的授益功能日渐得以显现,单纯依靠财政法的权力规制范式和固守在国家权力的视域内,财政法的授益功能将难以得到合理疏导。实现权力规制范式向权利保障范式的转变成为大势所趋。财政法权利范式的设计应抓住公共性和主体性的两大要穴:公共性是财政法两大社会功能体现程度的衡量基准;主体性要求尊重人民主体地位,既不应否认“人”的能动价值也不容践踏“人”的人权价值。财政法的规范分析框架应立足于“客观法—主观权利”的双向思考:客观意义上应塑造和维系一个公共价值秩序,强化公共财产取得的正当性、管理的有序性以及分配的正义性;主观权利上应实现国家义务思维向公民权利思维的转换,需要认可防御权和受益权的表达。总体上,“财政信托的法范式革新”提升了财政信托问题研究的理论价值,这是全书研究的创新点。

第五章 财政信托的法激励催化

财政信托的核心内容是受托人在管理财政信托财产时，对受益人(人民)负有信义义务，必须为了受益人(人民)的最大利益而最优化使用、运营与处分财政信托财产。正因如此，法学镜像中预算治理意味着一种责任担当，通过建构一个适当的现代预算体系，促使政府对代议机关进而对人民负责，①这种兼顾严谨性与审慎性的受托责任担当也就是财政信托目的之核心要旨。财政作为国家治理的基础，又依托预算促进财政治理，正因预算之于治理的重要性，要求建构与国家治理相适应的预算法治体系。预算法治是使公共财政最优化满足社会公共需求的目的性事业，绩效预算②改革则是完成这项良善治理事业的前沿性实践。当下中国，从中央到地方正掀起一股全面推进绩效预算改革的浪潮，产生了丰富的绩效预算法治改

---

① “一个适当的预算体系意味着负责任的政府。预算通过一个单一的文件并在其中详细地界定政府的责任和功能，从而将政府整合为一个整体。”[美]乔纳森·卡恩:《预算民主——美国的国家建设和公民权(1890～1928)》，叶娟丽等译，格致出版社、上海人民出版社2008年版，第3页。

② 本章中绩效预算是指以绩效为基础的预算、基于绩效的预算、以结果为基础的预算或以产出为基础的预算体系。参见[美]西奥多·H. 波伊斯特:《公共部门绩效评估》，肖鸣政译，中国人民大学出版社2016年版，第144页。

革样本。面对这种"摸着石头过河"的改革,必然需要抓紧绩效预算法治的理论建设,如果没有正确的绩效预算法治理论引领,就不可能有正确的绩效预算法治实践。① 在财政信托的理论视角下,如何促使作为受托人角色的政府更好地承担财政受托责任,成为现代预算治理的关键问题,也是绩效预算产生的理论基础,亦构成对预算法治建设的最大挑战。② 基于此,以下深入剖析绩效预算改革的理论基础,并研究改革面临的深层次问题,以期得出一些深化绩效预算法治改革的规律性认识。

为建立一个对人民负责的现代预算制度,各国预算治理的推进先后呈现出两种发展模式:一种是以规范治理为重点架构的传统预算,它诞生于英国代议制民主监督经验之上,寄望于在国家权力机关与国家行政机关之间实现预算权力主体之间的相互制衡与有效监督,③来确定政府的预算活动边界并规范其预算权力行使,理论面上可提炼为以加强合法性控制为主线的法治构建模式;另一种是以有效治理为核心内容的绩效预算,此概念最早源自 1907 年美国国家治理转型的进步时代,④是一场社会舆论下政府积极回应与努力作为的自我革命,以打造一个负责任的、有能力的、高效率的现代预算管理体系,理论面向上可概括为以追求最佳性治理为主线的法治构造模式。⑤ 责任之本义表达的是"受拘束"属性,是对豁免(或免除)的否定或相反。⑥ 不同于传统预算的责任主体以制裁的方式进行某种行为,绩效预算的责任主体则以激励

① 参见魏哲哲、张璁:《用正确法治理论引领法治实践——访中国法学会副会长张文显》,载《人民日报》2017 年 5 月 31 日,第 18 版。

② 本质上,预算作为一个资源配置的政治问题,可分解为预算规模、预算配置、预算使用、预算责任 4 个子问题,其中前 3 个问题最终都会归结于预算责任问题,而政府作为一个信托机构,政府官员作为受托人,如何使其承担并履行这一根本受托责任是预算的逻辑起点和最终归宿。参见[美]珍妮特·M. 凯丽、威廉姆·C. 瑞文巴克:《地方政府绩效预算》,苟燕楠译,上海财经大学出版社 2007 年版,译者序,第 1 ~5 页。

③ 参见蒋悟真:《中国预算法实施的现实路径》,载《中国社会科学》2014 年第 9 期。

④ 参见马骏:《经济、社会变迁与国家治理转型:美国进步时代改革》,载马骏、刘亚平主编:《美国进步时代的政府改革及其对中国的启示》,格致出版社、上海人民出版社 2010 年版,第 13 页。

⑤ 有关合法性与最佳性的具体解析请参见朱新力、唐明良等:《行政法基础理论改革的基本图谱》,法律出版社 2013 年版,第 3 ~20 页。

⑥ 参见[美]霍菲尔德:《基本法律概念》,张书友编译,中国法制出版社 2009 年版,第 67 页。

的方式采取某种行为，总体上后者的形成经历了一个从被动到主动、从强制到自觉的演化过程；传统预算是种带有明显控制性烙印的强制性制裁结构，如要求受托人政府认真对待预算执行（《预算法》第13条前款规定“经本级人民代表大会批准的预算，非经法定程序，不得调整”）；绩效预算则是具有明显激励性品质的非强制性制裁结构，[①]它的责任表达活跃于预算治理全过程，[②]如《预算法》不仅将“讲求绩效”列入第12条关于预算原则的重点内容，更是要求将绩效因素贯穿于预算编制（第32条第1款）、预算审议（第49条第3款）、预算执行（第57条第3款）、决算（第79条第1款）的整个预算过程，而非仅进行局部性的绩效预算改革。虽然传统预算与绩效预算均指向财政受托责任承担，但从这一进化过程来看，绩效预算代表了责任担当的现代化趋势，是应值得特别重视的预算治理方式。

在法治领域，主体、行为与责任三大要素是任何法学研究和法治实践都无法回避的基本问题，[③]为系统化思考绩效预算改革的法治规律及对绩效预算法治实践予以整体性概括，我们需要从理论和实践两个路向来厘清绩效预算主体、绩效预算行为、绩效预算责任这三大治理要素，经由“主体—行为—责任”的研究范式，[④]揭示出绩效预算治理之法律关系结构性特征的全貌，在其内部构造上，如果没有绩效预算治理主体角色的预先设定，绩效预算治理的行为规则和责任模式必将飘忽不定、难以落实。以下围绕“主体—行为—责任”这一基本框架展开对我国绩效预算治理之主体范畴、行为范畴、责任范畴的解析，将绩效预算改革的基础理论与前沿实践相结合，从而确保绩效预算法治规律提炼的科学性与正当性。

---

① 关于非制裁理论的分析，请参见［英］H. L. A. 哈特：《哈特论边沁——法律学与政治理论研究》，谌洪果译，法律出版社2015年版，第145～147页。

② “有责任为一个给定项目找出并使用最合适的方法，而把这种责任进行分散的做法是更加可取的。”［美］阿尔伯特·C. 海迪等：《公共预算经典（第二卷）——现代预算之路》（第3版），苟燕楠、董静译，上海财经大学出版社2006年版，第592页。

③ 参见袁曙宏：《党依法执政的重大理论和实践问题》，载《国家行政学院学报》2006年第1期。

④ 传统公法关系以权力关系为核心，难以涵盖其中权利要素，而传统私法同样难以涵括其中权力要素，因此法学分析才尝试运用公法、私法共通的“主体—行为—责任”要素构成的研究范式，以便对其法治内涵予以全面分析。参见王全兴：《经济法基础理论专题研究》，中国检察出版社2002年版，第48页、第51页。

第一节 绩效预算法律主体的形象塑造

一个时代的法律风格,影响最深的莫过于对"人"的看法,它决定着法律的发展方向。[①] 正是以"人"的形象作为构筑核心,才拟制出调整社会关系应凭借的法律主体。法律主体作为法学研究的基本概念,它是研究一切的前提。绩效预算治理主体主要是对享有权力、承担义务及肩负责任的"受托人"的法理上的抽象概括,[②]相较于传统预算治理主体,它所呈现的"人"的形象已有较大程度的改变,以下对此予以具体解析。

一、理论归位

法律主体角色预设在具体的法律关系之中,通过对行为能力的特定设置才得以实现。[③] 传统预算蕴含"命令—服从"之行为结构,它特别重视对预算资金投入的严格控制与预算程序规则的服从情况,在控制取向下,其重点表达的是要将国家权力机关的控制意志转化为国家行政机关必须遵从的行为规则,受托人的责任主要就是"服从外部政治控制",[④]一旦脱控就将被启用惩罚机制予以矫正,如《预算法》要求"各部门、各单位……不得擅自改变预算支出的用途",否则将"责令改正……依法给予处分"(第63条、第95条)。而绩效预算涵载"非命令—认同"之行为结构,[⑤]它着重强调对预算产出结果的精准管理与财政受托责任的妥善分配,在结果导向下,其重点表达的是要通过预算权力下放使具体受托人享有更多决断性与灵活性,通过打破复杂的定向控制

---

① 参见[德]古斯塔夫·拉德布鲁赫:《法律智慧警句集》,舒国滢译,中国法制出版社2016年版,第168~169页。

② 参见胡玉鸿:《法律主体概念及其特性》,载《法学研究》2008年第3期。

③ 参见蒋悟真:《传承与超越:经济法主体理论研究——以若干经济法律为视角》,载《法商研究》2007年第4期。

④ [美]特里·L.库珀:《行政伦理学:实现行政责任的途径》(第5版),张秀琴译,中国人民大学出版社2010年版,第137页。

⑤ 有学者认为,传统行政理论是"权威—服从、上级—下级"的思维模式,而未来行政理论则为每个人都是以"领导者"和"追随者"的双重身份参与行政过程。See Dwight Waldo, "Development of Theory of Democratic Administration", *The American Political Science Review* 46, 1952, p. 103.

"促成权力和责任的匹配",[①]激励受托人"要为结果的达成承担个人责任",[②]如《中央部门预算绩效目标管理办法》对绩效目标的设定、审核、批复分别采用"谁申请资金,谁设定目标""谁分配资金,谁审核目标""谁批复预算,谁批复目标"的原则(第8条、第18条、第27条)。概言之,从严格的法律原理上来说,传统预算中的受托人只是充当一个代理人角色,而绩效预算中的行政主体才是真正扮演受托人角色。二者相较而言:作为代理人角色意味着其权限较小,只是期待遵守命令,其主体意志受到被代理人授权范围的严格限制;而作为受托人角色就具有较大权限,拥有自由裁量空间,其主体意志只要合乎受托目的就不受他人干涉。这种原理构造的差异性,是因为提升预算治理效率的动机归根到底还是取决于愿意采取措施减少运营成本或优化产出结果的受托人,尽管外部控制者也可创造条件以鼓励预算治理效率的提高,但它始终无法强行满足这种要求,[③]显然只有给予受托人充分的信任与尊重,才能更好地激发受托人的责任感与使命感。

承上解析,作为对预算法律关系中"人"之形象进行的抽象拟制,传统预算与绩效预算之间存在较大区别,特别是对受托人进行形象设计之时产生巨大差异。法律主体的设定应以法律人性假设为基础,而法律人性假设则又以其生物本体和社会本体为共同基础。在具体法律人格的塑造上,传统预算沿袭传统私法理念将受托人假设为个体本位上的"经济人",而绩效预算吸收经济法学理念将受托人拟制为社会本位上"社会人"之特定类型。前者创设的受托人角色,其最大不足就在于其以二元对立的方式激化了国家权力机关与国家行政机关之间的对抗,甚至将助长"后者拒绝提供信息或者歪曲信息以便在与控制者面对面的敌对状态中处于优势地位",[④]最终导致了传统"经济人"本质观下双方主体对峙的身心俱疲甚至两败俱伤。后者创设的受托人角色,其最大亮点就是不再以简单的权力对抗思维下的单向度的经济人作为设

---

① [美]罗伊·T. 梅耶斯等:《公共预算经典(第一卷)——面向绩效的新发展》,苟燕楠、董静译,上海财经大学出版社2005年版,第519页。

② [澳]欧文·E. 休斯:《公共管理导论》(第4版),张成福、马子博等译,中国人民大学出版社2015年版,第196页。

③ 参见[美]艾伦·希克:《当代公共支出管理方法》,王卫星译,经济管理出版社2000年版,第24页。

④ 同上书,第11页。

计根基,而转向为合作共治的"社会人"思维模式来重塑受托人的主体形象。更确切地说,仅用纯粹的自私自利之"经济人"模型作为对"人"形象的唯一法律人性假设,体现出对"人"的本性认知是非常狭隘与消极的。绩效预算治理主体的塑造要求特别重视受托人具有共生性、道德性、利他性的生物本能或社会本能之培育。正如有经济学家认为,人类作为合作的物种将通过其特有的社会交互能力使利他合作者得以扩散,[①]而理性行动者也绝非必定自私,关爱他人、信奉公正、献身社会等偏好也并不与决策理性相抵触。[②] 现代心理学与神经学也验证出,人类在社会交往中表现出谦让、帮助、合作、分享等利他性倾向的亲社会行为。[③] 概言之,利他性本身作为预算受托人品性的重要组成部分,如果仅是从其利己性出发设计预算法律制度,它是有缺陷的也是不完善的,其制度实施的效果甚至可能恰恰挤出预算受托人之利他性。[④]

归根结底,一切如德国学者科殷所言,"法首先应该接受人的真实的样子,并且预计到他的一切特性……它必须遏制人的某些特性,鼓励促进另一些特性,并使它们发挥作用"。[⑤] 这就要求预算立法必须建立在对主体形象的完整分析基础之上,要求立法者在设置相应的主体角色和行为规则时应同步考虑利己性与利他性的两面,激发受托人的利他性和规制受托人的利己性都应是预算立法的使命所在。

二、立法检阅

理论有待实践进行检阅,立法是首要检阅阵地。绩效预算治理作为一种合作共治模式,预算立法应鼓励设置符合这种模式的主体规则。比较新旧预算法的立法宗旨,旧《预算法》(1994 年)立法宗旨的核心要旨(第 1 条):一是强化预算的分配和监督职能;二是健全国家对预算的管理。历经修改,新《预

---

① 参见[美]塞缪尔·鲍尔斯、赫伯特·金迪斯:《合作的物种——人类的互惠性及其演化》,张弘译,浙江大学出版社 2015 年版,第 269 ~ 270 页。

② 参见[美]赫伯特·金迪斯:《理性的边界:博弈论与各门行为科学的统一》,董志强译,格致出版社、上海人民出版社 2010 年版,第 5 页。

③ 参见肖凤秋等:《亲社会行为产生机制的理论演进》,载《心理科学》2014 年第 5 期。

④ 参见叶航:《个体主义方法论的偏误》,载《中国社会科学评价》2016 年第 3 期;Bruno S. Frey, A constitution for Knaves Crowds out Civic Virtues, *The Economic Journal* 107, 1997, pp. 1043 – 1053。

⑤ [德]H. 科殷:《法哲学》,林荣远译,华夏出版社 2002 年版,第 152 页。

算法》(2014年)立法宗旨的核心要旨(第1条):一是规范政府收支;二是强化预算约束;三是加强对预算的管理和监督。从法意上探究新旧立法者的立法用意:旧宗旨的重心是要把国家打造为强大的预算管理主体,意欲凸显政府预算权力的主导性与支配性,行文中表达出对作为受托人政府的高度信任,将政府放置在绝对的善的位置;而新宗旨的重心是要将拥有收支权力的政府作为立法的规范对象,注重把预算权力关进制度的笼子,语意上隐含着对作为受托人政府的严重不信任,将政府视为邪恶和暴虐的化身。① 可以说,新旧立法宗旨所设置的预算法律主体都是一种欠完整、有偏颇的人的形象,立法宗旨的修订从一个极端滑向了另一个极端,这种立法者的态度都是失之谨慎的。

以上分析显示,新旧预算立法都有些偏离理论指向,对主体形象作出了不适当的立法设计,这种立法范式及其意识形态弥漫到立法过程中去,造成对整个预算法律制度的简单、浅薄构建,如不进行改进,将因其局限性而大大缩减预算立法应有的效力。对于旧《预算法》,因预算立法的过度放纵造就了恣意妄为的政府收支现象,如曾经饱受诟病的“三公消费”问题。而对于新《预算法》,从立法宗旨所彰显的立法范式来看,它将难以深层次激发政府收支活力,易导致“管控过死”,如产生难以解决的财政资金大量沉睡现象。虽然行政部门下发一系列的规范性文件,②但这些规定的实施效果一般,其中的问题依旧相当严重。③

针对上述问题,客观上要求立法者应当在创制预算法律主体形象的过程中甄别不同预算法律关系来进行完备的法律人性假设,以引导财政预算关系向符合立法者期冀的轨道运行。现行的《预算法》很难于近期再次修订,且绩效预算的立法要求也大多超出了现行预算法的可承受范畴。鉴于现行预算立法存在的不足,为推进绩效预算治理,应实现绩效预算的单行立法,应尽快将

① 具体解析请参见朱大旗:《中华人民共和国预算法释义》,中国法制出版社2015年版,第1~9页。

② 如2014年国务院发布《国务院办公厅关于进一步做好盘活财政存量资金工作的通知》、2015年财政部下发《财政部关于盘活中央部门存量资金的通知》《财政部关于推进地方盘活财政存量资金有关事项的通知》。

③ 以精准扶贫资金为例,据审计署2016年第7号公告《审计署关于40个县财政扶贫资金的审计结果》,其中扶贫资金闲置比例达16.8%;2017年第3号公告《2017年第一季度国家重大政策措施贯彻落实跟踪审计结果》,依旧暴露财政资金大量闲置的问题,涉农资金的闲置尤为严重。

其列入国务院的立法工作计划,推动绩效预算的行政立法。在具体立法过程中,要求立法者在法律主体的拟制上,以建构复合型法律人性假设为理论导向,尤其给利他性的法律人性假设方面给予足够关注与引导。在绩效预算法律主体的人格预制上,绩效预算立法应沿着激励性的导向轨道,立法目的要以激发公共受托人的责任担当为本,通过优化对绩效预算关系的调整来唤醒并增强受托人的责任意识。参照国外立法经验,美国《1993 年政府绩效和成果法》第 2 篇明确其立法宗旨是"把改进成果、提高服务质量和顾客满意度作为新的关注焦点,提高联邦项目的有效性和公共责任感",其立法文本主要反映出立法者是秉持一种激励法则来对绩效法律主体形象进行复合性设计,非常注重对其利他性品格的系统培育,如第 1117 条"豁免"、第 5 章"管理责任和灵活性"、第 9704 条"管理责任和灵活性的试点项目"。而考察我国关于绩效预算改革的许多规范性文件,立法宗旨上基本移用了 2014 年财政部《关于推进预算绩效管理的指导意见》要求"强化预算支出的责任和效率,提高财政资金使用效益"的立法表达,①虽然在立法表意上显示出一种应强化支出主体责任的立法导向,然而在深层要义上它依旧偏爱于要抑制支出主体利己性的价值依归,其因在于绩效预算规范的制订深受预算法立法目的之影响,因《预算法》的控制性色彩太过浓厚,使绩效预算立法者完全落入了一般预算立法的格式套路,绝大多数绩效预算制度并未跳出预算受托人之利己性假设的定式思维。例如,一些地方绩效预算改革的推行,其改革动力主要源自上级政府的命令与压迫,许多政府部门仅是被动的敷衍或对付,②它们并未深刻意识到这场改革必须激发改革主体自身的能动力量,即充分激活绩效预算主体携带的利他性基因。从长远来看,仅试图控制绩效预算主体行为的做法即使可以取得成功,也难以造就负责任的、全身心投入的受托人。③ 当然,绩效预算立法

① 如《中央对地方专项转移支付绩效目标管理暂行办法》第 1 条规定:"为了规范中央对地方专项转移支付绩效目标管理,提高财政资金使用效益。"

② 针对预算绩效改革开展不力的现象,一些地方政府专门出台对此问责的规范性文件,以克服绩效预算的改革惰性。如 2011 年《北京市预算绩效管理问责办法(试行)》、2012 年《四川省人民政府绩效管理过错问责及结果运用办法(试行)》、2016 年《合肥市预算绩效管理考核问责暂行办法》。

③ 参见[美]珍妮特·V. 登哈特、罗伯特·B. 登哈特:《新公共服务,而不是掌舵》(第 3 版),丁煌译,中国人民大学出版社 2016 年版,第 116 页。

并非反对在制度上考虑利己性的人性假设，也同样重视通过防范性规则的预先设计，以激励或惩戒机制来抑制其利己性。

第二节　绩效预算法律行为的品性与权义配置

法律行为作为联结法律主体和法律责任的桥梁纽带，是实现从纸面上的法向行动中的法之转换的运行载体。绩效预算治理过程中，其主体角色的转换必将影响主体的思维意志与支配行为，它能否取得预期效果将主要取决于治理主体的行为选择。只有严密观察具体的预算治理行为，解析出治理行为抉择所应考量的法治要素，才可实现对绩效预算关系的规范调整。通过洞悉绩效预算的法治特质，并依此作为制度建构基础，才能形成一个符合国情的绩效预算法律体系。

一、绩效预算法律行为的品性

绩效预算法律行为是以绩效目标为导向、以项目成本为衡量、以成效评估为核心，通过受托人行权与表意而追求最佳绩效效果的预算行为。因此，绩效预算法律行为影响着绩效预算治理的发展方向与推进深度。只有优先考察绩效预算法律行为之结构特征，才能对由行为之品性所决定的绩效预算法律行为实效进行引导，使绩效预算的实际行为真正符合法律规范所规范的实效要求。①

（一）功能性②

相异于传统预算主要是规范主义建构，绩效预算更多地为功能主义建构，通过源自受托人内部的各种绩效预算功能要素的合理建构，来形成与实现对预算支出绩效的功能性激励。绩效预算的功能主义建构，主要是针对传统预算外部控制的局限性——难以激发受托人的能动力与创造力、受托人缺乏使命感和紧迫感，通过明确绩效预算行为的具体目标指向以激发出政府受托人

---

① 参见[奥]凯尔森：《法与国家的一般理论》，沈宗灵译，商务印书馆2013年版，第78页。

② 在行政法学界，自制性概念最早由关保英教授进行研究，后崔卓兰教授进行深入性研究。参见关保英：《行政法的私权文化与潜能》，山东人民出版社2003年版，第498～513页；崔卓兰、刘福元：《行政自制——探索行政法理论视野之拓展》，载《法制与社会发展》2008年第3期。

的内在动力，并通过运行监测、绩效评价、结果诊断等绩效预算行为锻造成一个以回应性和责任性风格为主的自我预防、自我发现、自我约束、自我校正及自我反馈的预算绩效调节体系。作为一种功能主义建构，其本质就是责任制下让具体受托人有充分的动力去追求财政资源配置的效率。

（二）契约性

绩效预算本身是一种以有限财政资源交换特定产出或结果的隐性预算契约。推进绩效预算治理，更需充分利用契约机制进行分权化改革，使政府部门之间从隶属关系或监管关系转变为规范化的契约关系，把绩效预算从繁文缛节和过度规制中解放出来。[①] 预算主管机关（财政部门）和经费支用机关（各部门）之间，政府上下级之间可签订公共服务供给协议，通过详尽载明执行人的预期投入、产出、结果及其绩效指标，使具体受托人为服务提供的结果负责，并按照协议标准的具体受托人进行过程监督与结果评价，从而建立分工明确、协同配合的绩效责任关系。

（三）程序性

程序正义作为绩效预算法治的核心之一，是形塑绩效预算行为的可预测性与可接受性之关键。为实现受托责任从统一到分化、再从分化走向复合的分配，促进同级预算行政主体之间的相互激励和上下级预算行政主体之间的双向激励，都需要依赖程序分化原则的正确导引。[②] “实施基于绩效的预算不仅要优化预算过程，还要发展一个并行的程序，用来区分绩效指标和收集、报告预算周期内的各种数据。”[③]追踪绩效预算行为，如分解国家发展战略规划、权衡预算支出绩效目标、考评预算绩效结果优劣等，都必须发挥程序正义品质的导引，使绩效预算制度得到规范化建构。因此，为建立协作共治的预算绩效

---

① 例如，可通过谈判达成预算绩效管理协议，建立中央与地方绩效合作伙伴关系，赋予地方政府在预算项目管理上的更大弹性，并突出地方政府在预算管理及其结果上的责任。除了一些不适合下移的公共服务（如国防、国家安全），应更多地将公共服务交由地方政府提供，而提供公共服务的成本则部分或全部由中央转移。绩效合作伙伴关注的是转移支付的使用价值及其产出效果。参见肖鹏：《美国政府预算制度》，经济科学出版社2014年版，第244页。

② 分化和独立是程序的灵魂，分化是指一定的结构或者功能在进化过程中演变成两个以上的组织或角色作用的过程。参见季卫东：《法律程序的意义——对中国法制建设的另一种思考》，中国法制出版社2004年版，第24页。

③ ［美］西奥多·H. 波伊斯特：《公共部门绩效评估》，肖鸣政译，中国人民大学出版社2016年版，第153页。

法律关系,需要落实程序正义来优化绩效预算行为的权义配置。

二、绩效预算法律行为的权义配置

如果说法律行为的根本在于对其整体品性的培养,那么具体的权义配置则牵涉法律行为的实施效果。① 考察我国绩效预算的规范性文本,可将绩效预算法律行为及其内容重点归纳为绩效目标管理行为、绩效运行监管行为、预算绩效评价行为3种类型。② 不同类的绩效预算法律行为,其权义配置详情也迥异。推进绩效预算治理的关键就在于规范和完善不同绩效预算法律行为及其权义配置。

(一)绩效目标管理行为

任何一个其产出和结果对公共产品供给有着举足轻重影响的预算领域,都需要引入预算绩效目标管理技术,通过充分了解每一个公共部门与预算项目——预计生产什么(产出)、花费成本多少(投入)以及最终获得什么(成果),将其量化为可供考核的投入产出数量、公共产品质量、社会效益量值,以精准把握受托人政府要达到的预算目的与方向,这既为建立一个负责任的预算绩效目标体系,也为预算支出行为的合理与否提供一种具体评价标准。

预算绩效目标管理行为,它是一个综合性的结构概念:外在表征为战略目标规划、部门计划制定的两大板块;内在相连于权力下放、职能改善、管理变革的多重因素。为实现对此行为的规范调整,需要充分发挥法律的引导与激励功能,对其内在的权义结构进行优化配置。以财政部《关于推进预算绩效管理的指导意见》及《中央部门预算绩效目标管理办法》作为文本考察对象,二者都只是规定了从绩效目标设定到绩效目标审核再到绩效目标批复的简单管理流程,构建了一个由各级财政部门负责统一领导的预算绩效目标管理体系。然而,针对预算绩效目标管理的实践,它并非仅是一种微观的、局部的、部门化

---

① 参见张继恒:《从"规范教义"到"法理守则":经济法学研究之转型》,载《法商研究》2015年第5期。

② 根据2011年《财政部关于推进预算绩效管理的指导意见》的规定,"预算绩效管理是一个由绩效目标管理、绩效运行跟踪监控管理、绩效评价实施管理、绩效评价结果反馈和应用管理共同组成的综合系统"。但本书认为绩效评价结果反馈和应用管理主要牵涉绩效预算法律责任方面,对此置于后文予以探讨。

的技术性改革,而是一种宏观的、全局的、战略性的系统化变革,①财政部门单方主导的绩效预算改革将不可避免地面临逻辑纠结和动力不足的境地,推进绩效预算改革需要从制度顶层设计层面予以认真对待。

1. 明确绩效价值取向

认知预算绩效目标管理行为,应重点明确的是预算绩效作为一个结果概念,其产出的最大化并不等同绩效的最大化,只有当财政预算供给的公共产品或公共服务符合民众诉求,其产出才等同于绩效。② 因此,绩效目标的形成不应是行政机关垄断式、封闭式的过程,如何扩大绩效目标制定过程的开放性与包容性,前者要求对民众的公共诉求保持高度敏感性,后者要求对民众公共诉求的不同价值取向进行争取、接纳与吸收,这是预算绩效立法应重点考量的价值取向。

2. 确定战略规划目标

战略规划目标是确定绩效目标和指标的先导,目的是为明确中期与年度财政预算分配的战略性重点与优先性清单,③并对财政收支规模适度性、财政收支结构相称性、财政收支水平均衡性进行整体的宏观把握,④最终确保政府财政活动的方向真正符合社会公共需要。然而确定战略规划目标的前提在于政府部门之间、部门与公众之间、政府与人大之间进行广泛讨论或咨询意见,对此为“维持凝聚力需要一个强有力的中央机构”,⑤但目前我国面临的是一

① 参见李成威:《建立现代预算制度——从绩效到民生》,立信会计出版社2016年版,第23页。

② 参见包国宪、王学军:《我国政府绩效治理体系构建及其对策建议》,载《行政论坛》2013年第6期。

③ 绩效预算改革绝非单一事务,它需要与中期预算改革协调配合,实现战略规划、预算分配、绩效预算之间的紧密结合。参见孙琳、楼京晶:《中期预算和绩效预算改革路径选择——以英国和俄罗斯为例》,载《复旦学报》(社会科学版)2016年第6期。

④ 参见陈治:《财政法定实质化及其实现进路》,载《西南政法大学学报》2017年第1期。

⑤ [美]阿伦·威尔达夫斯基、娜奥米·凯顿:《预算过程中的新政治》,苟燕楠译,中国人民大学出版社2014年版,第167页。

种"碎片化"预算编制权力格局,[①]尚未完全建立有效行政控制的政府预算机构。[②] 鉴于此,可考虑新设一个能超越部门利益的战略性预算编制机构,由其负责财政部门与"准预算部门"(如发改委、国资委、科技部)之间的统筹协调工作,并由其代表政府与各部门签订包括战略目标、绩效目标和具体绩效指标的绩效预算协议,[③]以便通过协议机制激励绩效预算执行主体积极作为。

3. 制定部门绩效目标

政府各部门根据战略规划安排,将战略目标分解和细化为年度实施的定量目标,形成部门预算绩效目标的总体与具体计划,并以此作为编制部门预算的基础。也就是说,预算绩效目标应由各部门自行确定,也就要求预算编制权的下放,以消除当前广泛存在的财政部门代编预算现象。当然,任何单位与机构都不能在未经审核评估的情况下,独自决定具体的预算绩效目标,否则违反基本审慎要求。对于审核主体,一方面可由上级单位负责对下级单位、财政部门负责对其他部门的预算绩效目标审核,另一方面可委托第三方参与预算绩效目标审核。立法上,《中央部门预算绩效目标管理办法》第 18 条"绩效目标可委托第三方予以审核"的规定值得充分落实;实践上,广东省的改革经验值得借鉴,即按照财政支出项目的不同属性,由相关领域专家评审绩效目标,经确认后的评审结果作为预算分配、绩效监测、绩效评价的重要参考依据。[④]

(二)绩效运行监管行为

考察当前我国发布的针对推进绩效预算改革的规范性文件,总体上相对

---

① 参见杜坤:《预算法现代化的法治逻辑》,载《华东政法大学学报》2015 年第 2 期。

② 部分学者甚至认为,只要先行建立有效的行政控制,然后才能进行绩效预算改革。Naomi Caiden, Patterns of budgeting, *Public Administration Review* 38, 1978, pp. 539 - 544;[美]艾伦·希克:《当代公共支出管理方法》,王卫星译,经济管理出版社 2000 年版,第 113 页;马骏:《中国公共预算改革的目标选择:近期目标与远期目标》,载《中央财经大学学报》2005 年第 10 期。

③ 例如,英国新绩效预算,政府与各部门之间将签订以改进服务品质为目标的公共服务协议(Public Service Agreements),其中详尽地规定了每个部门的总体目标、策略目标、绩效目标、评估方式及负责执行单位等。参见王淑杰:《英国政府预算制度》,经济科学出版社 2014 年版,第 238 ~ 246 页。

④ 参见广东省财政厅办公室:《广东探索走出第三方独立评价财政支出绩效新路子》,载中华人民共和国财政部网:http://www.mof.gov.cn/xinwenlianbo/guangdongcaizhengxinxilianbo/201612/t20161228_2507476.htm,最后访问日期:2017 年 7 月 6 日。

忽视对绩效运行监管行为的规范调整，稀少的规定主要散落于相关文本之中。[①] 然而，在预算执行过程中，绩效运行监管是保障预算绩效目标实现的关键环节，也是助推预算管理体制改革的有效动力，它是绩效预算改革的重要内容，理应受到立法者的认真对待。

首先，因行政体系外部的他制性预算监管存在诸多弊病，包括监管时效的滞后性、监管方式的被动性、监管成本的高昂性以及监管后果的严苛性等，才需要形成一种具有及时性、主动性、低成本、温情性等特征的自制性预算监管模式。[②] 通过构建合理的绩效运行监督机制将有利于挖掘并激发执行主体的自我调整潜能与自我实现价值，从而推动形成内外协同的保障绩效预算良性发展的氛围。

其次，为保障绩效预算的执行质量，既应要求各预算执行主体编制并向上级部门与财政部门报送详细的绩效月度与季度报告，[③]监管主体也应针对各执行主体的绩效预算执行情况形成客观公正的绩效目标监控报告（可引入第三方对监控报告予以复核），以便发现及纠正绩效目标运行中的偏离问题、采集及汇总绩效预算运行中的重点信息，从而为开展预算执行结果的绩效评价奠定基础，并为下一年度战略规划目标制定与预算编制提供重要参考。

最后，为提升绩效预算的运行动力，需激发预算执行主体的积极性与主动性，在保证实现绩效预算协议规定目标的前提下，应进行分权化改革把预算执行主体从繁文缛节和过度规制中解放出来，[④]通过从隶属关系到契约关系的转变以实现对预算执行关系中权义结构的优化。一方面，执行部门应有权申

① 以中央政府层级为例，除《财政部关于推进预算绩效管理的指导意见》对预算绩效改革提出了综合性指导外，现发布的部门规范性文件主要集中于绩效目标管理、预算绩效评价方面。根据《关于开展2016年度中央部门项目支出绩效目标执行监控试点工作的通知》之部署，绩效目标执行监控将于2018年全面铺开。

② 在行政法学界，自制性概念最早由关保英教授进行研究，后崔卓兰教授进行深入性研究。参见关保英：《行政法的私权文化与潜能》，山东人民出版社2003年版，第498~513页；崔卓兰：《行政自制理论的再探讨》，载《当代法学》2014年第1期。

③ 例如，澳大利亚绩效预算，要求各部门每月结束后10日内向财政部提交绩效月报以及每年3次的绩效预报，如果实际结果和绩效目标相差超过10%，部门必须为此解释原因。参见卢真、陈莹：《澳大利亚政府预算制度》，经济科学出版社2015年版，第208页。

④ “在执行分权中最关键的问题之一，是辨别那些提高地方政府绩效的因素。”[美]G. 沙布尔·吉玛、丹尼斯·A. 荣迪内利：《分权化治理：新概念与新实践》，唐贤兴等译，格致出版社、上海人民出版社2013年版，第5页。

请在部门内部为实现绩效目标进行财政资源的灵活调配，在保障执行部门对社会公众、绩效结果负责的情况下，可赋予其更大的管理或组织灵活性，以提高绩效预算的执行效率与执行能力。① 另一方面，可通过谈判达成预算绩效管理协议的方式，在中央与地方之间建立绩效合作伙伴关系，赋予地方政府在预算项目管理上更大的弹性，并突出地方政府在预算管理及其结果上的责任。除了一些不适合下移的公共服务（如国防、国家安全），应更多地将公共服务交由地方政府提供，而提供公共服务的成本则部分或全部由中央转移支付，绩效合作伙伴着重关注的是转移支付资金的价值及其使用的效果。②

（三）预算绩效评价行为

我国现行《预算法》虽已将"支出绩效评价"写入立法文本（第 32 条第 1 款），但其中并未对其给予具体规定。目前开展绩效评价主要依据 2011 年财政部印发的《财政支出绩效评价管理暂行办法》，在此部门规范性文件中，它建立了以"各级财政部门和各预算部门（单位）"为主导的绩效评价框架（第 3 条）。审慎而言，如果将此作为绩效评价体系构筑的雏形，将很难充分保证其评价行为过程的客观性与公正性，不利于提升绩效评价结果的认同度与精准度。如何打破传统行政管理的思维惯性，植入现代公共治理的思维方式来建构绩效评价体系，这是决定整个绩效预算改革能否继续深化的关键所在。基于此，以下重点从公共治理的思维视角对预算绩效评价行为的功能定位、内在结构、权义配置方面进行深入解析。

首先，其功能定位乃是预算绩效评价体系建构之基，区别于一般预算审计侧重预算执行行为的合规性评价，③预算绩效评价更多注重预算执行行为的有效性评价。相异于前者是一种规范功能定位，后者更多为一种社会功能定位。④ 这种功能定位的差异，也将直接影响预算绩效评价体系的技术建构，包

① 如美国《1993 年政府绩效和成果法》第 5 篇第 9703 条规定："依据第 1115 条编制的绩效计划可以申请豁免行政程序性规定和控制。"

② 参见肖鹏：《美国政府预算制度》，经济科学出版社 2014 年版，第 244 页。

③ 以《2017 年第 6 号公告：158 个贫困县扶贫审计结果》为例证，从其审计结果来看，它揭露的主要是扶贫审计发现的违法违规、闲置浪费、管理不规范问题。

④ 有学者认为，整体上财税法功能分为规范功能和社会功能，前者可以整合为纳税人权利保护和财政权规制，后者则包括公共财产治理和社会利益平衡。参见侯卓：《财税法功能的"法律性"解构》，载《财经法学》2017 年第 1 期。

括指标体系、权重系数及评分标准等方面的顶层设计。同时,这种功能定位又决定了凡是影响预算执行效果的关联行为,都将成为被评价的对象,除了资金使用行为,还包括预算管理行为、预算监督行为。

其次,其权力结构直接决定整个绩效评价的公信度与公认度,如果将绩效评价权视为一个权力集合,可将此权力集合的组成元素类型化解构为:一是评价组织权,作为一种组织性的支配力,将产生对整个评价过程的限制、约束或指引之效果,内含对组织者的权威认同。二是评价实施权,指向具体作为的评价执行人,因其不具有排他性,它又可划分为自评权与他评权。他评权主要指向接受委托的第三方机构,它受托开展绩效评价。三是评议参与权,它指向行政体系外部,为保证公信度与公认度,专业人士、普通民众皆有权参与评议。同时,评议参与权也是一个权能谱系,除了显示具有法律上的参与力,还暗含知情权、表决权、监督权等权能要素。四是评议设计权,它应打破组织者的垄断,即应由委托人和第三方共同设计评估的内容、指标、标准、流程与方法等。①

最后,其权义配置的正当性与否将直接威胁评价过程的客观性与公正性。从上述分析可知,预算绩效评价的权义配置重心就是要探讨选定谁来主导评价的问题。归纳现行预算绩效改革的主要样本:一种是由财政部门主导的改革模式,根据《财政支出绩效评价管理暂行办法》第25条"绩效评价工作可委托专家、中介机构等第三方实施",即由财政部门负责选任第三方;另一种是由国家权力机关主导的试验模式,根据《广东省人大常委会开展预算资金支出绩效第三方评价办法》,明确省人大常委会可委托第三方展开绩效评价。对此,有学者认为为避免产生行政依赖,应建立人大主导的绩效评价模式。②这符合预算权力的配置逻辑,然而也不能一概而论:对于他评,则应由人大负责委托第三方,否则就将削弱他评的独立性与中立性;但对于自评,则可由财政部门选任第三方,这将有利于实现执行主体与第三方的协同配合。同时,对

---

① 有学者从公共管理学视角,将绩效评价的权责谱系划分为评价权、组织权、实施权和评议权的"四权"。具体请参见郑方辉等:《财政绩效评价:理念、体系与实践》,载《中国社会科学》2017年第4期。

② 参见颜海娜:《评价主体对财政支出绩效评价的影响——以广东省省级财政专项资金为例》,载《中国行政管理》2017年第2期;李艳、林秀玉:《国家治理体系创新与治理能力提升的新探索——广东省委托第三方评财政绩效的现实思考》,载《公共管理学报》2016年第3期。

于被选任的第三方,如何提升其专业水平、合法地位、信息采集能力以及加强与相关政府部门的沟通联系,这也是应重点解决的问题。此外,为强化人大的预算主导地位,应要求接受评议的预算部门与负责评议的第三方,必须接受人大的绩效询问。①

第三节 绩效预算法律责任的形成与优化

"在法律推理链的后期",②产生的是法律责任要件。当完成预算绩效评价,也就必须确定其规范效应。无论是"论功行赏"还是"依过论罚",一旦得到国家立法的正式宣告,就将成为我们所要探讨的绩效预算法律责任。③ 很明显,绩效预算法律责任的形成与表达都相对特殊,难以照搬套用一般法律责任常用的义务说、强制说、法律关系说、处罚说、后果说、状态说、责任说等解释模式,④这就决定了需要对绩效预算法律责任的特殊性进行专门探讨,以针对预算绩效评价结果建立赏罚分明的应用制度,最终促进绩效预算治理改革的不断深化。

一、形成逻辑

一般法律责任最明显的特征就是具有不利后果和特定义务的双重性质,⑤认知上归位于"违反第一性法定义务而招致的第二性义务",⑥其重点建构于一种制裁性模式的基础之上。而绩效预算法律责任最夺目的就是形成鼓励先进和鞭策后进的两大功能,既不具有过错惩罚也不属于强制义务,其主要

---

① 例如,广东省人大在绩效评价流程上增加了一个人大与预算部门、第三方的绩效询问和沟通环节。参见李文彬、黄怡茵:《基于逻辑模型的财政专项资金绩效评价的理论审视——以广东省人大委托第三方评价为例》,载《公共管理学报》2016 年第 3 期。

② [澳]皮特·凯恩:《法律与道德中的责任》,罗李华译,商务印书馆 2008 年版,第 3 页。

③ 正如有学者认为,"法律责任有正责任(正责任体现为行为主体对行为对象的一种负担)和负责任(负责任体现为行为主体对行为对象的一种鼓励、奖励或保障)之分"。赵大华:《论经济法中权力主体的经济法律责任》,载《法商研究》2016 年第 5 期。

④ 关于一般法律责任的内涵解析,请参见叶传星:《法律责任研究》,载朱景文主编:《法理学研究》(下册),中国人民大学出版社 2016 年版,第 833 ~835 页。

⑤ 参见卓泽渊:《法理学》(第 2 版),法律出版社 2016 年版,第 278 页。

⑥ 张文显:《法学基本范畴研究》,中国政法大学出版社 1993 年版,第 187 页。

产生于一种激励性功能的诱导之上。与传统的法律责任形式相迥异,绩效预算法律责任是“提供了奖赏的预期而非惩罚的预期”,①目的是更好地挖掘或激发预算执行人的客观潜能与主观能动,从而取得合乎预算绩效目标所预设的产出或效果并形成与战略规划目标相适应的预算支出秩序。

就真实来源而言,绩效预算法律责任在本质上属于“道义责任论”“社会责任论”“规范责任论”三者之间相互耦合且相互排斥的产物:②其一,它以道义责任论所强调的自由意志为根基,但并不是认为自由意志支配下的预算执行行为具有主观过错;其二,它接受了社会责任论所考虑的,即决定于该行为所产生的社会效果和带来的公众满意度,但绝不认为无关于预算执行主体的主观意志;其三,它确如规范责任论所主张的,绩效预算规范为执行人提供了标准与模式(结果导向),并对符合绩效预算规范的行为加以法律肯认和表彰,而对未达成绩效预算规范要求的行为加以法律管教和惩罚,因此它绝不仅表现为因违反特定义务所要承受的不利后果。从上述分析可知,绩效预算法律责任是一种聚合物,其中既包含道义论的成分,也具有后果论的色彩,亦离不开强制力的作用,即重点受制于主观、客观与强制的三重维度:主观面强调承担这种法律责任是基于执行人的自由意志及努力程度所应面对的结局,正所谓种因得果;客观面强调承担这种法律责任是因该执行行为所产生的社会效果与得到的民众认可,即立足社会本位;强制性不可或缺,是因为绩效预算评价结果的应用本身并无强制力,但立法者一旦承诺以绩效评价结果作为预算执行主体的奖惩依据以及下一轮绩效预算运行的重要参考,并将其具体载明于相应绩效预算法律法规的条款项目之中,它就将产生针对整个绩效预算活动的良性激励,即形成于立法权威。

就逻辑脉络而言,绩效预算法律责任的形成基础与绩效预算法律主体的形象塑造之间是一脉相承的关系,这种依激励性路径设计的绩效预算法律责任——既对预算绩效评价优异的执行主体进行合理奖励也对未完成绩效目标预期的执行主体予以适当鞭策,完全匹配于以利他性为重心的绩效预算法律

① [英]H. L. A. 哈特:《哈特论边沁——法律学与政治理论研究》,谌洪果译,法律出版社2015年版,第146页。

② 关于法律责任本质的3种学说概括,请参见周旺生:《法理学》,西安交通大学出版社2006年版,第340~341页。

主体的法律人性假设，也完美相融于一个以能动激励、互动激励与自我激励方式调整绩效预算法律行为的法律逻辑体系，从而打造成一条从法律主体到法律行为再到法律责任的完整激励链条，形成推进绩效预算治理体系和治理能力现代化的全方位法律激励。申言之，因绩效预算立法的特性所决定的，我们需要将原本游离于法律制度之外的激励性规范转化为立法明确规定的绩效预算法律责任，经过推导可知这种新型法律责任形式虽超越了三大传统法律责任类型但并未脱离整个法律责任的法理定位，而从其自身特性所显示出的深层次目的来看，它正在以法律责任的形态来完成一条完整的绩效预算法治道路建造，这也就反映出我国深化绩效预算治理改革应遵循的基本法治规律。

二、优化设计

根据上述逻辑推理的指引，寻找绩效预算法律责任的对应表达。尽管新《预算法》试图将绩效因素融入预算运行全过程，但在“法律责任”的专章，除了以传统法律责任为参照规定了预算法律责任类型，并未留下绩效预算法律责任的任何痕迹。不同于预算立法的保守，作为绩效预算改革的积极推动者，行政机关业已下发一系列部门规范性文件，里面创立出一些符合绩效预算法律责任表达的具体条款，总体上搭建了一个以赏罚并行为核心的绩效预算法律责任架构，为绩效预算法律责任的进一步优化做好了环境铺垫。[①]

（一）奖励型绩效预算法律责任

奖励型法律责任侧重的是对“行为模式”的调整，而非仅将认知局限于“法律后果”要素。[②] 通常奖励型绩效预算法律责任模式主要建立于“绩效评价结果→绩效预算行为”的线性关系之上，即充分运用一种绩效预算年度“轮回”上的因果法则，将上一轮的绩效评价结果应用于下一轮的绩效预算运行中，只是不同于传统法律责任主要为一种“现世报”，奖励型绩效预算法律责任更多地讲究一种“来世报”。下文将对这种鼓励勇于担当、推动主动作为的法律责任表达类型进行具体解析。

---

① 统计经济合作与发展组织（OECD）国家的主要经验，正式或非正式的奖惩机制分为3类：一是资金的奖励或惩罚；二是财务和管理自由的增加或减少；三是绩效结果的公布。See OECD (2007), *Performance Budgeting in OECD Countries*, OECD Publishing, 2007, pp. 47 - 52.

② 参见丰霏：《当地中国法律激励的实践样态》，载《法制与社会发展》2015年第5期。

一方面,增加预算分配,即以预算绩效评价为参照,将绩效评估结果运用于预算编制过程,[①]实现绩效评价结果与预算资源分配相结合。一是给予财政资金奖励。2016 年财政部《财政管理绩效考核与激励暂行办法》明确"根据地方财政管理工作完成情况""结合预算管理目标"给予激励性的财政资金奖励,至 2017 年财政部下发《关于下达财政管理绩效考核奖励资金的通知》,对财政管理绩效考核成效明显的市(州)、县(市、区)予以具体额度的财政资金奖励。二是挂钩部门预算安排。根据评价等级,赋予绩效评价优异的预算部门适当的预算支出优先权。如《广西壮族自治区预算绩效评价结果应用暂行办法》第 18 条规定:"部门整体支出管理绩效综合评价结果与部门预算安排相挂钩。"三是发放绩效红利奖励。对作出杰出绩效的部门或团队进行表彰,这将形成直接有效的刺激。如美国《1993 年政府绩效和成果法》第 5 篇第 9703 条规定,可申请补助或薪酬方面限制的豁免,以作为完成或超额完成绩效任务的回报。而美国得克萨斯州的立法机构更是授权,对绩效改善作出贡献的政府雇员(至少完成 80% 的绩效指标),可支付至多占其级别年薪6.8% 的红利。[②] 上述这些正向的资金奖励手段,将起到巩固、保持、增强预算绩效的激励性作用。

另一方面,赋予执行自由,即对于绩效评价优异的预算执行部门,通过增加其部门的预算执行自主权作为奖励,更多地将预算执行裁量权交给作为具体受托人的执行部门进行自主调整。以英国为例,对绩效好的部门增加其自主权是重要奖励方式之一,如在保证不突破总额限制的情况下,允许执行部门对一个决议拨款中的两个款项之间进行资金流转,以根据具体情况及时将预算资源配置到最高战略优势的预算项目中去。[③] 与增加预算资源分配相比,赋予预算执行自由将是一种更大的激励方式,这是我国深化绩效预算改革值得借鉴的方面,可通过试点改革将其确定为绩效预算法律责任的一种新类型,并以此来进一步推进绩效预算治理的分权化改革。

(二)惩罚型绩效预算法律责任

相对于传统惩罚型法律责任以一种相对激励、苛刻的方式出现,内在指向

① 《预算法》第 32 条第 1 款规定:"有关支出绩效评价结果……进行编制。"

② 参见[美]戴维·奥斯本、彼得·哈钦森:《政府的价格:如何应对公共财政危机》,商红日、吕鹏译,上海译文出版社 2011 年版,第 166 页。

③ 参见王淑杰:《英国政府预算制度》,经济科学出版社 2014 年版,第 244 ~ 246 页。

违法违规行为在道义上的应受谴责性，集中体现了违法违规行为在法律约束下的巨大负担，如金钱损失、名誉剥夺；而惩戒型绩效预算法律责任则以一种相对温和、宽容的面貌出现，内在表征绩效欠佳行为在公共利益促进上的应受否定性，重点表现出绩效消极行为在法律之盾下的积极防御，如资金减缩、行为限制。

一方面，削减预算分配，即剥夺绩效预算主体手中最具价值的财政资金，以达到直面绩效欠佳行为的目的。考察中央部委针对绩效预算改革的规范性文件，这种法律责任模式得到了较为广泛的认可。如2017年财政部、教育部联合印发的《中央高校管理改革等绩效拨款管理办法》第9条规定："……因管理不善导致资金浪费、资产损毁、效益低下的，将暂停或核减其以后年度预算。"财政部、环境保护部共同下发的《水污染防治专项资金绩效评价办法》第11条规定："对于未及时提交绩效评价报告或年度绩效评价结果不合格的省份，暂停或减少拨付下一年度水污染防治专项资金。"然而值得深思的是，追究绩效预算法律责任的终极目的不在于惩戒，而在于激励，如不能实现此目的，那么所规定的法律责任就难以称作最优的设计。因此，我们不能以简单的削减预算分配作为了结，更重要的是促使行为主体彻底知晓导致绩效评价欠佳的真正因素，以便要求其对不足之处进行针对性的改善。如《合肥市预算绩效管理考核问责暂行办法》规定，将约谈绩效评价不合格的政府部门，并提出整改措施，建立长效机制，反馈整改情况。这是完善惩罚型绩效预算法律责任值得借鉴的经验。

另一方面，减少执行自由，设计这种激励模式下惩罚型法律责任的目的并非要达到对绩效消极行为的责难或报复，而是为了实现对绩效消极行为的引导性改进，即促使绩效预算执行结果欠佳的执行主体彻底摆脱预算绩效评价的落后性。一是将压缩绩效评价欠佳的预算执行部门的自由裁量空间，如增加对该部门预算在下个财政年度的法规控制压力。二是剥夺预算执行部门拥有的分配决策权限，当然首先应给予该部门"改过自新"的动力，只有其"屡教不改"才需收回其自由分配资金，如《预算法》第42条规定："……结转资金，应当在下一年用于结转项目的支出；连续两年未用完的结转资金，应当作为结余资金管理。"只有采取将负面压力转化为正向动力的疏导性方式，进行后果惩罚的同时也留有行为激励的空间和机会，才能达到引导或诱导绩效预算执行主体彻底改进落后面貌的最终目的。

第四节 小　　结

为永葆预算治理的活力,应推进绩效预算改革。绩效预算改革是一种高度应用于预算立法活动、高度回应于社会需求和公共政策的法治实践。唯有高质量预算立法供给才能为深化绩效预算改革保驾护航。然而,通过绩效预算法治理论研究,这场改革在整体上反映出"立法实践脱离理论"和"迷恋权力规制范式"两个误区。在新《预算法》完全以控权为立法宗旨的导向下,现行绩效预算立法也被引入一个纯粹的行为规制场域,以致制造出让行为人感到心理压抑与思维麻木的绩效预算活动氛围。例如,当前全面深化改革中出现许多慵政怠政现象(在2015年至2017年的《政府工作报告》中都着重提及此问题)。

公共预算经典理论提出,"预算是被设计用于承担义务和信守承诺的",①它包括将国家的财务计划交给一个可靠的受托人(政府)负责,以确保执行人(各单位、各部门)对预算绩效目标负责,以向公众提供合乎它们需求或使它们感到满意的公共服务。对此,我们深刻认同,"最好的防御,不是用繁文缛节绑住每一个人,而是严格要求对结果负起新责任"。② 通过分析我们认为,绩效预算法治不是惩治,绩效预算治理也非强制,为促使预算权力的活力得到合理释放,绩效预算法律规范更多地应被看作一种尊重行为主体和公共服务理想的激励性体系予以设计,③绩效预算立法的重心就在于以激励性价值观为导向来调整绩效预算法律关系的"主体—行为—责任"之内部结构。同时,作为交叉法学领域中"激励型法"研究的重要组成部分,对激励型绩效预算法治理论中特定逻辑构造和规范体系进行的开放性探讨,也从部门法角度提出了公法学研究和法理学研究不应完全受制于思维惯性与传统范式的挑战或要求。

---

① [美]阿尔伯特·C.海迪等:《公共预算经典(第二卷)——现代预算之路》(第3版),苟燕楠、董静译,上海财经大学出版社2006年版,第2页。

② [美]戴维·奥斯本、彼得·哈钦森:《政府的价格:如何应对公共财政危机》,商红日、吕鹏译,上海译文出版社2011年版,第219页。

③ 处于核心地位的人类行为要素,包括人的尊严、信任、归属感、关系他人、服务以及基于共同理想和公共利益的公民意识,"如果公务员本身得不到尊重,那么我们就不可能指望他们会以尊严和尊敬对待他们的公民同伴"。[美]珍妮特·V.登哈特、罗伯特·B.登哈特:《新公共服务,而不是掌舵》(第3版),丁煌译,中国人民大学出版社2016年版,第122~124页。

第六章　财政信托的法制度新探

信托是一项以目的取向或效果取向为核心内容的制度，它极为重视或强调信托运作的事实。[①] 也就是说，财政信托理论的提出，除了要侧重财政信托结构要件的阐述，更应注重财政信托的运行过程与制度效果的考察，这样方才真正符合财政信托的存在要义。

一方面，根据信托的法哲学原理，信托的运作法门主要可归类为六大方面：第一，信托管理与信托受益的相分离；第二，信托财产的独立性；第三，信托管理的有限责任与无限责任的相并存；第四，信托管理的连续性；第五，为实现信托目的应对受托人行为进行约束；第六，受益人能监控信托的运作。[②] 对应财政信托的运作过程，财政信托管理与财政信托受益的相分离已在第三章予以了具体证成，下文将不再予以探

---

① 缘于英美法系和大陆法系之间法律文化的巨大差异，信托在两大法系下所侧重的方面亦存在较大差异，英美法系侧重于受托人的义务及其义务的履行，以及信托成立的效果，而大陆法系则侧重信托成立的要件。参见余辉：《英国信托法：起源、发展及其影响》，清华大学出版社2007年版，第3页；季奎明：《论信托的本质及其对传统物权体系的解构》，载王保树主编：《商事法论集》（2007年第2卷），法律出版社2008年版，第126页。

② 参见张淳：《信托法哲学初论》，法律出版社2014年版，第53页。

讨;关于财政信托管理的连续性问题,财政信托是一种法定信托,受托人(政府)以政治权力为基础,对财政信托财产进行连续管理自然是不言自明的;对于财政信托管理的有限责任与无限责任的相并存,财政信托中受托人以国家信用为依托,不管是受托人应在信托财产的限度内对受益人承担有限责任,还是受托人应对受益人以外的第三人债务负有无限责任,这都是一个现代政府(受托人)之所以能够立足的根本。对此,以下将分析对财政信托财产的保护与运用、财政信托受托人义务的明确、财政信托受益人权利的赋予之方面,结合对财政法律规范予以全面解析,这是财政信托理论提出的实践价值所在。

另一方面,有学者认为,“一个完整科学的财税法体系不仅包括宪法中的财税条款以及政府间财政关系法、预算法等财政基本法律,还可以以财税活动的动态流程为线索,展开为财政收入法、财政支出法和财政监管法等财税主干法律”。[①] 对照考察我国现有财政法体系的组成结构,专门的财税法律规范包括承担部分财政基本法功能的《预算法》,针对财政收入过程的法律主要包括《个人所得税法》《企业所得税法》《车船税法》《税收征管法》等;针对财政支出过程的法律主要为《政府采购法》;针对财政监管过程的法律主要为《审计法》。由此不难得知,理论上财税法这个“由约四十部法律构成的庞大法律体系”,[②]在现实中还存在较大财税法律制度和财税法律规范的立法空白。对此,为深化对财政法体系的结构认知以及指导财税法律规范的制定,以下将立足于财政法内在形成的信托原理,围绕财政信托法律关系的组成架构来勾勒一幅指引财政法律体系完善的逻辑地图。

第一节 财政信托财产的保护与分配

在法律属性上,财政信托财产是一种源于委托人的私有财产、由受托人政

① 刘剑文等:《财税法总论》,北京大学出版社 2016 年版,第 49 页。

② 同上书,第 302 页。

府所控制、为受益人人民所享有以及受国家法律保护的“公共财产”。[①] 一旦形成财政信托财产，它将以财产的保护为起点、以财产的分配为依归，这将是财政信托财产安身立命的根基，也决定了财政法律制度设置的方向。

一、财政信托财产的保护

根据信托原理来保护信托财产是信托的首要要求，受托人应当保护信托财产并防御侵害行为。鉴于财政信托财产的公共性，它作为政府受托人管理与处分的对象，应排除行政权力对其可能造成的不当侵害。对此，在信托财产的保护准则上，应将财政信托财产视为信托协议下以特殊目的而存在的独立财产，[②]财政信托目的能否实现在很大程度上取决于财政信托财产能否取得独立地位，这种独立性是财政信托运行的保障。申言之，财政信托财产的独立性将直接影响财政信托关系成立的基础，只有充分保护财政信托财产的独立性，财政信托关系才可能得到合理运行。

（一）财政信托财产的独立性

在归属形式上，信托财产虽然名义上隶属于受托人所掌管，但是它在实际上是一种完全独立的存在。概括而言，信托关系中这种信托财产不仅独立于委托人的财产和受益人的财产，而且独立并完全区别于受托人拥有的自有财产以及其他相关财产，更是脱离了委托人、受托人以及受益人的债权人的追及范围。具体而言：

第一，在委托人进行财产转移之前，委托人就是财产的所有人，此时也不

---

① 有学者归纳出国有财产的五大特征：“(1)国有财产取得及其范围有着严格的法定程度，以便合理界定国家与市场的边界；(2)国有财产的所有权主体具有抽象性和多重性，由中央和地方各级政府分别代表国家行使所有权，以体现人民利益；(3)国有财产体现了国家公权力，从而导致国有财产与私有财产在法律适用上的差异；(4)国有财产主要局限于非市场竞争领域，主要功能在于弥补市场失灵，体现了非市场主导性；(5)国有财产服务于一国全体公民，以国家利益和社会整体利益为实现目标。”审慎而言，这五大特征也是财政信托财产这种“公共财产”属性的应有之义。

② 这种独立性类同于公益信托上的“公益财产”，即“公益财产只是在名义上归属于接受捐助的机构或者信托受托人，但是这些受捐机构或者信托受托人也仅仅是名义上的财产权人，并不能从这些财产中享有利益（固定的运营成本和经费甚至固定的管理报酬并不能算是从公益财产中享有利益），因此，也不是实质的财产权人。最终，公益财产应被解释成独立的目的财产”。赵廉慧：《信托法解释论》，中国法制出版社2015年版，第558页。

存在所谓的信托财产。但是待委托人与受托人双方达成构建信托关系的意向之后,一旦委托人将自己的财产交付到受托人的掌握中,就意味着委托人已经丧失了对该项转移财产的所有权,信托财产也就不再属于其自有财产而将独立于委托人而存在。

第二,为了保障信托目的能够得到及时实现,信托财产必须具有独立性,应与受托人的自有财产和其他财产的相分离,只有建立这样一道防火墙,才能有效防止受托人遭受管理信托以外事项所产生的债权人追索的影响。即使是受托人无力偿还其他债务,信托财产也不能受到受托人债权人的追及,这样才能有效保障信托目的的实现。

第三,再从受托人角度来考察这种独立性,受托人虽然被赋予了对信托财产的管理权与处分权,但是受托人所享有的权利也仅是形式上或名义上的财产所有权,受托人被禁止直接从信托财产的管理与处分过程中获取相关利益。并且,受托人的管理与处分权利需要服从和受制于信托目的,受托人并不能依照自己的意愿进行随意性的处理。因此,信托财产虽然名义上或形式上归于受托人掌握,但在信托财产的实质上或本色上它并非为受托人所有的财产,即它独立于受托人本身。

第四,从受益人的角度进行考察,即使受益人针对信托财产而享有受益权,可以对信托财产主张收益请求,但这种主张仅为一项关于获得收益的功能性请求权,而非是一种本体性权利,即使其享有实质性的信托财产权,但是受益人并未享有信托财产的全部所有权,信托财产相对于受益人的独立性也因此而显现。

(二)财政信托财产独立性的表达

将信托财产独立性的基本规则嫁接到财政信托财产上来,它的独立性内涵之表达,是指财政信托一旦成立,财政信托财产将产生一种独立性之效果,成为一项独立运作的信托财产,分别独立于财政信托的委托人、受托人以及受益人本身,它在运行上仅服从于财政信托的目的。以下将适当结合财政法律法规,对财政信托财产独立性予以具体解析。

1. 财政信托财产独立于委托人

财政信托财产是委托人(人民)通过纳税、缴费等法定方式转移给受托人的,一旦转移,财政信托财产自然独立于委托人的自有财产。纵使财政信托具有自益信托之特征,财政信托受益人的范围即与委托人的范围基本相同。虽然财政信托委托人也即受益人拥有受益权,但是并非一种完全的所有权,财政信托财产依然独立于委托人,委托人的债权人当然不能对财政信托财产进行追索。[①] 对于财政信托财产,除了以上独立性的一般体现,还具有一些特殊表现方式。

在财政信托财产的形成过程中,也即获取财政收入的过程中,学界长期以来存在一个税收之债[②]学说的论争,即税收债务的成立是否以权力的介入为必要条件,并在税收债务关系说内部产生了二元论的观点——税收实体法律关系为债权债务关系,而税收程序法律关系为权力服从关系。站在财政信托的视角上看待这种分歧:财政信托作为一种法定信托,它依照法律的规定而成立,将私有财产权移转给受托人是财政信托的委托人(纳税人)的基本义务。进言之,这种财产移转的义务在税收构成要件满足或实现的那一刻起即宣告成立,而无须以税务机关的税收核定为成立条件,也即如果没有税收核定的行为,税收债务依然发生,纳税人就必须承担移转财产的义务。[③]

正因一旦税收构成要件满足即宣告税收之债的形成,也即产生了税收的优先权问题(见我国《税收征收管理法》第45条第1款)。这种优先权在一定程度上可视为财政信托财产独立性的适当延伸,因为只有保障税收的优先权,保障这种税收债权(财产移转的义务)优先于抵押权、质权、留置权,才能真正给财政信托财产的独立性提供一种外围性的保障,最终有效确保信托财产独立性的实现。

2. 财政信托财产独立于受托人

有学者认为,“政府取得的此种财产并非成为政府的私产,只是政府基于公共性借由公权力而代替纳税人持有的信托财产集合,是集合化的‘私人财产’,是公共财产,其支配应受到宪法、法律的严格约束”。[④] 申言之,财政信托财产独立于受托人之意,应从财政信托的受托人(政府)与财政信托财产的关

---

① 参见[日]能见善久:《现代信托法》,赵廉慧译,中国法制出版社2011年版,第35页。

② 1919年德国《帝国税收通则》第81条规定:“税收债务在法律规定的课税要件充分时成立,为确保税收债务而须确定税额的情形下不得阻碍该税收债务成立。”

③ 税收债务于法定税收要件被满足时即告发生,这种结论与一些学者的观点也就不谋而合。参见施正文:《论税收之债的塑及变更和消灭》,载《现代法学》2008年第5期;刘剑文、熊伟:《税法基础理论》,北京大学出版社2004年版,第189~192页。

④ 刘剑文:《理财治国观——财税法的历史担当》,法律出版社2016年版,第31页。

系上进行分析，财政信托受托人只是从法律形式上或名义上对财政信托财产拥有所有权，但是这种财政信托财产与财政信托受托人的固有财产（如行政用公物）①是相互独立的。并且财政信托受托人必须严格遵照信托目的才能对财政信托财产进行管理和处分，即财政信托受托人受到较高程度的控制与约束。同时，尽管财政信托的受托人拥有部分自由裁量权，但还是应该遵循受托行为的合理性原则，并且受到严格规制与广泛监督。因此，财政信托财产更多的是独立于受托人本身的一种独立存在。

财政信托财产不仅在整体上具有独立性，而且在部分上也同样具有这种性格。财政信托的受托人是由各级政府、各部门、各单位共同组成的一个整体，在行政组织上，这些具体的财政受托主体之间的信托财产也是相互独立的，如《预算法》第30条规定："上级政府不得在预算之外调用下级政府预算的资金。下级政府不得挤占或者截留属于上级政府预算的资金。"同时，每一个具体受托人名下的受托"资金只能依据法律授权而且只能在法定的额度内支出"，②如《财政违法行为处罚处分条例》对"擅自将预算收入转为预算外收入""隐瞒应当上缴的财政收入""擅自动用国库库款"等财政违法行为都规定了非常严重的行政处分。对于财政信托财产独立性在局部上的体现，下文将在财政信托财产的分类管理中予以更为详细的分析。

3. 财政信托财产独立于受益人

从外观形式上，财政信托财产独立于受益人（人民）是不言自喻的。在理论证成上，财政信托的受益人只是针对财政信托财产而享有受益权，或者说人民只是基于受益人的身份才享有信托利益的请求权，这种财政信托利益的请求权既不属于受益人的本体性权利，也不是完整意义上的财产所有权，财政信托财产的管理权与处分权均属于受托人。因此，财政信托的受益人不对财政信托财产享有所有权，财政信托财产相对受益人的独立性也因此得以显现。

---

① 行政用公物，是指直接供公共行政以执行其任务并由行政主体自行利用之财物。此类公物也可称为行政财产，是以物的性质提供公用，而非以物的价值充作公用。如办公仪器、设备、机关办公处所等。行政用公物是保证政府正常运作的基础，没有公务用公物，国家行政将瞬间陷入瘫痪。参见侯宇：《行政法视野里的公物利用研究》，清华大学出版社2012年版，第64页。

② 经济合作与发展组织编著：《比较预算》，财政部财政科学研究所译，人民出版社2001年版，第51页。

二、财政信托财产的分配

财政信托的信托财产及其收益，不得用于非财政信托目的。不同于一般信托财产，财政信托财产不能被直接适用，只能被间接运用或利用。如果对分配作财产所有权上的权能理解，它包括在处分权能与收益权能之中，是一种依法律规定或民众意志对财政信托财产进行分配，从而决定财政信托财产的最终命运与价值归属的权能。

（一）分配的原则

财政信托财产是由受托人政府支配以提供公共产品、满足公共需求的公共财产，在此支配过程中如何通过财政法律手段促进和保障公平分配，是财政信托财产运用的基本原则。也就是说，“财税制度具有明显的再分配功能，通过财税制度实施再分配，可有助于实现分配公平”。① 那么，分配正义的路径将成为贯穿财政信托财产运用与分割过程的核心准则。这种分配正义原则，正如学者所强调，“财税法具有保障分配秩序的功能，即通过财政法定的形式来确保国民收入分配程序的公正性和分配结果的公平性”。②

（二）分配的优化

为实现财政信托财产的分配正义，就必须加强财政法对整个财产分配关系的调整。针对可能出现的财产分配的不当、不均和不公之现象，需要不断利用财政法律手段来优化财产分配关系，才会产生合乎分配正义的分配结果。为提高法律调整的法治化水平，以下针对分配稳健、分配结构的两个方面，予以重点解析。

1. 分配稳健

分配稳健所关注的是财政信托财产运用的安全稳健，其核心问题在于，如何通过财政赤字的控制和公债规模的限制来实现预算收支的平衡状态。预算平衡作为实现财政分配稳健的一种方式，自 2013 年党的第十八届三中全会通过的《中共中央关于全面深化改革若干重大问题的决定》提出“审核预算的重点由平衡状态、赤字规模向支出预算和政策拓展……建立跨年度预算平衡机制”以来，对于预算收支平衡原则（《预算法》第 12 条）之践行，已由强调刚性的年度收支

---

① 张守文等：《公平分配的财税法促进与保障》，北京大学出版社 2017 年版，第 52 页。

② 刘剑文：《理财治国观——财税法的历史担当》，法律出版社 2016 年版，第 99 页。

平衡转为追求弹性的跨年度预算平衡(2014 年修订的《预算法》第 12 条明确了“各级政府应当建立跨年度预算平衡机制”)。这种分配稳健观念的转变,也有助于从“规划、控制和管理”[①]的功能角度实践财政信托财产的分配正义。

之所以不断强调分配稳健,是因“来源于修正的凯恩斯主义财政制度的预算赤字将给经济秩序注入了一种通货膨胀倾向”,[②]并且财政赤字一旦失控将对财政可持续性和代际间公平性造成难以预估的重大风险,因此如何控制财政赤字成为财政法上始终关注的重点问题。有学者认为,针对财政赤字的不同类型,应建立差异性的法律控制机制:一是因经济发展的周期性波动而产生的周期性赤字,应设立财政赤字和公债规模的安全上限;二是因法定性财政分配结构的失当而产生的结构性赤字,应完善财政收支法律体系和规范财政转移支付模式;三是因预算编制和执行不合理而产生的管理性赤字,应提升预算分配的透明度、预算监督的有效性和预算执行的绩效性。[③]

判断我国当前财政的运行状况:一是因经济增速放缓而产生财政收入增速下滑,一些缺乏稳定财源的地方政府甚至陷入了财政支出困境;二是即使面临财政收支的严峻形势,也依然存在财政资金大量沉睡现象;三是地方政府债务的不断增长,据全国人大审议通过的《关于 2016 年中央和地方预算执行情况与 2017 年中央和地方预算草案的报告》所披露的数据,2016 年地方政府债务总额为 17.19 万亿元,2017 年地方政府债务上限将提高到 18.8 万亿元。由此财政“脉象”不难窥测,我国财政赤字的增长是由周期性赤字、结构性赤字与管理性赤字三方共同作用的结果。

面对财政赤字愈演愈烈的现象,需开出多管齐下的药方:一是应对财政赤字、举债规模的上限进行明确规定,重点将负债率、债务率、偿债率、逾期债务率等因素写入财政法律规范之中。[④] 对此可借鉴国外经验,如德国为防范政

---

① 李慈强:《跨年度预算平衡机制及其构建》,载《法商研究》2015 年第 1 期。

② [美]布坎南、[美]瓦格纳:《赤字中的民主》,刘廷安等译,北京经济学院出版社 1988 年版,第 57 页。

③ 参见叶姗:《法律促进预算平衡之基本原理研究》,载《现代法学》2010 年第 5 期。

④ 有学者提出,《预算法》可将国际上公认的债务风险指标,如《马斯特里赫特条约》规定的负债率 60%、国际货币基金组织确定的债务率 90% ~150%,作为我国债务风险控制的标准参考值。参见陈治:《中国预算法实施的现实困境、功能限度与改革进路——基于财政可持续视角的考量》,载《财经法学》2017 年第 1 期。

府债务风险提出了“债务刹车”计划，在德国《基本法》第143d条强调，自2016年起，不考虑周期性赤字，结构性赤字不能超过GDP的0.35%。二是应发挥预算的计划性与规划性，将地方债务风险的控制纳入中长期预算框架之中，根据经济发展状况与财政支出政策，为地方政府的发债、用债与还债行为建立弹性约束机制，从而保持规划期限内财政收支的相对稳定。三是提高我国预算执行的技术水平，填补“控制导向”下我国预算执行制度的实施漏洞，加快建立“结果导向”下绩效预算体系。

2. 分配结构

分配结构所反映的是财政信托财产处分的重点方向，其核心问题就是应在财政法律体系内部形成一部调整分配结构即公共服务的基本性法律。① 对此，我国《预算法》第6条明确了“一般公共预算是对以税收为主体的财政收入，安排用于保障和改善民生、推动经济社会发展、维护国家安全、维持国家机构正常运转等方面的收支预算。”然而这种规定明显太过单薄，预算法并未配套性地对民生支出的内涵与外延进行界定，也未对民生支出在整个预算支出结构中的独立性与优先性予以适当保障。②

我国《预算法》第37条规定：“在保证基本公共服务合理需要的前提下，优先安排国家确定的重点支出。”然而，2013年党的第十八届三中全会通过的《中共中央关于全面深化改革若干重大问题的决定》提出“清理规范重点支出同财政收支增幅或生产总值挂钩事项，一般不采取挂钩方式。”对此，需要相应修改民生性法律的规定，如《教育法》第55条第2款规定：“各级人民政府教育财政拨款的增长应当高于财政经常性收入的增长”；我国《农业法》第38条第1款规定：“中央和县级以上地方财政每年对农业总投入的增长幅度应当高于其财政经常性收入的增长幅度”。同时，还要考虑如何优先保障民生性支出的增长诉求以及如何妥善处理相关民生领域法定支出的增长刚性。为优化分配结构，应对财政分配额度予以必要的量化处理，合理设立财政信托财产的受益标准或切割基准。

一方面，为防止经常性支出比例的不断扩大，财政法应规定经常性支出的上

---

① 参见[法]狄骥：《公法的变迁》，郑戈译，商务印书馆2013年版，第51页。

② 参见陈治：《我国实施民生财政的法律保障机制研究》，法律出版社2014年版，第209～210页。

限,“将此类支出总额控制在一定比例之内”,[1]尤其应该严控“三公经费”的过度增长、明确一般性支出的压缩幅度。正如2012年由国务院发布的《机关事务管理条例》,第12条要求严控“三公经费”;2013年中共中央办公厅、国务院办公厅发布《关于党政机关停止新建楼堂馆所和清理办公用房的通知》,要求“5年内,各级党政机关一律不得以任何形式和理由新建楼堂馆所”;2013年中共中央、国务院印发《党政机关厉行节约反对浪费条例》,强调严厉打击“不当使用公共资金、资产和资源”的行为。同时,国务院《2017年政府工作报告》也着重强调,“压缩非重点支出,减少对绩效不高项目的预算安排。各级政府要坚持过紧日子,中央部门要带头,一律按不低于5%的幅度压减一般性支出,绝不允许增加‘三公’经费,挤出更多的资金用于减税降费,坚守节用裕民的正道。”

另一方面,为缓解资本性支出对其造成的挤压力度,财政法应规定重点性支出的下限,尤其对“那些直接关涉国民基本权实现的支出领域,必须要遵循的是‘保障足够性原则’,即设定最低标准,立法者为具有受益功能的基本权利所提供的保障必须满足最低标准”。[2] 申言之:第一,当重点支出不再允许与财政收支增幅或国民生产总值进行挂钩之后,为满足重点性支出的增长要求,对此可参照国外立法经验,如俄罗斯《联邦预算法典》第65条规定:“俄罗斯各级预算支出的形成,建立在最低国家社会政策标准、提供公共服务的财政费用标准以及最低预算保障计算的统一方法基础上。联邦主体国家权力机关和地方自治机关根据现有财政能力,有权提高其提供公共服务的财政费用标准。”[3]第二,对于公众所需的公共服务或公共产品之供给价格,即保障国民基本权所需的公共成本,[4]应遵循“成本最低原则”,绝不能因支出过度或浪费而导致财政信托财产受益份额的缩小。正如学者所言,“寻找可接受的价格是民选官员的工作”。“从长远来看,政府的价格受人民的意愿所调控。它必须被支付它的人所接受并且能够满足公民的需求。公民们在不同时间里对政府的价格

---

① 陈治:《财政法定实质化及其实现进路》,载《西南政法大学学报》2017年第1期。

② 郭维真:《中国财政支出制度的法学解析——以合宪性为视角》,法律出版社2012年版,第224页。

③ 财政部预算司:《部分国家预算法汇编》,外文出版社2005年版,第702页。

④ 参见[美]史蒂芬·霍尔姆斯、凯斯·R.桑斯坦:《权利的成本——为什么自由依赖于税》,毕竟悦译,北京大学出版社2011年版,第160页。

所做的选择,反映了他们对公共服务价值的独特判断。”①因此,为保障公共服务或公共产品的供给,可基于“成本最低原则”,在政府自我生产还是面向市场购买之间作出最佳考量。如《中共中央关于制定国民经济和社会发展第十三个五年规划的建议》提出,应“推动供给方式多元化,能由政府购买服务提供的,政府不再直接承办;能由政府和社会资本合作提供的,广泛吸引社会资本参与”。

第二节　财政信托主体的权利与义务

一、财政信托受托人的义务

受托人在整个信托关系中居于核心地位,在行为上虽受信托目的之约束,但其对信托财产拥有实质性的管理与处分之权利。作为承担特殊责任的受托人,“无论何时,当发现所供职的机构疏于为公民利益着想、更没有为公民利益最大化着想时,所有的公共行政人员、实际上也是所有的公共雇员都有责任去维护他们的公民利益。做不到这一点就是违背了受托责任,也是对公民责任的否定”。② 因此,为了防范受托人这个忠实义务人可能产生滥用权限与损害信托利益的风险,强调受托人所应负的信托义务,将是保障信托关系能顺利进行的关键。这种强调当然不能仅依靠道德规范的作用,还必须借助强有力的法律规范作用,这样才可能促使受托人能真正做到待人忠诚、不为己利、做事笃实、尽心尽力,真正为受益人利益的最大化而竭尽全力。因此,为了更好地实现信托的目的,维护信托关系的良好运转,需要确立对受托人的义务机制。③ 归纳当前信托

---

① [美]戴维·奥斯本、彼得·哈钦森:《政府的价格:如何应对公共财政危机》,商红日、吕鹏译,上海译文出版社2011年版,第40页、第51页。

② [美]特里·L. 库珀:《行政伦理学:实现行政责任的途径》(第5版),张秀琴译,中国人民大学出版社2010年版,第58页。

③ 瓦格纳认为,“当人们在人类关系中尊重核心的财产原则和契约原则时,大家就都会从有序的协作关系中获益,但与此同时,违反财产原则和契约原则的机会和诱惑也会增加。如果这种破坏得不到控制,社会协作中形成的很多约定将丧失”。([美]理查德·E. 瓦格纳:《宪法、暴力和宪政秩序》,载[美]查尔斯·K. 罗利编:《财产权与民主的限度》,刘晓峰译,商务印书馆2007年版,第193页)可见,为了防止这种财产原则和契约原则被破坏,需要对这种破坏行为苛以义务与责任,才可能使财产原则和契约原则获得尊重。

受托人的义务规则,[①]不仅类型多样而且变化较快,但是结合财政法的当前问题予以分析,财政信托受托人的义务规则主要体现在3个层面:一是执行信托义务;二是忠实谨慎义务;三是分别管理义务。[②] 以下将结合我国财政性法律中的规范表达,对这3项基本义务予以具体分析。

(一)财政信托受托人的执行信托义务

财政信托的受托人应当认真按照预算案(财政信托协议)中的具体内容,为社会公共利益最大化而处理财政信托事务(见我国《信托法》第25条第1款)。在财政法上,我国新修订的《预算法》第13条严格规定,财政预算草案在经过本级人大的批准后即刻具有执行效力,各单位、各部门必须谨遵执行,未经法定程序的重新审批与同意,任何单位与部门都不得对财政预算案进行擅自调整,[③]这充分体现出财政信托受托人应按照议决后的预算案(财政信托协议)而处理财政信托事项的要求,[④]财政信托协议对受托人具有较强的约束效力,受托人应严格执行预算案中所确定的项目进行支出。这就是财政信托受托人应承担的执行义务。

但是,作为财政信托协议的预算仅是一个事先预估的计划,它作为国家经济发展的预测和财政信托财产的预配,它能否发挥强有力的功效完全以事先预估的情况是否准确为前提。[⑤] 但是预估的走势总是难以把握的,如经济形

---

① 有学者认为,受托人在执行信托方面所负有的义务主要包括:按照信托契约要求执行信托义务、谨慎执行信托义务、忠实于受益人义务、分别管理信托财产义务、保存信托账目义务、向受益人告知信托执行情况义务、保护信托财产义务。(参见张淳:《信托法哲学初论》,法律出版社2014年版,第43页)也有学者认为,受托人的义务包括:注意义务、分别管理义务、自己管理义务、书类设置义务、忠实义务。参见王志诚:《信托法》(增订三版),台北,五南图书出版股份有限公司2006年版,第167~182页。

② 其实在信托受托人的义务规则中,还有其他两项非常重要的义务:保存信托账目义务和保护信托财产义务,前者要求受托人应保存好账目资料并及时地向受益人说明账目,后者主要是指受托人对受益人承担的责任问题。对于这两项义务,将下一节关于受益人权利探讨中予以具体分析。

③ 《预算法》第13条规定:"经人民代表大会批准的预算,非经法定程序,不得调整。各级政府、各部门、各单位的支出必须以经批准的预算为依据,未列入预算的不得支出。"

④ 国外的预算法同样存在此类规定,如德国《联邦预算法》第45条第1款与德国《联邦和州预算基本原则法》第27条第1款都明确规定:"在预算案继续有效的范围内和期限内,支出和债务授权只能用于预算案中规定的用途,并且只能在预算年度结束之前给付或者请求使用。"

⑤ 参见马寅初:《财政学与中国财政——理论与现实》(上册),商务印书馆2001年版,第25页。

势的风云变幻、社会焦点的快速转移等原因，导致事先预估的情况难免有失准确，那么财政信托所真正执行的预算协议也就难以与事先达成的预算协议完全匹配。[①] 于是，对事先达成的预算协议进行适当调整将是信托执行过程中所必不可少的一个环节。如何解决这种信托协议的执行刚性与信托协议的调整弹性之间的矛盾，将是财政信托执行过程中所需要认真对待的难题。

我国现行《预算法》第68条作出了在必要的情况下可以适当进行预算调整的规定。但是允许对预算案进行调整，意味着需要经历一个重新达成财政信托协议的过程，也即需要得到财政信托的委托人（人大或人大常委会）的重新批准，否则未得到委托人的同意则不得对财政信托协议进行调整（见《预算法》第69条）。当然，重新达成的财政信托协议（预算调整案）将无可厚非地具有执行效力，受托人必须严格遵照新的财政信托协议予以执行（《预算法》第70条第1款），这样才符合财政信托受托人执行义务的要求。

但是从我国《预算法》第67条对预算调整的概念界定来看，只是重点列举了4种归属于预算调整的情形，[②]这种过于粗糙的规定不免会致使一些不符合财政信托协议要求的违规行为被排除在预算调整的范围之外，如在款、项、目3个层面进行的支出流用行为，这种行为明显有违信托协议的执行刚性。对此，我国《预算法》的进一步完善需要对预算调整概念予以更为缜密、细致、严格的规定，即凡是偏离财政信托协议（预算案）的执行变化都应纳入预算调整的规范范围，这样才符合财政信托执行义务的要求。[③]

（二）财政信托受托人的忠实谨慎义务

忠实义务（loyalty）与谨慎义务（prudence）是信托的最高统治原则，也是现代信托法对受托人确立的两条基本行为准则，他们在赋予受托人广泛施展空间之同时又表现出对受托人自由裁量权行使的规范。

对于前者，忠实义务既是一种“防范性”义务（要求受托人必须抑制自己处于自身利益或第三人利益与受益人利益相冲突的地位），也是一种“根本

---

① 参见[美]爱伦·鲁宾：《公共预算中的政治：收入与支出，借贷与平衡》，叶娟丽、马骏等译，中国人民大学出版社2001年版，第250页。

② 按照《预算法》第67条的规定，只有涉及总收支规模的改变、预算稳定调节基金的调入、重点支出数额的调减以及举债额的增加4种情况才被定性为预算调整。

③ 以上内容的具体分析，请参见胡明：《我国预算调整的规范构成及其运行模式》，载《法学》2014年第11期。

性”义务(受托人承担的其他义务皆可由此进行衍生),[①]亦是一种最高级的信任关系(要求受托人绝对地仅为受益人的利益而管理或处分信托财产)。在表现原则上,[②]主要包括两项:一是待人忠诚,不为己利。受托人作为忠实义务人,他(她)在管理或处分信托财产之时必须仅为受益人之利益,不得与受益人存在利害冲突。二是为了受益人利益的最大化。受托人作为忠实义务人,他在管理或处分信托财产之时应尽量使受益人获得最大化利益(一种通常情形下的最大化),如果因受托人主观上疏于注意或者客观上尚未具备专业技巧、经验以及知识,只要未能使受益人利益达到最大化,即使最终结果对受益人依然是有利的,受托人也难以被称作已尽忠实义务。[③]

对于后者,谨慎义务具有浓厚的道德基础,它既是一种“保护性”义务(无论受托人是有偿还是无偿,均应对受益人有依通常谨慎人之标准而管理或处分信托财产),也是一种“最高性”义务(要求受托人竭尽全力去管理与处分信托财产,这种竭尽全力应达到如同管理自己财产的认真程度)。在具体内容上,主要表现为:它要求受托人作为忠实义务人管理或处分信托财产之时必须尽心尽力,受托人应该运用到与其能力相匹配的谨慎与技巧,必须尽到自己所能的专业判断,这就是受托人应承担的谨慎义务。[④]

在财政信托中,如果受托人负有的忠实和谨慎义务能合理落实到财政信托财产的管理与处分过程中,这将对财政法的发展与完善具有重要推动作用。我国现行《预算法》第12条关于预算原则的规定,其中统筹兼顾、勤俭节约以及量力而行的原则,在很大程度上反映了这种忠实与谨慎义务的内涵。

具体而言,对于统筹兼顾的预算原则,何以达到统筹兼顾之标准,这在最低程度上要求财政信托受托人在致力于受益人利益最大化的过程中应兼顾各

---

① 参见徐孟洲主编:《信托法》,法律出版社2006年版,第99～100页。

② 受托人的忠实义务分为以下几个方面:受托人不得从信托中获利;禁止受托人购买信托财产(禁止自我交易);受托人未经授权不得获取报酬;不得与信托从事的业务竞争等。See D. J. Hayton, *Commentary and Cases on the Law of Trusts and Equitable Remedies*, 10th ed., Sweet & Maxwell, 1996, p. 569.

③ 参见谢哲胜:《财产法专题研究》(三),中国人民大学出版社2004年版,第192～193页。

④ 例如,美国《统一信托法》第804条规定:“受托人应像一个谨慎人士一样,在考虑信托的目的、条件、分配要求和其他情形的基础上,管理信托。为达到该标准,受托人应行使合理的注意、专业技能和谨慎。”第806条具体描述了受托人的专业技能:“拥有特殊专业技能或基于受托人表示其拥有特殊专业技能而被任命为受托人者应使用该等特殊专业技能。”

方受益人的利益，受托人内部应相互了解、相互协调、相互配合，形成一股合力共同推进财政信托目标之实现，以受托人的最大能力进行判断从而达到统筹兼顾之要求。对于勤俭节约的预算原则，财政信托的受托人如何才称得上是接近了勤俭节约之原则，这种略带道德意味的预算原则，则要求受托人必须尽心尽力并达到如何达到管理与处分自己财产那般的精打细算，尽量做到勤俭节约、杜绝浪费的要求。对于量力而行的预算原则，这种量力无非就是指财政信托受托人应竭心尽力，此即给受托人提出了应尽到谨慎义务之要求。

综上所述，忠实义务与谨慎义务之强调，将是财政信托赖以成立的灵魂。在财政法的发展与完善过程中，可以适当增加关于忠实义务与谨慎义务的具体条款，促使财政信托的受托人在管理与处分信托财产之时能以善良管理人之注意为之，促使其恪尽职守，促使其对财政信托的利益进行公平的分配。

（三）财政信托受托人的分别管理义务

分别管理既是财政信托受托人的管理理念，也是对财政信托财产管理的实际要求，亦是更好地提高财政信托财产独立性与特定性的有效之举。这种分别管理、分别记账义务的强调，具有以下意义：其一，有利于提高财政信托受托人管理过程的透明度，防止受托人有悖忠实义务和谨慎义务行为的发生；其二，有利于强化每一个具体受托人的受托责任，避免各自间责任的混同；其三，有助于追踪每一份具体财政信托财产的管理与处分绩效，这样才符合财政信托制度的设立目的和财政预算的基本原理；其四，财政信托作为特定目的信托，面对可能产生的道德风险，分别管理将对具体受托人起到"隔离信用风险、经营风险与破产风险"①的功能。②

在财政信托中，对财政信托财产予以分别管理、分别记账，这在整个财政信托管理过程中也是非常关键和重要的。我国《预算法》中的许多条款都涉及并强调了对财政信托财产进行分别管理的要求。概括而言，主要体现在以下 3 个方面：一是预算编制过程中对编制项目的细化，这是财政信托财产分别管理的前提要件；二是国库管理过程中对资金流动的记录，这是财政信托财产

① 于朝印：《特定目的信托法律规制研究》，厦门大学出版社 2013 年版，第 35 页。

② 以 2016 年 10 月 27 日印发的《地方政府性债务风险应急处置预案》为例，其中第 4 章"应急响应"首先明确强调："地方政府对其举借的债务负有偿还责任，中央实行不救助原则。"此规定其实也正体现出在中央财政与地方财政之间建立了信用风险或破产风险的隔离规则。

分别管理的重要保障;三是预算执行过程中对资金调整的严控,这是财政信托财产分别管理的关键环节。以下将对此予以重点分析。

第一,预算编制中所编制的预算草案很可能成为财政信托协议,因此将分别管理的要求提前落实到预算编制的过程,这无疑是必要的。首先,对于我国目前存在的4个预算账本,《预算法》第5条第2款对这4个预算账本之间的关系予以了明确(公共预算的账本、国有资本经营预算的账本、政府性基金预算的账本、社会保险基金预算的账本),这4个账本之间"应当保持完整、独立",不应残缺与混同,这是对不同性质的财政信托财产予以分别管理的基本要求。其次,为了进一步强调不同预算账本的独立性,预算法还对其收支来源和内容予以了细化规定,《预算法》第6条、第7条、第8条规定了公共预算账本的收支来源,第9条、第10条、第11条分别规定了政府性基金预算、国有资本经营预算以及社会保险基金预算的收支内容。最后,为了充分将分类管理的原则落到实处,《预算法》第32条第4款对政府收支的分类编制进行了不同程度的明确规定,并对两种支出分类(功能分类与经济性质分类)的编制标准进行了区别性的规定。但是仍然不足的是,《预算法》第46条对不同性质账本编制细化度的规定,采用了"应当"的立法表述,这很可能将阻碍预算编制的进一步细化,立法表述应将"应当编列"修改为"应当至少编列",这样更有利于保障预算编制改革的深化。①

第二,通过国库管理,可以清晰完整地反映财政信托资金的流入与流出信息。对于国库的法律性质,耶利内克曾这样言道:"国家作为财产法上的权利义务的主体时,被称为国库。"②从公法权利义务主体的角度来看,国库是财政信托财产安全、高效、准确运营的基本保障。财政信托财产的管理过程必须严格遵守关于国库管理的各项规则。总体上,我国推行一种集中收缴和集中支出的国库管理制度(见《预算法》第61条)。就预算收入而言,预算收入征收主体应将全部收入(包括涉税罚没收入)上缴国库,不得对预算收入进行截留、占用、挪用以及拖欠(具体见《预算法》第55条、第56条,《税收征收管理

① 参见朱大旗:《预算法修正案草案三审稿之评析》,载《东方早报》2014年8月5日,第10版。

② [德]格奥格·耶利内克:《主观公法权利体系》,曾韬、赵天书译,中国政法大学出版社2012年版,第55页。

法》第75条),并且税收征管主体不得擅自改变税款入库的预算级次(具体见《税收征收管理法》第76条)。从预算支出的角度来看,财政主管部门应按照法律法规与财政部门的相关规定,对具体支出部门或支出单位所需的资金予以及时、足额的拨付,并且各个预算执行单位或部门不得虚列开支(见《预算法》第57条);否则相关责任人将受到行政处分(见《预算法》第93条)。

第三,在预算执行中,财政信托的受托人应严格遵照财政信托协议的要求,应根据预算的约束性原则予以执行。但是为适应预算执行过程中可能出现的情况变化,也许会在预算科目或项目之间出现资金融通的现象。对此,我国《各级人大常委会监督法》第17条第2款明确规定,要严控预算科目之间的资金调整;《预算法》第72条进一步规定,要严控不同预算科目、不同预算级次、不同预算项目之间的预算资金调剂,即使在特殊情况下确需调剂也应符合相关要求,即对预算资金调剂的许可条件、①流用限制、②流用幅度③都有严格的规定。然而美中不足的是,我国预算法未能对预算调剂的具体方式予以区别性规定,即预算调剂可划分为3种类型:在不同预算"项"之间的资金融通称为流用(或称移用),它发生在账户之间;由于预算隶属关系的改变而导致的支出调整称为划转,它发生在不同预算级次、预算部门以及预算地区之间;在同一预算"项"下出现的预算科目中、行政科目间的融通行为称为挪用,它

---

① 例如,阿拉伯联合酋长国《宪法》第131条规定:"非依据法律不得将总预算支出部门的拨款项目转入另一个项目,必须由法律作出规定";而我国台湾地区"预算法"第62条、第63条更是对禁止经费之流用和流用之许可进行分别规定。第62条规定:"总预算内各机关、各政事及计画或业务科目间之经费,不得互相流用。但法定由行政院统筹支拨之科目及第一预备金,不在此限。"第63条:"各机关之岁出分配预算,其计画或业务科目之各用途别科目中有一科目之经费不足,而他科目有剩余时,应按中央主计机关之规定流用之。但不得流用为用人经费。"

② 例如,法国《预算组织法》第12条第4款规定:"任何科目流用或经费转移,只能在预算法案规定的项目间才能进行。不能从其他支出分类向人员支出分类进行科目流用和经费转移。"德国《联邦预算法》第19条第1款对"可结转性"也明确规定:"有关投资支出以及基于特定目的收入之支出,可以转移(即预算年度结束时尚未使用之支出,得为其支出目的而跨越年度使用)。其他各项支出,在其促进经济的及节约的使用之范围内,得在预算计划中表示可以转移。"

③ 如法国《预算组织法》第12条第1款对经费流用的最大幅度进行了规定:"同一部门内的拨款,可以在项目之间有科目流用。累计流用额在同一年度内,不能超过预算法案中每个相关项目拨款额的2%。这个上限同样适用于相关项目中的人员支出拨款。"

发生在一个账户内。[①] 对于上述3种类型：流用（或称移用）应是禁止的，除非事先以预算形式经过了委托人（人大或人大常委会）的重新审批；划转也是在得到委托人的同意之后，方可进行；挪用一般也是禁止的，但是经过财政部门的批准后，在原则上是认可挪用行为的。[②]

二、财政信托受益人的权利

如何才能确保受益人能真正享受到其专属的权益，信托制度的建构除了需要规范受托人的职责义务外，还离不开对受益人权利进行合理保护，甚至可以说，受益人的其他权利都派生于受益权这项基本权利。[③] 换言之，只有充分赋予受益人监督和控制的权利，才能促使受托人忠实、谨慎去管理和处分信托财产，受益人也只有有权采取适当的手段，才能及时去制止受托人违反其义务的行为。概言之，信托制度的高效运行离不开对受益人权利的明确规定。[④] 归纳信托法中受益人权利的表现形式：在信托运作过程中，赋予受益人拥有监控信托运作的权利，是世界各国信托法中的普遍做法。概括信托法中受益人所享有的主要权利，大致可化约为6项：信托知情权（《信托法》第20条）、信托变更权（《信托法》第21条）、不当处分的否认权（《信托法》第22条）、损害赔偿请求权（《信托法》第22条）、受托人解任权（《信托法》第23条）、新受托人选任权（《信托法》第40条），以及信托解除权（《信托法》第50条）。[⑤]

对于上述这些受益人权利，结合财政法的原理进行初步梳理：对于信托变更权大致类似于预算调整权，上文中已有适当讨论；对于受托人解任权、新受托人选任权以及信托解除权都归属于委托人（人大及其人大常委会）所有，大

---

① 参见［美］B. J. 理德、约翰·W. 斯韦恩：《公共财政管理》，朱萍、蒋洪等译，中国财政经济出版社2001年版，第157页。

② 参见［日］神野直彦：《财政学——财政现象的实体化分析》，彭曦等译，南京大学出版社2012年版，第104页。

③ 参见张军建：《信托法基础理论研究》，中国财政经济出版社2009年版，第158页。

④ “事实始终是这样：他们是对人民负责的，他们的治理必须要受人民的监督和控制。事实也始终是这样，由于他们的权威不过是被代理地分享了的人民的权威，他们就必须不是同人民分开地进行统治，而是根据他们是人民的代表这种本质同人民联合在一起地进行统治。”（［法］马里旦：《人和国家》，沈宗灵译，中国法制出版社2011年版，第116页）诚如马里旦之言，在财政信托中需要注重受益人对受托人的监督和控制。

⑤ 参见张淳：《信托法哲学初论》，法律出版社2014年版，第47页。

致对应罢免权、人事选任权、重大政策决定权等一系列由立法机构享有的权利，这在宪法中已有明确规定，下文也不再予以探讨。因此，财政信托受益人权利主要为以下两种：一是财政信托受益人的知情权；二是财政信托受益人的诉讼权。[①] 以下将针对这两项，进行具体分析。

（一）财政信托受益人的知情权

按照信托制度的运行规则，受托人应当在一定期限内定期将信托财产的管理与处分详情报告给受益人（《信托法》第 33 条第 2 款），这是受益人必须享有的基本权利。在前一章的分析中，已对财政信托财产处分的公开性进行了强调，因此如何确实保障财政信托的受益人能准确、及时、全面地了解财政信托的具体详情与行为效果，这是财政信托运行过程需要重点强调的问题。针对我国旧《预算法》在预算透明度原则上的体现不足，新修订的《预算法》对提升财政预算的透明度进行了较为全面的规定：一是明确了财政信托受托人的报告义务；二是强调应实现财政信托执行过程的公开透明。通过这两方面的详细规定，我国财政预算公开的改革已取得了比较明显的进步。

一方面，对于财政信托执行的报告义务。为提升财政信托运作的透明度，整部《预算法》对执行的报告义务极为重视，既对受托人应承担的普通报告义务（《预算法》第 23 条、第 24 条）和特殊报告义务[②]予以了明确，也规定了受托人（各级政府）应在人大会召开期间作预算执行报告的义务（《预算法》第 47 条），亦对财政信托受托人内部监督主体与被监督主体之间的报告义务进行了规定，[③]同时还将受托人报告预算执行情况的时间[④]写入了预算立法之中。

---

① 此处即对信托受益人的不当处分的否认权和损害赔偿请求权予以了合并，均对财政信托受益人的诉讼权进行适当分析。

② 《预算法》第 58 条规定了特定事项的报告义务，“特定事项按照国务院的规定实行权责发生制的有关情况，应当向本级人民代表大会常务委员会报告”。第 71 条规定了接受增加专项转移支付的报告义务，“接受增加专项转移支付的县级以上地方各级政府应当向本级人民代表大会常务委员会报告有关情况，接受增加专项转移支付的乡、民族乡、镇政府应当向本级人民代表大会报告有关情况”。

③ 《预算法》第 87 条规定：“各级政府监督下级政府的预算执行；下级政府应当定期向上一级政府报告预算执行情况。”第 88 条规定：“各级政府财政部门负责监督检查本级各部门及其所属各单位预算的编制、执行，并向本级政府和上一级政府财政部门报告预算执行情况。”

④ 《预算法》第 86 条规定：“国务院和县级以上地方各级政府应当在每年六月至九月期间向本级人民代表大会常务委员会报告预算执行情况。”

同时,为了督促财政信托的受托人对预算执行情况进行关注,《预算法》还对财政信托受托人与受益人的职权予以了强调:各级人大拥有审查和批准预算执行报告的职权(第20条第1款,第21条第1款、第3款);各级人大常委会拥有审查和批准本级决算的职权(第20条第2款、第21条第2款);各级人大的专门委员会拥有对上一年的预算执行情况、本级决算草案的初步审查权(第22条);各级人代会召开期间对预算执行报告内容的重点审查职责(第48条第1款)。通过上面这些条款的具体规定,对受托人苛以了较为全面的执行报告义务,从而保障了财政信托的合理有序运行。

另一方面,在预算法的规定中,除了保障了各级人大及各级人大常委会的知情权,还特别对财政信托一般受益人的知情权予以了强调。新修订的《预算法》对预算公开的保障极为重视,开篇第1条关于预算法立法宗旨的表达,就明确提出要"建立健全全面规范、公开透明的预算制度",将预算公开透明写入立法宗旨,这对整个预算公开改革的步伐都具有重要的指导意义。同时新《预算法》的许多条款特别增加了关于如何保障预算公开实现的内容:第14条是对预算公开原则的全面规定,立法内容上对公开的内容、时间、主体、范围都进行了具体规定。另外,《预算法》的其他条款同样涉及了预算公开的内容:第16条关于财政转移支付的公开;第89条关于审计工作报告的公开;第92条从行政责任上确保了预算公开义务的履行。通过上述这些条款的规定,保障了财政信托受益人的知情权,在一定程度上摆脱了一些不信任因素,从而提升了财政信托执行的合目的性。

总体而言,上述规定既是财政信托受益人知情权的强有力保障,也是新《预算法》的亮点所在,这为预算公开改革的深入奠定了基础。但是上述立法对预算公开的理解依然是片面的:单纯就预算公开的表现形式而言,它既包括静态层面预算信息的公开,也包括动态层面预算流程的开放。前者是指各个预算账本的内容和相关信息都应向社会公布,并且公布的内容与信息应该具有完整性、可读性、准确性、真实性以及具体性等。后者是指预算的整个流程或环节应保持一种开放性,应尽量吸引更多受益人和监察人的加入,例如,应保障财政信托受益人的监督权、听证权以及参与权等。① 因此,我国目前的预算公开改革在总体上是一种静态意义上的预算公开,而如何保障和实现动态

① 参见蒋悟真:《预算公开法治化:实质、困境及其出路》,载《中国法学》2013年第5期。

意义上的预算公开,仍是预算公开改革深化应继续努力的方向。

(二)财政信托受益人的诉讼权

长期以来,对于普通公民是否可以拥有对政府财政行为的诉讼权存在一定的争议,对其是否可以纳入行政诉讼的范围的问题,不仅一些学者对其存在的理论基础①颇有争议,而且在实践过程中也存在较多困难(担心一旦放开,将导致这种诉讼种类的爆炸),目前也仅是在税收征管的过程中存在一些行政诉讼的案例,而未能扩展到财政过程的其他阶段。基于此,下文将从财政信托的角度来试探性地讨论是否可以赋予受益人拥有诉讼权。

依照信托法的一般性规定,倘若受托人有悖信托目的对信托财产进行了不当处分或非法处分,导致信托财产遭受不必要损失,信托法上赋予了受益人可以向人民法院申请撤销这种处分行为和要求受托人对造成的相关损失予以赔偿的权利,这种法定赋予的权利即为受益人的诉讼权。从财政信托的角度来理解财政法,财政信托的受益人应该拥有诉讼权,这是财政信托受益权的基本保障。承认财政信托的受益人拥有诉讼权,主要是为了能及时制止和纠正受托主体违反信托目的处分信托财产或者违背信托职责不当处分信托财产的行为,若不能赋予受益人拥有诉讼权,不仅可能造成与扩大财政信托财产的损失范围,而且将降低对财政信托受托人的整体信赖,甚至将导致财政信托走向崩溃与瓦解。进言之,在财政信托中,受益人的诉讼权产生于它的受托性,财政信托受托人的行为必须符合财政信托协议的要求,一旦产生有悖于信托目的的行为,只有保障受益人能提请法院通过救济、问责以及制裁的手段对这种有悖信托目的之行为进行纠正、补救以及惩戒,才能真正保证财政受托目的的有效实现,否则财政信托目的将可能被落空。因此,保障财政信托的受益人拥有诉讼权,该诉讼权将是财政信托制度得以真正运行与有效实施的必备保障,受益人诉讼权的重视程度甚至可作为判断财政信托生命力强弱的标志。

学界对财政受托行为是否应纳入司法诉讼的范围的争论焦点是认为财政受托行为中包含了一些宏观调控行为,而宏观调控决策一般不具有可审查性,

---

① 这种理论基础诚如田中英夫、竹内昭夫之言,"承认纳税人诉讼的根据在于,公共资金的违法支出意味着纳税人本可以不被课以相应部分的税金,在每一纳税人被超额课税的意义上,纳税人具有诉之利益"。[日]田中英夫、竹内昭夫:《私人在法实现中的作用》,李薇译,法律出版社2006年版,第55页。

法院不应在宏观调控行为面前而有所作为，从而否认了宏观调控行为的可诉性。[①] 但是从财政信托的角度进行分析，财政受托行为的标准或准则已在财政信托协议之中进行了较为明确的记载，如财政受托中的国家投资行为，受托人意欲实施国家投资行为中的具体内容被写入了财政信托协议之中，这种国家投资行为即使包含着宏观调控的目标也不能否定这种行为可被纳入司法诉讼的范围。[②] 为保障财政信托受托人行为的合法性，应充分发挥法院的力量，保障财政信托目的的实现。

对于财政信托受益人诉讼权的立法规定，其实我国《预算法》第 89 条在一定程度上进行了表达，通过该项规定不难推理出：公民、法人或者其他组织作为财政信托的受益人，可以就所发现的违反预算法的行为向国家机关（如法院）提出控告，这体现了立法者对受益人诉讼权的认可和重视。当然，这种受益人的诉讼权到底应如何进行构建，使其最终成为一种制度性的存在，仍是财政法完善过程中应予以重点研究的问题。

在学理性探讨中，[③]一些学者提出应该引入类似于日本的住民诉讼制度（日本《地方自治法》第 242 条），[④]住民诉讼作为日本行政诉讼的一种重要类型，它着眼于从秩序上（如财务会计制度上）以维护财政资金的合法与正当运营为目的，被划归为日本行政诉讼类型中的客观诉讼。[⑤] 按照财政信托的原理，财政信托正当运行的关键在于如何使受托人对财政信托资金的营运与处分尽量符合财政预算案中的具体编排，而财政预算案中的具体编排其实在很大程度上可视为一种客观的法秩序，这就与住民诉讼的性质有很大的吻合性。

① 参见邢会强：《宏观调控行为的不可诉再探》，载《法商研究》2012 年第 5 期。

② 狄骥认为，“如果公共服务作用的发挥既违背法令的规定，又不依照法律的要求来进行运营……那么就会按照公民个人的要求产生国家的责任……即使是在没有直接损害的证据的情况下，法律也仍然允许公民采取提起法律诉讼的救济手段”。[法]狄骥：《公法的变迁》，郑戈译，中国法制出版社 2010 年版，第 52 页。

③ 参见蒋悟真：《中国预算法实施的现实路径》，载《中国社会科学》2014 年第 9 期。

④ 住民诉讼制度，它基于地方自治之宗旨来鼓励地方居民参政而承认了居民的诉讼权，如果地方公共团体的职员进行了违法的财务会计上的管理运作，地方居民经过监察请求之后有权提起诉讼。对于居民诉讼的相关介绍，可参见[日]南博方：《行政法》（第 6 版），杨建顺译，中国人民大学出版社 2009 年版，第 189 ~ 190 页；[日]盐野宏：《行政救济法》，杨建顺译，北京大学出版社 2008 年版，第 183 ~ 185 页。

⑤ 在诉讼目的上，相对于主观诉讼以保护公民主观权益，客观诉讼则是为了维护客观法秩序。

因此,从财政信托运作的角度而言,可以考虑适当引入和效仿日本的住民诉讼制度,这将有助于保障财政信托受益人的社会公共利益实现最大化。

第三节 财政法律体系的规划与展望

2014 年党的第十八届四中全会通过的《中共中央关于全面推进依法治国若干重大问题的决定》强调,"法律是治国之重器,良法是善治之前提。建设中国特色社会主义法治体系,必须坚持立法先行,发挥立法的引领和推动作用,抓住提高立法质量这个关键"。财政作为国家治理的基础与重要支柱,必须要加强重点领域财政立法。对此,作为规范和调整财政关系的财政法,需要准确理解财政立法的立法规律。以下基于前文的具体研究,将财政法律关系置于财政信托理论的语境之下,力图精确描绘财政法体系的结构形象,以便梳理与总结我国深化财税体制改革进程中应把握的财政立法供给思路,从而更好地观察和把握我国推进财政治理现代化的发展轨迹和未来趋势。

一、财政法律体系的逻辑地图

立足于财政信托关系的视角,以公共财产(财政信托财产)为基础,结合所有权的权能要素,关于财政法律体系的逻辑谱系,具体如图 1 所示。

对于上述财政法体系的逻辑示意图,对其内在构造的解析与说明如下:

第一,公共财产的取得过程,即委托人的私有财产或国有财产收益,按照财政收入法(见图 2)的规定与要求,[1]在遵循财政法定的方式下将其移转或转变为受托人的财政信托财产,此时受托人并不以自己的力量实现直接占有,而是依靠国库方式实施对公共财产的间接占有。[2]

---

① 对财政收入法体系的具体分析,请参见刘剑文等:《财税法总论》,北京大学出版社 2016 年版,第 318 ~ 328 页。

② 参见孙宪忠等:《国家所有权的行使与保护研究》,中国社会科学出版社 2015 年版,第 183 页。

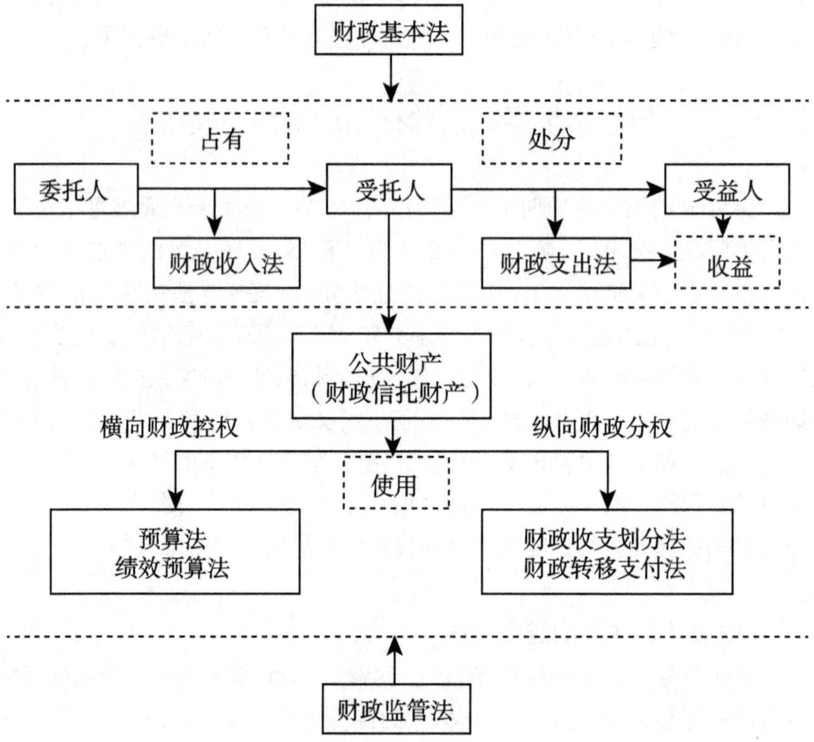

图 1　财政信托法体系

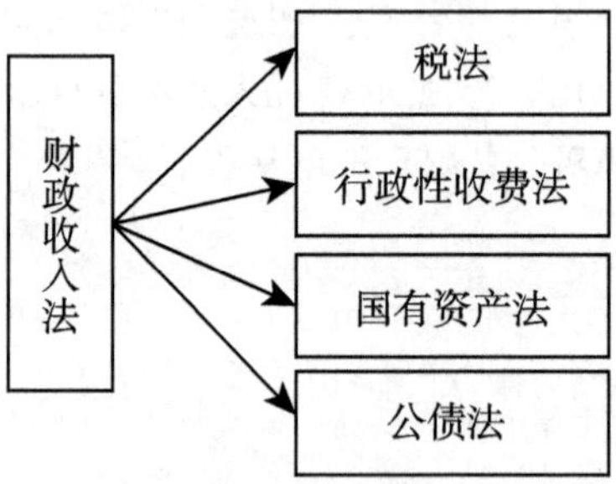

图 2　财政收入法体系

第二,公共财产的使用过程,即受托人的财政信托财产,需要按照预算法(包括“绩效预算法”)、财政收支划分法(包括“财政转移支付法”)的要求,在其具体使用过程中应当遵循全面规范、公开透明、统筹兼顾、勤俭节约、量力而行、讲求绩效的原则(《预算法》第1条、第12条),以及应当坚持事权与支出责任相适应、分权自治、公平正义等原则。由于财政信托财产在构成、保护、划分、运用等方面的特殊性质,这种公共财产的使用将受到诸多限制。

第三,公共财产的处分过程,是指受托人应按财政信托目的之要求处分财政信托财产,即应遵循财政法定、收支平衡、成本最低、正当程序、民生优先等原则,从而财政支出法体系将以政府采购法、财政投资法、民生分配法、财政稳健法为核心架构(见图3),并依此进行具体的制度建构。

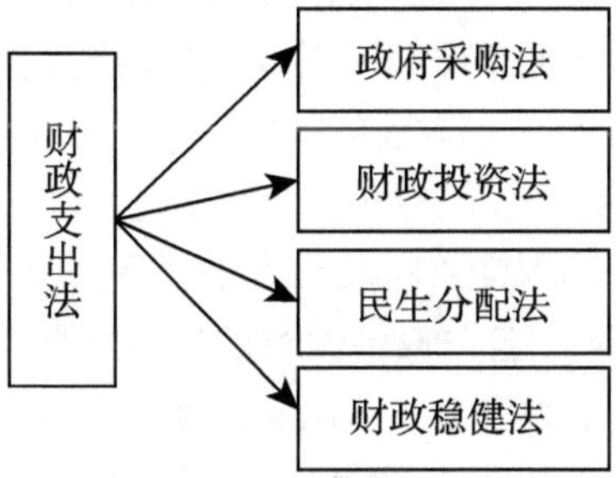

图3　财政支出法体系

第四,公共财产的收益过程,因财政信托财产权的特殊结构,虽然公共财产名义上由受托人所掌握,但公共财产的实质性收益最终由受益人所享有,这也就彰显出财政信托财产的最终价值。

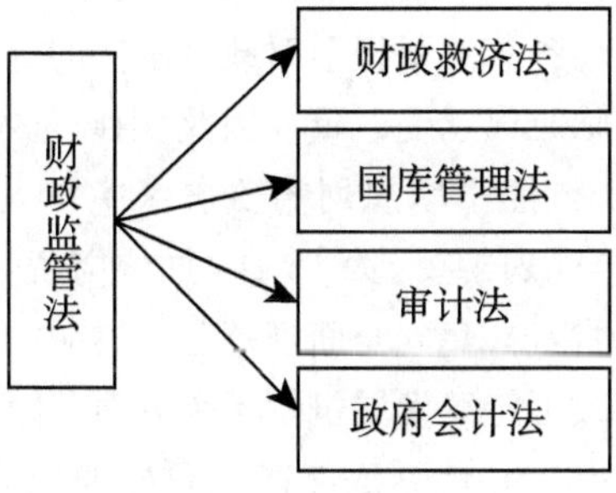

图4　财政监管法体系

第五,为促进公共财产的占有、使用、处分、受益权能之实现,必须依靠一种针对财政信托财产的监管力量,它将是上述4项权能行使与发挥的重要保障。对此,需要形成以财政救济法、国库管理法、审计法、政府会计法为核心的税务财政监管法体系(见图4)。

二、财政基本法的定位与架构

建立现代财政制度,需要财政法治的保驾护航,更离不开高质量的财政法律。根据2016年财政部印发的《法治财政建设实施方案》,其在“建设目标”中郑重宣告:“经过坚持不懈的努力,力争到2020年形成较为完备的财政法律制度规范体系、高效的财政法治实施体系、严密的财政法治监督体系、有力的财政法治保障体系。”这一目标是丰满的,但现实却是骨感的。根据上述对财政法律体系的粗略勾勒,再比照我国财政立法的实践状况发现,在财政收入法、财政支出法、财政监督法等方面的立法供给都明显滞后于对财政法律的需求。当然,这种滞后性绝非仅因为立法者的主观原因,更多的是受阻于实际存在的客观困难,正如学者所言,“财政法本来就是一个非常敏感的领域,它不仅关乎经济、社会、民生,而且与政治改革的进程息息相关。当社会还无法就相关问题达成共识时,立法也需要节制和审慎”。[①] 但是,我们也不能仅是期盼财税法律制度的自我净化与长期演进,立法不能过度落后于现实需要。于财税改革的浪潮前,改革者也不能缺少应有的魄力,立法者需要担负起时代使命,对基本性财政法律制度进行顶层设计。

基于此,为统领整个财政法领域,以指导财政收入、财政支出、财政监管等财政主干性法律的实施与完善,应抓紧将一部纲领性的财政基本法律即“财政基本法”写入人大立法规划,需要促进“财政基本法”的尽快出台。目前因为财政基本法的缺失,使预算法承担了财政基本法的部分功能,而被赋予了太多期待的预算法,正面临难以承受之重。因此,财政基本法的制定是一个紧迫而又现实的立法任务。依照中期规划的要求,《中华人民共和国国民经济和社会发展第十三个五年规划纲要》第15章“加快财税体制改革”的重心集中于确立合理有序的财力格局、建立全面规范公开透明的预算制度、改革和完善税费制度,以及完善财政可持续发展机制4个方面。因此,为回应法治财政建设和推进财政治理的吁求,并使立法能产生更好的成效,“财政基本法”的重心内容应针对上述重点领域,集中增加立法条款的供给。

---

① 熊伟:《财政法基本问题》,北京大学出版社2012年版,第7页。

(一)"财政基本法"的立法宗旨

对于一部统摄整个财政法体系之基石性法律的制定,对其立法宗旨的厘定无疑是至关重要的。立法宗旨作为财政基本法制定的内在基准和价值准绳,其终极目标指向立法内容与规范事项的有效性和正确性,整个财政基本法的设计过程也就必须充分关注立法制定的基本宗旨。对于财政基本法,它应紧密围绕着宪法中人民主权、人权保障、分权制衡、权力监督等基本理念,来明确财政法律关系主体的权力(利)、义务和责任,并保障公共财政资源的筹集、占有、使用、处分和收益能最大限度地符合社会公众的需要与增进人民的社会福利,最终使财政基本法宗旨符合建立现代财政制度和推进财政治理现代化的总体方向。

(二)"财政基本法"的立法体例

任何一部法律都是由若干规范要素所构成的逻辑统一体,也只有沿着逻辑严密的体例所构建的法律体系才是完备与合理的,也正因这种体例结构才显示出财政基本法立法内容的框架编排与基础事项。总体来看,财政基本法的篇章结构包括:(1)总则部分,主要是规定财政基本法的立法目的、基本原则、财政基本体制、财政收支分类、财政收入主体、财政支出主体以及财政权限范围等;(2)分则部分,主要是对财政权力配置、财政收支划分、财政转移支付、财政支出结构、财政支出次序、民生受益标准、财政收支规模、财政收支平衡、财政监督审计、财税公益诉讼等方面予以前瞻性考量,为财政行为提供规范性指引和作出示范性效应,并保障整个财政法体系在顶层设计下井然有序地发展并逐渐走向成熟;(3)附则部分,主要是规定财政基本法的用语含义、施行日期以及与其他财政法律法规的关系及处理等。

(三)"财政基本法"的核心范畴

它指向那条贯穿于整个财政基本法体系的逻辑脉络。毋庸置疑,财政信托理论下的受托人国家,即国家内部的财政权力配置将是整个财政基本法的支架所在。一方面,人大、政府与公民之间的横向财政控权,《预算法》只是对三者之间的预算权力(利)进行了粗略配置,如何充分彰显人大财政权威、落实公民预算参与、控制政府公债规模,都是财政基本法中应值得重点突破的问题;另一方面,中央与地方之间的纵向财政分权,如何落实地方财政自治原则,如何划分中央与地方的事权及支出责任,如何实现各级政府之间以及地区间的财政均衡,无疑是财政基本法应积极解决的方面。

第四节 小结

财政信托是一项重视运作并强调目的效果的制度。财政信托制度建构的重点在于财政信托财产独立性的保障、财政信托财产的分配正义、财政信托受托人义务的明确、财政信托受益人权利的赋予。细言之,公共财产作为一项独立运作的财政信托财产,分别独立于财政信托的委托人、受托人以及受益人,它在运行上仅服从于财政信托的目的。只有不断利用财政法律手段来优化财产分配关系,才会产生合乎分配正义的分配结果。严格财政信托协议的执行义务,强化受托人的忠实义务和谨慎义务,落实财政信托财产的分别管理和分别记账,这是财政信托受托人必须承担的基本义务。对于财政信托受益人权利的赋予,既应充分提升受益人的知情权,又要适当承认受益人的诉讼权。建设中国特色社会主义财政法治体系,必须坚持重点领域财政立法先行,发挥财政立法的引领和推动作用。总体上,"财政信托的法制度新探"体现了财政信托问题研究的实践价值,也是全书研究的"落脚点"。

结　论

古罗马法学家西塞罗在其著作《法律篇》留下了广为认同的经典格言——“人民的福祉是最高的法律”(Salus populi suprema lex esto)。人民的福祉作为现代财政法的本质,其能否得到最优化的增进是检验现代财政法建构是否完善的试金石,而财政法的宗旨即在于如何使公民的社会公共需求得到最大化的满足。财政信托理论不仅将人民与国家之间的关系理解为委托人与受托人的关系,更是将政府与公民之间的关系设计为受托人与受益人的关系,通过对财政法律关系主体角色和身份的准确定位,达到督促和鞭策受托人(政府)为受益人利益(人民的公共福祉)的最大化而忠实谨慎地处理财政信托事务之目的。

“财政信托”是一种信托视野下的财政法理论研究,这一概念的提出意味着财政法在理论架构上趋于一种信托理论的建构模型。对于信托的主要理解,一般认为它滥觞于英美法系,是并行于普通法的衡平法下制度,但是它绝非仅适用于民商私法领域,在政治领域和宪法领域的理论研究中也得到了广泛的应用。[①] 在霍布斯、洛克、卢梭等近代启蒙思想家的经典论著中,都闪烁着政治信托思想的灿烂光辉,信托理论几乎成为他们解释国家权力来源、国家与人民之间关系、政府权力的目的与限度时的一项重要思想渊源。财政事项作为政治事项的重要类别,财政信托隶属于政治信托的子范畴,财政信托的理论基础萌生于政治信托的思想观念,财政信托的建构模型也脱胎于政治信托的基本框架。财政法律制度紧紧跟随政治制度的改革步伐,财政信托的逻辑也在政治宪法的序言与正文中得到了明喻性或隐喻性的体现。财政信托目的在财政性法律中表达得更明显,在具体财政预算案中更是得到了充分落实。尽管这些财政信托协议的外观形式各异,但是如何才能强化受托人的责任、明确受益人的权利成为这些协议共同关注的焦点和重心。

更深一步地研究财政信托的内部结构,也即具体考究财政信托财产所有权的权能。首先,在纷繁复杂的财产所有权的权能构成中,财产的使用权、处分权以及收益权是所有权的核心范畴。如何强化对财产的利用是财产权存在的自然基础,如何明晰财产权的收益权能是财产权存在的社会基础。在生产关系的不断变迁中,财产权的内部权能也得到进化,提炼关于财产所有权研究的共性,所以发现一种通向社会平等主义的财产所有权应是财产控制权能和收益权能互相分割的模式。其次,在信托灵活性与适用性的催动下,信托财产权的内部权能是一个信托财产的控制主体与受益主体相分离的结构,尽管存在受益人权利到底是对人权还是对物权的持久论争,但是无法否认的事实是,信托不仅实现了财产控制和财产受益的相分离,而且达到了财富控制与财富增长的相融合。再次,财政信托的功能区域是广大市场主体需要但因市场失效而市场本身不得、不能与不愿提供的公共产品领域。最后,信托作为一种解释和考察现代财政法现象的工具,它适用于解析公共财产所有权的权能结构。与私人财产所有权不同,公共财产所有权的权能结构特征为:政府虽然在法律名义上拥有对公共财产的控制性权能(如占有、使用、处分权能),但是公共财产的受益性权能却最终归广大人民群众享有。此中信托的最大魅力和价值就是它在财产权的控制权能与受益权能出现分离时,成为公共财产的控制与受

① 有学者甚至认为:“作为一种政治哲学和宪法理论的信托概念是私法中的信托概念的思想渊源,而不是反之。”郑戈:《公民权的身份、财产与契约维度——一种基于公共信托原理的公民权理论》,载《交大法学》2012 年第 1 期。

益之间微妙边界的捍卫者。在信托视野下解读公共财产所有权的权能结构：政府作为受托人角色而负有管理、处分信托财产的义务，这是清晰明确的；人民作为受益人身份而享有信托财产利益的权利，这也是无可厚非的。

人民作为受益人享有公共财产的信托利益或者说具有请求予以给付信托利益的权利，这在财政法传统研究范式中是难以得到合理解释的，从而引发了财政法研究范式革新的可能性。当然，真正促使财政法研究范式的转型，是多重原因复合作用下的一种必要结果。以人民的财产与自由作为计量单位，现代财政法同时兼具损益和授益的双重社会功能，但财政法的传统研究容易忽视授益功能的表达，业有的理论基础也是以割裂这两项功能的方式进行构筑的。在自由法治国转向福利法治国的大背景下，随着财政给付类型与规模的越来越大，财政法的授益功能也越来越得以显现，单纯依靠财政法的权力规制范式，仅局限在国家权力的视域内，财政法的授益功能恐难以得到合理的疏导，一种从权力规制范式向权利保障范式的转换已经势在必行。财政法新型权利范式应立足于公共性和主体性两个基准要素：前者要求财政法损益和授益功能的发挥都必须以公共性为基准；后者要求尊重受益人的主体性表达，既不应否认"人"的能动价值又不容践踏"人"的人权价值。财政法的权利研究范式可以适当借用"客观法—主观权利"的研究框架：在客观意义的财政法上塑造和强化公共价值秩序，关键是要体现财政信托财产取得的正当性、管理的有序性以及分配的正义性；在主观权利的财政法上是要实现国家义务思维向公民权利思维的转变，重点是要认可防御权和受益权这两种功能性权利。

财政信托的核心内容是受托人在管理财政信托财产时，对受益人（人民）负有信义义务，必须为了受益人（人民）的最大利益而最优化使用、运营与处分财政信托财产。正因如此，法学镜像中的预算治理意味着一种责任担当，通过建构一个适当的现代预算体系，促使政府对代议机关进而对人民负责，这是绩效预算产生的理论基础，亦构成对预算法治建设的最大挑战。绩效预算作为现代预算的发展趋势，需绩效预算法治理论的顶层设计。立足绩效预算的法治架构，对于财政信托的受托人而言：其法律主体的形象塑造应以复合型法律人性假设为导向，尤其要以激发利他性作为绩效预算的立法使命；其法律行为的品性培育应以自制性、裁量性、程序性为指南，并以此规范和完善不同绩效预算法律行为及其权义配置；其法律责任的优化设计上应致力打造完整的法律激励链条，夯实奖励型和惩罚型两大法律责任体系，这是深化绩效预算改革应遵循的激励性法治道路。

财政信托是一项重视运作并强调目的效果的制度。财政信托的制度表达主要体现在财政信托财产独立性的保障、财政信托财产分配正义的促进、财政信托受托人义务的明确,以及财政信托受益人权利的赋予4个方面。对于财政信托财产的独立性,财政信托财产作为一项独立运作的信托财产,分别独立于财政信托的委托人、受托人以及受益人,它在运行上仅服从于财政信托的目的。针对可能出现的财政信托财产分配不当、不均和不公的现象,需要从分配稳健、分配结构两个方面来优化财政信托财产分配关系的调整,才可能产生合乎分配正义的分配结果。对于财政信托受托人义务的明确:一是要严格财政信托协议(财政预算案)的执行力,这是受托人应尽的执行义务;二是财政法中要加大对忠实义务和谨慎义务的植入,这是受托人的基本行为准则;三是财政信托财产必须予以分别管理、分别记账,应充分落实到预算编制、国库管理以及预算执行的每一个角度。对于财政信托受益人权利的赋予,当前的重心既应进一步提升受益人知情权的满足程度,又要适当承认受益人本应拥有的诉讼权。同时,在财政信托理论的语境之下,勾勒财政法体系的结构图景,再行比照我国财政立法的实践状况可以发现,我国在财政收入法、财政支出法、财政监督法等方面的立法供给都明显滞后于对财政法律的需求。对此,立法者需要担负起时代使命,对基本性财政法律制度进行顶层设计。

当然,在前述财政信托的研究中,一些研究仍然是浅层的、局部的,我们需要建立一种深层的、全面的研究。例如,受益人的受益权如何才能彻底贯彻财政信托的全过程,在保障公民获得给付请求之时亦要抑制对公民的过剩给付。诚如卢梭之言,"每一个人都天然有权获得为他所需要的一切东西;但是,这一使他成为某些财富的主人的积极行为,便排除了他成为其他财富的主人的权利。他一旦取得了他所需要的那一份,他就要以此为限,就不应当对共同体要求更多的权利"。[①] 对此,如何确保给付结果的公平性?如何确定受益人的给付比例?如何明确被给付者的给付目的?如何判定给付目的的适格性?在财政信托视角下,这些应是法律保留的事项,至少应在预算案中予以具体载明。这些问题在前文论述中虽然有所涉及,但是未能予以展开,仍有待进一步的深入研究。

---

① [法]卢梭:《社会契约论》,李平沤译,商务印书馆2011年版,第26页。

通过上述对研究结论的阐释不难发现，财政信托理论的研究既是浓缩性又是发散性的：浓缩性意味着财政法研究聚焦于信托这一片视域，广阔无垠并不断衍生的信托理论照亮了研究者脚下的路；发散性表示财政信托研究横跨公法、私法以及社会法 3 个法体系，需要融汇财政法、宪法、财产法、信托法、行政法、经济法等多个不同层级法律部门的知识。正因这股浓缩性与发散性，财政信托研究的内容是复杂的、路途是艰辛的、前方是漫长的、结果也是丰硕的。

参考文献

一、中文原著

1. Burton A. Weisbrod:《非营利产业》,台北,智胜文化事业有限公司 2003 年版。

2. 蔡茂寅:《预算法之原理》,台北,元照出版有限公司 2008 年版。

3. 陈共编著:《财政学》(第 6 版),中国人民大学出版社 2009 年版。

4. 陈敏:《行政法总论》,台北,新学林出版有限公司 2011 年版。

5. 陈新民:《德国公法学基础理论》(增订新版 · 上卷),法律出版社 2010 年版。

6. 陈颐:《英美信托法的现代化:19 世纪英美信托法的初步考察》,上海人民出版社 2013 年版。

7. 陈治:《我国实施民生财政的法律保障机制研究》,法律出版社 2014 年版。

8. 程瑜:《政府预算契约论——一种委托—代理理论的研究视角》,经济科学出版社 2008 年版。

9. 董慧凝:《信托财产法律问题研究》,法律出版社 2011 年版。

10. 杜金岭:《〈政府论〉导读》,天津人民出版社 2010 年版。

11. 方新军《权利客体论——历史和逻辑的双重

视角》,中国政法大学出版社 2012 年版。

12. 葛克昌:《国家学与国家法:社会国、租税国与法治国理念》,台北,月旦出版社 1996 年版。

13. 郭道晖:《社会权力与公民社会》,凤凰出版传媒集团、译林出版社 2009 年版。

14. 郭维真:《中国财政支出制度的法学解析:以合宪性为视角》,法律出版社 2012 年版。

15. 关保英:《行政法的私权文化与潜能》,山东人民出版社 2003 年版。

16. 何宝玉:《信托法原理与判例》,中国法制出版社 2013 年版。

17. 何帆:《为市场经济立宪:当代中国的财政问题》,今日中国出版社 1998 年版。

18. 何廉、李锐:《财政学》,商务印书馆 2011 年版。

19. 侯宇:《行政法视野里的公物利用研究》,清华大学出版社 2012 年版。

20. 黄俊杰:《税捐正义》,北京大学出版社 2004 年版。

21. 黄茂荣:《法学方法与现代税法》,北京大学出版社 2011 年版。

22. 季卫东:《法律程序的意义——对中国法制建设的另一种思考》,中国法制出版社 2004 年版。

23. 冷霞:《英国早期衡平法概论——以大法官法院为中心》,商务印书馆 2010 年版。

24. 李建英编译:《苏联财政法》,中国财政经济出版社 1985 年版。

25. 卢真、陈莹:《澳大利亚政府预算制度》,经济科学出版社 2015 年版。

26. 梁启超:《饮冰室合集 · 文集之二十一》,中华书局 1936 年版。

27. 廖钦福:《现代财政国家与法 Ⅰ——财政法学之构筑与法课题之展开》,台北,元照出版有限公司 2011 年版。

28. 刘兵红:《英国财产权体系之源与流》,法律出版社 2014 年版。

29. 刘剑文、熊伟:《财政税收法》(第 6 版),法律出版社 2014 年版。

30. 刘剑文、熊伟:《税法基础理论》,北京大学出版社 2004 年版。

31. 刘洲:《财政支出的法律控制研究——基于公共预算的视角》,法律出版社 2012 年版。

32. 柳砚涛:《行政给付研究》,山东人民出版社 2006 年版。

33. 马骏:《治国与理财:公共预算与国家建设》,三联书店 2011 年版。

34. 马寅初:《财政学与中国财政——理论与现实》(上册),商务印书馆2001年版。

35. 彭诚信:《主体性与私权制度研究——以财产、契约的历史考察为基础》,中国人民大学出版社2005年版。

36. 钱穆:《国史新论》(新校本),九州出版社2012年版。

37. 瞿同祖:《中国法律与中国社会》,中华书局2003年版。

38. 上官酒瑞:《现代社会的政治信任逻辑》,世纪出版集团、上海人民出版社2012年版。

39. 沈政雄:《社会保障给付之行政法学分析——给付行政法论之再开发》,台北,元照出版有限公司2011年版。

40. 沈宗灵:《比较法总论》,北京大学出版社1987年版。

41. 史际春、邓峰:《经济法总论》(第2版),法律出版社2008年版。

42. 施正文:《税收债法论》,中国政法大学出版社2008年版。

43. 王名杨:《法国行政法》,北京大学出版社2007年版。

44. 王绍光:《美国进步时代的财政》,中国财政经济出版社2002年版。

45. 王志诚:《信托之基本法理》,台北,元照出版有限公司2005年版。

46. 王全兴:《经济法基础理论专题研究》,中国检察出版社2002年版。

47. 王淑杰:《英国政府预算制度》,经济科学出版社2014年版。

48. 翁岳生主编:《行政法》(上册),中国法制出版社2002年版。

49. 吴庚:《行政法之理论与实用》(增订八版),中国人民大学出版社2005年版。

50. 席月民:《国有资产信托法研究》,中国法制出版社2008年版。

51. 肖鹏:《美国政府预算制度》,经济科学出版社2014年版。

52. 肖泽晟:《公物法研究》,法律出版社2009年版。

53. 谢哲胜:《信托法》,台北,元照出版有限公司2009年版。

54. 熊伟:《财政法基本问题》,北京大学出版社2012年版。

55. 熊元楷、熊元襄编:《财政学》,上海人民出版社2013年版。

56. 徐孟洲等:《财税法律制度改革与完善》,法律出版社2009年版。

57. 徐以祥:《行政法学视野下的公法权利理论问题研究》,中国人民大学出版社2014年版。

58. 余辉:《英国信托法:起源、发展及其影响》,清华大学出版社2007

年版。

59. 喻少如:《行政给付制度研究》,人民出版社2011年版。

60. 喻中:《法律文化视野中的权力》(第2版),法律出版社2013年版。

61. 张淳:《信托法哲学初论》,法律出版社2014年版。

62. 张军建:《信托法基础理论研究》,中国财政经济出版社2009年版。

63. 张守文:《财税法疏议》,北京大学出版社2005年版。

64. 张天民:《失去衡平法的信托——信托观念的扩张与中国〈信托法〉的机遇和调整》,中信出版社2004年版。

65. 张文显:《法学基本范畴研究》,中国政法大学出版社1993年版。

66. 张翔:《基本权利的规范建构》,高等教育出版社2008年版。

67. 张馨:《公共财政论纲》,经济科学出版社1999年版。

68. 周刚志:《论公共财政与宪政国家——作为财政宪法学的一种理论前沿》,北京大学出版社2005年版。

69. 朱大旗:《中华人民共和国预算法释义》,中国法制出版社2015年版。

70. [日]中野正俊、张军建:《信托法》,中国方正出版社2004年版。

二、中文论文

1. 蔡茂寅:《财政作用之权力性与公共性——兼论建立财政法学之必要性》,载《台湾大学法学论丛》1996年第4期。

2. 陈治:《财政法定实质化及其实现进路》,载《西南政法大学学报》2017年第1期。

3. 程亚萍:《财政权的宪政逻辑》,载《社会主义研究》2010年第2期。

4. 丛中笑:《税收国家及其法治构造》,载《法学家》2009年第5期。

5. 丰霏:《当地中国法律激励的实践样态》,载《法制与社会发展》2015年第5期。

6. 高培勇:《论国家治理现代化框架下的财政基础理论建设》,载《中国社会科学》2014年第12期。

7. 胡敏洁:《给付行政范畴的中国生成》,载《中国法学》2013年第2期。

8. 蒋悟真:《中国预算法实施的现实路径》,载《中国社会科学》2014年第9期。

9. 李国兴:《超越"生存照顾"的给付行政——论给付行政的发展及对传

统行政法理论的挑战》，载《中外法学》2009年第6期。

10. 刘邦驰：《论中国财政学基础理论之根基》，载《经济学家》2001年第5期。

11. 刘剑文、王桦宇：《公共财产权的概念及其法治逻辑》，载《中国社会科学》2014年第8期。

12. 刘剑文：《论财政法定原则——一种权力法治化的现代探索》，载《法学家》2014年第4期。

13. 马骏：《中国公共预算改革的目标选择：近期目标与远期目标》，载《中央财经大学学报》2005年第10期。

14. 强世功：《中国宪政模式？巴克尔对中国"单一政党宪政国"体制的研究》，载《中外法学》2012年第5期。

15. 任际：《财政法的正义价值判断与选择》，载《法学》2011年第4期。

16. 施正文：《论税收之债的塑及变更和消灭》，载《现代法学》2008年第5期。

17. 史际春：《论营利性》，载《法学家》2013年第3期。

18. 孙琳、楼京晶：《中期预算和绩效预算改革路径选择——以英国和俄罗斯为例》，载《复旦学报》（社会科学版）2016年第6期。

19. 徐孟洲：《经济法理论对法学基础理论的几点创新》，载《法学论坛》2008年第3期。

20. 叶航：《个体主义方法论的偏误》，载《中国社会科学评价》2016年第3期。

21. 喻中：《信托政治论》，载《太平洋学派》2010年第2期。

22. 张守文：《分配结构的财税法调整》，载《中国法学》2011年第5期。

23. 郑方辉等：《财政绩效评价：理念、体系与实践》，载《中国社会科学》2017年第4期。

24. 郑戈：《公民权的身份、财产与契约维度——一种基于公共信托原理的公民权理论》，载《交大法学》2012年第1期。

25. 周旺生：《法的功能和法的作用辨异》，载《政法论坛》2006年第5期。

26. 朱大旗：《从财政法（学）的演进论其独立性》，载《法学家》2006年第5期。

27. 朱大旗：《从国家预算的特质论我国〈预算法〉的修订目的和原则》，载

《中国法学》2005 年第 1 期。

28. 朱进:《国外财政社会学面面观》,载《国外社会科学》第 2 期。

三、外文译著

1. [奥]凯尔森:《法与国家的一般理论》,沈宗灵译,中国大百科全书出版社 1996 年版。

2. [澳]菲利普·佩蒂特:《共和主义:一种关于自由与政府的理论》,刘训练译,江苏人民出版社 2012 年版。

3. [澳]斯蒂芬·巴克勒:《自然法与财产权理论:从格劳秀斯到休谟》,周清林译,法律出版社 2014 年版。

4. [澳]皮特·凯恩:《法律与道德中的责任》,罗李华译,商务印书馆 2008 年版。

5. [德]迪特尔·梅迪库斯:《德国民法总论》,邵建东译,法律出版社 2001 年版。

6. [德]费希特:《自然法权基础》,谢地坤、程志民译,商务印书馆 2004 年版。

7. [德]格奥格·耶利内克:《主观公法权利体系》,曾韬、赵天书译,中国政法大学出版社 2012 年版。

8. [德]古斯塔夫·拉德布鲁赫:《法哲学》,王朴译,法律出版社 2013 年版。

9. [德]哈贝马斯:《公共领域的结构转型》,曹卫东等译,学林出版社 1999 年版。

10. [德]汉斯·J. 沃尔夫、奥托·巴霍夫、罗尔夫·施托贝尔:《行政法》(第 2 卷),高家伟译,商务印书馆 2002 年版。

11. [德]黑格尔:《法哲学原理》,范扬、张企泰译,商务印书馆 1961 年版。

12. [德]康德:《法的形而上学原理》,沈叔平译,商务印书馆 1991 年版。

13. [德]拉德布鲁赫:《法学导论》,米健译,商务印书馆 2013 年版。

14. [德]卢曼:《社会的法律》,郑伊倩译,人民出版社 2009 年版。

15. [德]马克斯·韦伯:《经济与社会》(上卷),林荣远译,商务印书馆 1997 年版。

16. [德]尼古拉斯·卢曼:《信任:一个社会复杂性的简化机制》,瞿铁鹏、李强译,上海人民出版社 2005 年版。

17. [德]平特纳:《德国普通行政法》,朱林译,中国政法大学出版社 1999 年版。

18. [德]齐佩利乌斯:《法学方法论》,金振豹译,法律出版社 2009 年版。

19. [德]施塔姆勒:《正义法的理论》,夏彦才译,商务印书馆 2012 年版。

20. [法]阿兰·佩雷菲特:《信任社会》,邱海婴译,商务印书馆 2005 年版。

21. [法]邦雅曼·贡斯当:《古代人的自由与现代人的自由》,阎克文等译,上海世纪出版集团、上海人民出版社 2003 年版。

22. [法]狄骥:《公法的变迁》,郑戈译,中国法制出版社 2010 年版。

23. [法]勒内·达维德:《当代主要法律体系》,漆竹生译,上海译文出版社 1984 年版。

24. [法]卢梭:《论人与人之间不平等的起因和基础》,李平沤译,商务印书馆 2007 年版。

25. [法]卢梭:《社会契约论》,李平沤译,商务印书馆 2011 年版。

26. [法]孟德斯鸠:《论法的精神》(上册),张雁深译,商务印书馆 1961 年版。

27. [法]蒲鲁东:《什么是所有权》,孙署冰译,商务印书馆 2011 年版。

28. [法]雅克·盖斯旦、吉勒·古博:《法国民法总论》,陈鹏等译,法律出版社 2004 年版。

29. [美]B. J. 理德、约翰·W. 斯韦恩:《公共财政管理》,朱萍、蒋洪等译,中国财政经济出版社 2001 年版。

30. [美]R. 科斯等:《财产权利与制度变迁》,胡庄君等译,上海三联书店、上海人民出版社 1994 年版。

31. [美]阿曼·卡恩、W. 巴特利·希尔德雷思:《公共部门预算理论》,韦曙林译,格致出版社、上海人民出版社 2010 年版。

32. [美]艾伦·希克:《当代公共支出管理方法》,王卫星译,经济管理出版社 2000 年版。

33. [美]爱伦·鲁宾:《公共预算中的政治:收入与支出,借贷与平衡》,叶娟丽、马骏等译,中国人民大学出版社 2001 年版。

34. [美]安东尼·奥罗姆:《政治社会学导论》(第 4 版),张华青等译,上海世纪出版集团 2006 年版。

35. [美]查尔斯·蒂利:《信任与统治》,胡位钧译,世纪出版集团、上海人民出版社 2010 年版。

36. [美]查尔斯·亚当斯:《善与恶——税收在文明进程中的影响》,翟继光译,中国政法大学出版社 2013 年版。

37. [美]查尔斯·K. 罗利编:《财产权与民主的限度》,刘晓峰译,商务印书馆 2007 年版。

38. [美]丹尼斯·朗:《权力论》,陆震纶、郑明哲译,中国社会科学出版社 2001 年版。

39. [美]哈维·S. 罗森、特德·盖亚:《财政学》(第 8 版),郭庆旺、赵志耘译,中国人民大学出版社 2009 年版。

40. [美]汉密尔顿:《美国宪法原理》,严欣淇译,中国法制出版社 2005 年版。

41. [美]克里斯特曼:《财产的神话:走向平等主义的所有权理论》,张绍宗译,广西师范大学出版社 2004 年版。

42. [美]理查德·A. 马斯格雷夫、佩吉·B. 马斯格雷夫:《财政理论与实践》(第 5 版),邓子基、邓力平译校,中国财政经济出版社 2003 年版。

43. [美]理查德·塔克:《自然权利诸理论:起源与发展》,杨利敏、朱圣刚译,吉林出版集团有限责任公司 2014 年版。

44. [美]理查德·派普斯:《财产论》,蒋琳琦译,经济科学出版社 2003 年版。

45. [美]列奥·施特劳斯:《自然权利与历史》,彭刚译,三联书店 2003 年版。

46. [美]罗斯科·庞德:《通过法律的社会控制》,沈宗灵译,商务印书馆 2010 年版。

47. [美]马克·E. 沃伦编:《民主与信任》,吴辉译,华夏出版社 2004 年版。

48. [美]玛格利特·利瓦伊:《统治与岁入》,周军华译,格致出版社、上海人民出版社 2010 年版。

49. [美]诺内特、塞尔兹尼克:《转变中的法律与社会:迈向回应型法》,张志铭译,中国政法大学出版社 1994 年版。

50. [美]史蒂芬·霍尔姆斯、凯斯·R. 桑斯坦:《权利的成本——为什么自由依赖于税》,毕竞悦译,北京大学出版社 2011 年版。

51. [美]斯蒂芬·芒泽:《财产理论》,彭诚信译,北京大学出版社 2006 年版。

52. [美]约翰·罗尔斯:《作为公平的正义——正义新论》,姚大志译,中国社会科学出版社 2011 年版。

53. [美]詹姆斯·M. 布坎南:《民主财政论》,穆怀朋译,商务印书馆 2011 年版。

54. [美]詹姆斯·布坎南:《财产与自由》,韩旭译,中国社会科学出版社 2002 年版。

55. [美]乔纳森·卡恩:《预算民主——美国的国家建设和公民权(1890 ~ 1928)》,叶娟丽等译,格致出版社、上海人民出版社 2008 年版。

56. [美]阿尔伯特·C. 海迪等:《公共预算经典(第二卷)——现代预算之路(第三版)》,苟燕楠、董静译,上海财经大学出版社 2006 年版。

57. [美]特里·L. 库珀:《行政伦理学:实现行政责任的途径》(第 5 版),张秀琴译,中国人民大学出版社 2010 年版。

58. [美]戴维·奥斯本、彼得·哈钦森:《政府的价格:如何应对公共财政危机》,商红日、吕鹏译,上海译文出版社 2011 年版。

59. [美]阿伦·威尔达夫斯基、娜奥米·凯顿:《预算过程中的新政治》,苟燕楠译,中国人民大学出版社 2014 年版。

60. [美]珍妮特·V. 登哈特、罗伯特·B. 登哈特:《新公共服务,而不是掌舵》(第 3 版),丁煌译,中国人民大学出版社 2016 年版。

61. [日]芦部信喜:《宪法》,林来梵等译,北京大学出版社 2006 年版。

62. [日]能见善久:《现代信托法》,赵廉慧译,中国法制出版社 2011 年版。

63. [日]神野直彦:《财政学——财政现象的实体化分析》,彭曦等译,南京大学出版社 2012 年版。

64. [日]盐野宏:《行政救济法》,杨建顺译,北京大学出版社 2008 年版。

65. [英]D. J. 海顿:《信托法》,周翼、王昊译,法律出版社 2004 年版。

66. [英]F. H. 劳森、B. 拉登:《财产法》,施天涛、梅慎实、孔祥俊译,中国大百科全书出版社 1998 年版。

67. [英]F. H. 劳森、伯纳德·冉得:《英国财产法导论》,曹培译,法律出版社2009年版。

68. [英]F. W. 梅特兰:《国家、信托与法人》,樊安译,北京大学出版社2008年版,第67页。

69. [英]彼得·拉斯莱特:《洛克〈政府论〉导论》,冯克利译,三联书店2007年版,第145页。

70. [英]边沁:《道德与立法原理导论》,时殷弘译,商务印书馆2000年版。

71. [英]布莱恩·巴里:《正义诸理论》,孙晓春、曹海军译,吉林人民出版社2004年版。

72. [英]葛德文:《论财产》,何清新译,商务印书馆2013年版。

73. [英]哈特:《法律的概念》,许家馨、李冠宜译,法律出版社2006年版。

74. [英]霍布斯:《利维坦》,黎思复、黎廷弼译,商务印书馆1985年版。

75. [英]杰弗里·罗伯逊:《弑君者:把查理一世送上断头台的人》,徐璇译,新星出版社2009年版。

76. [英]洛克:《政府论》(下篇),叶启芳、瞿菊农译,商务印书馆1996年版。

77. [英]马丁·洛克林:《公法与政治理论》,郑戈译,商务印书馆2002年版。

78. [英]迈克尔·莱斯诺夫等:《社会契约论》,刘训练、李丽红、张红梅译,江苏人民出版社2012年版。

79. [英]约翰·洛克:《政府论》,杨思派译,九州出版社2007年版。

80. [英]詹姆斯·塔利:《论财产权:约翰·洛克和他的对手》,王涛译,商务印书馆2014年版。

81. [英]H. L. A. 哈特:《哈特论边沁——法律学与政治理论研究》,谌洪果译,法律出版社2015年版。

82. 经济合作与发展组织编著:《比较预算》,财政部财政科学研究所译,人民出版社2001年版。

四、外文原著

1. Alastair Hudson, *Principles of Equity and Trusts*, 3rd ed., Cavendish

Publishing Limited, 1999.

2. Bryce Lyon, *A Constitutional and Legal History of Medieval England*, 2nd ed., W. W. Norton & Company, 1980.

3. D. J. Hayton, *Commentary and Cases on the Law of Trusts and Equitable Remedies*, 10th ed., Sweet & Maxwell, 1996.

4. Dwight Waldo, "Development of Theory of Democratic Administration", *The American Political Science Review* 46, 1952.

5. E. Gellhom and B. B. Boyer, *Administrative Law and Process*, West Publishing Co., 1981.

6. Francis Fukuyama, *Trust: The Social Virtues and the Creation of Prosperity*, Simon & Schuster US, 1995.

7. F. W. Maitland, *Equity also the Forms of Action at Common Law: Two Course of Lectures*, edited by A. H. Chaytor and W. J. Whittaker, Cambridge University Press, 1910.

8. J. W. Gough, *John Locke' s Political Philosophy*, Oxford: Clarendon Press, 1950.

9. John Chipman Gray, *The Nature and Sources of the Law*, 2nd ed., The Mac Milian Company, 1931.

10. Joseph L. Sax, "The Public Trust Doctrine in Natural Resources Law: Effective Judicial Intervention", *Michigan Law Review* 68, January 1970.

11. Joshua Getzler, "'As if': Accountability and Counterfactual Trust", *Boston University Law Review* 91, 2011.

12. Kent D. Schenkel, "Trust Law and the Title-Split: A Beneficial Perspective", *University of Missouri-Kansas City Law Review* 78, 2009.

13. Marshall T. H., *Sociology at the Crossroads and Other Essays*, Heinemann, 1963.

14. Michael D. Bayles, *Procedure Justice*, Kluwer Publishing Company, 1990.

15. Michael Milo, "Principles of European Trust Law", *European Review of Private Law* 3, 2000.

16. Michael Moore, "Legal Principles Revisited", *Iowa Law Review*

82, 1997.

17. Norberto Bobbio, *Thomas Hobbes and the Nature Law Tradition*, trans. by Daniela Gobetti, The University of Chicago Press, 1978.

18. Naomi Caiden, Patterns of budgeting, *Public Administration Review* 38, 1978.

19. OECD (2007), *Performance Budgeting in OECD Countries*, OECD Publishing, 2007.

20. Paul L. Hughes, Robert F. Fries, *Crown and Parliament in Tudor Stuart England: A Documentary Constitutional History, 1485 – 1714*, Literary Licensing, 1959.

21. Philip H. Pettit, *Equity and the Law of Trusts*, 5th ed., Butterworths, 1984.

22. Richard Rdwards & Nigel Stockwell, *Trust and Equity*, 5th ed., Pearson Education Limited, 2002.

23. Roger W. Andersen, *Understanding Trusts and Estates*, 3rd ed., LexisNexis Group, 2003.

24. Russell Hardin, "*Trust in Government*" *in Trust and Governance*, edited by Valerie Braithwaite and Margaret Levi, Russell Sage Foundation, 1998.

25. Shindler & Hodkinson, *Law of Trusts*, CCH Editions Limited, 1984.

26. Sir William Goodhart QC, *Trust Law for the Twenty-first Century*, edited by A. J. Qakley, *Trends in Contemporary Trust Law*, Clareendon Press, 1996.

27. W. S. Holdsworth, *Sources and Literature of English Law*, Clarendon Press, 1925.

后 记

值此付梓之际，心中依旧忐忑，恐负论题厚重。吾深知，虽多次修改，然不足仍在，唯待再努力。此刻心头萦绕，唯有感恩之题。

本书是在我的博士学位论文基础上，经过博士后阶段的后续补充与完善最终形成的。其间，我的博士学位论文有幸被评为中国人民大学法学院优秀博士学位论文，论文中有关财政权利的分析有幸获得全国哲学社科规划办的立项资助。另外，论文中一些相关成果内容曾在《中国法学》《法商研究》《法学》等刊物公开发表，被中国政法大学评为“中华法学硕博英才奖”。在此对相关颁奖、资助单位与杂志编辑表示衷心的感谢！

漫漫成长路，我首先要感谢导师朱大旗教授。“求真求博求通，忘荣忘辱忘我”，这是朱老师人格魅力的写照，也为弟子树立了人生标杆。感谢导师在学业上、生活上和工作上给予的辛勤指导、悉心栽培以及无私关怀。本书围绕的核心论点——“财政信托”，正源于导师对预算特质的研究。受此启发与影响，我才得以综观奇妙的财税法世界。唯有传承与弘扬师道、师德、师恩，才是对朱老师最好的感恩！

我必须感谢华南理工大学法学院的蒋悟真教授。蒋老师是我成长征途的启迪者，也是我学术殿堂的领路人。无论是我命运的低谷还是转折，都因蒋老师的言传身教、细心帮助、督导勉励，才得以扬帆济海。

我必须感谢中国人民大学法学院经济法教研室全体老师的培养。我衷心感谢刘文华、史际春、徐孟洲、吴宏伟、王欣新、刘俊海、杨东、王宗玉、孟雁北、宋彪、姚海放、徐阳光等各位老师在为人、为学、为事方面的指导、提携。

我必须感谢我的硕士生导师豆星星教授对我的关心与爱护，感激母校江西财经大学对我的培育，在此谨向曾经引导和培育我的所有老师们表示感谢。

我还要感谢同门师兄弟姐妹们对我的支持和关爱以及同窗好友们带给我的帮助与欢乐。

我要特别感谢给予我温暖的姑妈、表哥、表姐等各位亲人。他们扶持我于困难之中，鼓励我于低谷之际，我向亲人们表示衷心感谢，并将最美好的祝福送给他们。

感谢所有直接或间接帮助过、提携过我的老师和朋友，我当继续努力，争取做一名合格的教书匠。

最后，我要衷心感谢山东华信清算重组集团有限公司董事长提瑞婷女士对本书出版给予的无私资助；感谢法律出版社财经分社社长沈小英女士及其团队成员张泽华编辑的辛劳付出。

胡明

初稿 2017 年仲夏于江西南昌

定稿 2018 年暮春于广州大学城

图书在版编目(CIP)数据

财政信托论 / 胡明著. -- 北京 : 法律出版社,
2018
(明德经济法学文库 / 朱大旗主编)
ISBN 978-7-5197-2521-1

Ⅰ. ①财… Ⅱ. ①胡… Ⅲ. ①财政法-研究-中国②
信托法-研究-中国 Ⅳ. ①D922.204②D922.282.4

中国版本图书馆CIP数据核字(2018)第174057号

财政信托论
CAIZHENG XINTUO LUN

胡 明 著

策划编辑 沈小英
责任编辑 沈小英 张泽华
装帧设计 李 瞻

出版 法律出版社
总发行 中国法律图书有限公司
经销 新华书店
印刷 北京虎彩文化传播有限公司
责任校对 马 丽
责任印制 吕亚莉

编辑统筹 财经法治出版分社
开本 720毫米×960毫米 1/16
印张 13.25
字数 226千
版本 2018年8月第1版
印次 2018年8月第1次印刷

法律出版社/北京市丰台区莲花池西里7号(100073)
网址/www.lawpress.com.cn
投稿邮箱/info@lawpress.com.cn
举报维权邮箱/jbwq@lawpress.com.cn
销售热线/010-63939792
咨询电话/010-63939796

中国法律图书有限公司/北京市丰台区莲花池西里7号(100073)
全国各地中法图分、子公司销售电话:
统一销售客服/400-660-6393
第一法律书店/010-63939781/9782
西安分公司/029-85330678
重庆分公司/023-67453036
上海分公司/021-62071639/1636
深圳分公司/0755-83072995

书号:ISBN 978-7-5197-2521-1
定价:50.00元
(如有缺页或倒装,中国法律图书有限公司负责退换)